Der begleitete Freitod

Und Abraham verschied und starb in einem guten Alter,
als er alt und lebenssatt war.
Das erste Buch Mose (Genesis), 25,8

Was den freiwilligen Tod betrifft: Ich sehe in ihm weder eine Sünde noch eine Feigheit. Aber ich halte den Gedanken, dass dieser Ausweg uns offen steht, für eine gute Hilfe im Bestehen des Lebens und all seiner Bedrängnisse.
Hermann Hesse

Die Fortschritte der Medizin sind ungeheuer.
Man ist seines Todes nicht mehr sicher.
Hermann Kesten

südwest

Nicola Bardola

Der begleitete Freitod

Ein Plädoyer für die Selbstbestimmung über das eigene Leben

Inhaltsverzeichnis

Vorwort

Gibt es ein Recht auf das eigene Sterben?

Als neulich ein bekannter Künstler nach seinem größten Wunsch gefragt wurde, sagte er: der Sekundentod. Diesen Wunsch teilt er mit vielen Menschen: keine Qualen am Lebensende, kein Dahinsiechen, keine High-Tech-Apparate, die das Sterben verlängern. Aber den Wunsch nach einem plötzlichen und überraschenden Tod kann niemand erfüllen. Der Sekundentod lässt sich nicht planen und nicht bewusst herbeiführen. Hingegen ist ein sanfter, schmerzfreier und selbstbestimmter Tod möglich. Jährlich fahren etwa 250 Menschen in die Schweiz, um in Würde sterben zu dürfen.

Warum ist es diesen Menschen verboten, sich zu Hause in Deutschland auf diese Weise vom Leben zu verabschieden? Was bedeutet »assistierter Suizid«? Warum wird er in Deutschland kriminalisiert? Was geschieht bei einem begleiteten Freitod? Worin unterscheidet sich dieser sanfte Tod von Euthanasie und aktiver Sterbehilfe? Welche Rolle spielt die Patientenautonomie? Diese und viele weiteren Fragen rund um das Lebensende in unserer Gesellschaft werden hier beantwortet.

Ich bin Schweizer und kenne das Thema, da meine Eltern freiwillig und begleitet gestorben sind.
Ich finde, der Wunsch nach einem friedlichen Sterben am Lebensende hat nichts mit Suizid zu tun.

Um zu erklären, was der begleitete Freitod – auch für die Angehörigen – bedeutet, veröffentlichte ich 2005 den Roman »Schlemm«, der ein Überraschungserfolg wurde und gleichzeitig viele neue Fragen aufwarf. Die Gründerin der Hospizbewegung Cecile Saunders schrieb: »Wie jemand stirbt, bleibt im Gedächtnis derer, die weiterleben.« Das gilt auch für meine Eltern, die es sich nicht vorstellen konnten, so lange zu leben, dass am Ende eine Klinik, ein Pflegeheim oder ein Sterbehospiz ihr letzter Aufenthaltsort werden würde. Sie lehnten die Art ab, wie heute oft gestorben wird. Krankenhäuser sind keine Sterbehäuser. Trotzdem sterben dort die meisten. Und Kinder, die ihre Eltern zu Hause bis zum Ende gepflegt haben, wollen in der Regel später selbst nicht von den eigenen Kindern gepflegt werden. Meine Eltern zogen es aufgrund ihrer Lebenserfahrung vor, im Vollbesitz ihrer Kräfte und bevor sie von Alter und Krankheit geschwächt und intensivmedizinisch behandelt werden, assistiert zu sterben.

Im Anhang dieses Buches können Sie die letzten Aufzeichnungen meines Vaters lesen (Seite 210ff.). Ich finde, dieses Tagebuch bringt einem die Stimmungen und Ansichten eines Menschen, der bereit ist, sich beim Sterben helfen zu lassen, sehr nahe.

In Würde selbstbestimmt sterben

Assistiertes Sterben, so wie es in der Schweiz, jedoch nicht in Deutschland oder Österreich möglich ist, steht im Mittelpunkt dieses Buches. Mein Blickfeld bleibt klein, und seine Ausrichtung bleibt gezielt auf den begleiteten Freitod.

Sterbehilfe ist ein sensibles und kontrovers diskutiertes Thema. Oftmals dominieren Missverständnisse die Debatten, da der komplizierte Sachverhalt sich nicht auf einfache Formeln reduzieren lässt. Mein Anliegen ist es deshalb, den Sonderfall »assistierter Suizid« exakt zu untersuchen.

Einen Todeskampf gibt es nicht

Der Ablauf beim assistierten Sterben variiert jeweils nur leicht: Voraussetzung sind Vorgespräche zwischen einer Schweizer Sterbehilfeorganisation und den Sterbewilligen. Der Wunsch, sich das Leben zu nehmen, muss begründet werden, zahlreichen Sorgfaltskriterien entsprechen und sowohl dauerhaft als auch wiederholt mündlich und schriftlich bei klarem Verstand geäußert werden. Nachdem ein Schweizer Arzt das Rezept für Natrium-Pentobarbital ausgestellt hat, ein in hohen Dosen garantiert tödliches Schlafmittel, wird mit Sterbehelfern ein Termin vereinbart. Zunächst schluckt der Patient ein Mittel, das den Magen beruhigt. Danach dauert es noch etwa 45 Minuten. Schließlich löst der Sterbehelfer etwa zehn Milligramm Natrium-Pentobarbital in einem Deziliter Wasser auf. Nach wenigen Minuten schläft der Patient ein und stirbt schmerzfrei. Einen Todeskampf gibt es nicht.

Im Dezember 2006 veröffentlichte ich einen Aufsatz in der Stuttgarter Zeitung, der in konzentrierter Form die Problematik darstellt. Ich zitiere darin den Leserbrief einer Dame, die mir nach der Lektüre meines Romans unter anderem Folgendes handschriftlich schrieb:
»... Ich bin jetzt 75 J., ganz gesund, mache täglich Sport: 4 x Schwimmen (pro Woche), Walking, Heimtrainer, im Sommer jeden Morgen 15 Min. im wunderbar feuchten Rasen laufen. Ich tue alles, um fit zu bleiben, bis es nicht mehr geht. Aber dann lehne ich es ab, ins Altersheim, eine Pflegestation oder ins Hospiz zu gehen. Ich will selbst entscheiden, wann ich sterben will, nämlich bevor ein Leidensweg beginnt. Ich habe 3 Kinder, mit denen ich alles besprochen habe. Wir werden so verfahren, wie Ihre Eltern und Sie es getan haben ...«

Diese Aussage trifft die Stimmung manch alter Menschen, die keine materiellen Sorgen haben, die nicht unter Vereinsamung leiden und die trotzdem den Zeitpunkt, in Würde zu sterben, nicht versäumen wollen.

Der Tod tritt immer später ein

Gibt es heute in dieser Situation ein Recht auf das Sterben? Darf der Mensch seinen Tod selbst bestimmen? Und wie könnten ihn Angehörige oder Ärzte dabei begleiten?

Auf diese Fragen gibt es viele Antworten, und bei vielen Menschen sind diese Antworten nicht mehr verlässlich, weil sie im Wandel begriffen sind und weil gesamtgesellschaftlich neu darüber nachgedacht wird, wie unter veränderten Voraussetzungen vor dem Hintergrund einer fortschrittlichen Medizin und einer stetig steigenden Lebenserwartung eine zeitgenössische Ars bene moriendi, eine moderne Kunst des guten Sterbens, entstehen kann.

Wissenschaftler des Max-Planck-Instituts gehen davon aus, dass die Deutschen bis zur Jahrhundertmitte durchschnittlich 93 Jahre alt werden. Die Statistik sagt, die Lebenserwartung der Deutschen wächst täglich um fünf Stunden. Die über Hundertjährigen sind die am schnellsten wachsende Bevölkerungsgruppe. Hält der menschliche Gefühlshaushalt dieser steigenden Lebenserwartung stand? Und was bedeutet der Tod emotional, wenn er im Lebenslauf des Einzelnen immer später eintritt?

Entgegengesetzte Ängste

Ab einem bestimmten Zeitpunkt, den jeder Mensch für sich selbst bestimmt, ist das Altern nicht mehr schön, erst recht nicht, wenn Krankheiten sich häufen und verschlimmern. Patienten können dann dank der modernen Apparatemedizin sehr lange am Leben erhalten werden. Doch wird hier noch das Leben verlängert, oder wird damit das Sterben verlängert? Wie weit soll die Medizin diese letzte Lebensphase ausdehnen? Im Vergleich zu früher dauert der Sterbeprozess heute oft sehr viel länger. Das Leben geht zu Ende, aber der Tod kommt nicht. Dieser Prozess kann qualvoll sein. Ist das der Preis für die gestiegene Lebenserwartung?

Was geschieht mit den Menschen, die von den Ärzten als hoffnungslose Fälle an die Verwandten zurückgegeben werden? Was also, wenn der Kampf gegen den Tod offiziell für verloren erklärt wird, der Sterbende jedoch noch Wochen oder Monate vor sich hat? Für sie müssen Orte für das Sterben gefunden werden. Orte, in denen die Todkranken und auch ihre oft hilflosen und überforderten Angehörigen begleitet werden. Palliativstationen oder Sterbehospize.
Das Thema wirft viele Fragen auf und ist emotional geladen, vor allem dann, wenn todkranke Patienten schon an Schläuchen der Apparatemedizin angeschlossen sind und keinen Einfluss mehr auf ihr Sterben haben können. Wenn sich diese Patienten nicht mehr mitteilen können, haben sie vielleicht rechtzeitig eine Patientenverfügung verfasst oder einen Bevollmächtigten bestimmt, der den (vor-)letzten Willen durchsetzt. Aber niemand kann heute garantieren, dass die darin geäußerten Wünsche erfüllt werden. Ärzte, Angehörige, Justizbeamte oder Kirchenvertreter treffen am Ende oft die Entscheidungen. Manchmal folgen sie dem Willen, manchmal nicht.
Die Gesellschaft muss sich offener als bisher, aufrichtig und vorurteilsfrei dem Thema Sterbehilfe stellen, denn es wird immer mehr Patienten geben, die sich den Tod wünschen.

Prominente Einzelfälle

In den Medien spiegelt sich die gesellschaftliche Stimmung anhand prominenter Einzelfälle. Bei Ramón Sampedro herrschte dank des Kinofilmes »Das Meer in mir« (siehe auch Seite 103 und 190f.) fast schon gesellschaftlicher Konsens: Was da geschehen war – es war ein assistierter Suizid –, empfand man als moralisch rechtens und juristisch nicht zu diskriminieren. Heftig diskutiert wurde dagegen im selben Jahr 2005 das Schicksal von Terry Schiavo, die 15 Jahre lang im Koma gelegen war, bis der auch im Nachhinein umstrittene Entscheid fiel, sie sterben zu lassen.

Formen des Sterbens

Nur wenn die Bedeutung des begleiteten Freitods verständlich ist, lässt sich zeigen, dass er nicht als Alternative zur aktiven Sterbehilfe diskutiert werden darf. Hier handelt es sich um zwei vollkommen voneinander verschiedene Formen des Sterbens.

- Die **aktive Sterbehilfe** ist unter dem Begriff Euthanasie in Deutschland stark negativ konnotiert. Dabei wird heute oft übersehen, dass unter den Nationalsozialisten der Staat beschloss, was lebenswertes Leben ist. In den Niederlanden und in Belgien hat der Staat vor einigen Jahren Gesetze verabschiedet, die es ermöglichen, dass das Individuum beschließt, was lebenswertes Leben ist.
- Der **assistierte Suizid** ist eine ganz andere Art des Sterbens und vergleichsweise wenig bekannt. Er hat nichts mit aktiver Sterbehilfe zu tun. Es wird nicht ein Medikament verabreicht, sondern der Sterbewillige nimmt das Medikament selbst ein. Der assistierte Suizid ist eine sanfte und schmerzfreie Form der Selbsttötung. Sie findet nicht einsam statt, sondern wird im Familienkreis oder mit Freunden und mit Sterbehelfern besprochen. Sie unterscheidet sich dadurch von der verzweifelten Selbsttötung beispielsweise eines Menschen, der von einem Hausdach springt.

Eine kurze Definition der im Zusammenhang mit dem Thema Sterbehilfe verwendeten Begriffe finden Sie ab Seite 16.

Jeder Tod ist tragisch

Der assistierte Suizid entspricht in der Schweiz geltendem Recht, und es ist nicht einzusehen, warum das in Deutschland anders sein sollte. Warum sollte man nicht auch öfter in der Bundesrepublik über den Wunsch zu sterben sprechen? Denn das Wissen, dass man das Leben selbst beenden kann, hilft vielen Betroffenen weiterzuleben. Der begleitete Freitod, so wie er in der Schweiz durchgeführt wird, würde auch in Deutschland die öffentliche Ordnung nicht stören. Und gleichzeitig würden damit viele Verzweiflungstaten verhindert werden.

Inzwischen lassen sich die einen den Schriftzug PEG NO auf den Bauch tätowieren – Magensonden, über die künstlich ernährt wird, heißen abgekürzt PEG von »perkutane endoskopische Gastrostomie«. Andere, etwa in Großbritannien, wo sowohl aktive Sterbehilfe als auch Hilfe zum Suizid verboten ist, fordern Ausweise, erstellt von einer katholischen Frauenorganisation, die dafür sorgen sollen, dass man in Kliniken voll versorgt wird, künstliche Ernährung und Beatmung inbegriffen. Es gibt auch eine Niederländische Patienten Vereinigung, die einen so genannten »Lebenswunschpass« mit derselben Absicht vertreibt. Die Ängste sind auf beiden Seiten groß. Das erschwert eine sachliche Diskussion.

Kern dieses Buches ist das Verhältnis des Menschen zum freiwilligen Tod am Lebensende. Die Enttabuisierung des Selbstmords vor diesem Hintergrund und die freie Rede über das selbstbestimmte Sterben sind bis heute nicht verwirklichte Forderungen. Jeder Tod ist tragisch: der selbstbestimmte ebenso wie der fremdbestimmte. Doch die Tragik sollte nicht davon abhalten, die Formen heutigen Sterbens zu betrachten und miteinander zu vergleichen. Ziel ist es, den begleiteten Freitod klar zu definieren und ihn zu trennen von anderen Formen der Sterbehilfe. Oft argumentieren Kirche, Ärzteschaft oder Justizvertreter gegen den begleiteten Freitod, indem sie die Unterschiede zur aktiven Sterbehilfe verwischen. Hier gilt es zu differenzieren.

Die Autonomie des Einzelnen

Eng verbunden mit der Betrachtung des begleiteten Freitods ist die Frage nach der Autonomie des Einzelnen. Unterliegt sie Moden und Trends? Soll der assistierte Suizid legalisiert werden, um die Kostendiskussion im Gesundheitswesen zu entschärfen? Ist er gar eine Zwischenstufe auf dem Weg zu einem gesundheitspolitisch motivierten Gerontozid, also der Massentötung der Alten?

Diese Fragen und Zweifel sind Ausdruck eines tiefen Misstrauens, das – gekoppelt mit dem Hinweis auf einen möglichen Missbrauch – seit langer Zeit die Diskussion lähmt.

Der Wunsch nach Selbstbestimmung und die Angst vor Missbrauch bilden einen Zwiespalt, auf den in diesem Buch genauer eingegangen werden wird. Denn es ist nicht akzeptabel, dass ökonomische Gesichtspunkte die Entscheidung über Leben und Tod beeinflussen. Es darf nicht sein, dass Alte, Einsame oder Kranke unter einen echten oder auch nur gefühlten Druck geraten, sich nutz- und wertlos fühlen und deshalb um einen früheren Tod bitten. Ermessensspielräume, beispielsweise bei der Bestimmung des mutmaßlichen Patientenwillens, dürfen nicht so groß sein, dass nicht mehr artikulationsfähige Todkranke gegen ihren Willen früher sterben als nötig. Bei Szenarien nach der denkbaren Legalisierung aktiver Sterbehilfe in Deutschland mögen solche Ängste und Befürchtungen angebracht sein. Die Praxis, den assistierten Suizid in der Schweiz betreffend, lässt jedoch keine ähnlichen Schlussfolgerungen zu. Die Angst vor Missbrauch sollte bei der wohl mittelfristig bevorstehenden Legalisierung des assistierten Suizids in Deutschland nicht zu Sprach- und Tatenlosigkeit führen.
Die Tendenz in Deutschland geht dahin, die Diskussion um die Patientenverfügung in den Mittelpunkt der gesellschaftlichen Aufmerksamkeit zu rücken, um so andere Fragen um das Sterben zu verdrängen. Schnittpunkte zum assistierten Suizid gibt es aber auch hier, beispielsweise angesichts der Forderungen, die sich gegen die Patientenverfügung grundsätzlich wenden. Zweifler misstrauen der Endgültigkeit einer Verfügung. Sie bestimmen lieber eine Vertrauensperson, die den Willen im Notfall durchsetzen soll. Zudem könnten in einer Verfügung nicht alle Situationen vorhergesehen werden. Wenn man sich selbst in einer Notsituation befinde, denke und fühle man vielleicht anders als zum Zeitpunkt, in dem man bei Gesundheit die Verfügung verfasst hat.

Angst vor Entmündigung

Die Gefahr, dass in Deutschland eine Euthanasie nach holländischem Muster Akzeptanz findet, werde größer, »wenn wir weiterhin den Wunsch nicht ernst nehmen, beim eigenen Sterben mitzubestimmen«. Das sagt Klaus Kutzer, bis 2001 Vorsitzender Richter am Bundesgerichtshof, Mitglied der Hospizbewegung und Leiter der vom Bundesjustizministerium eingesetzten Arbeitsgruppe »Patientenautonomie am Lebensende«. Auf deren Vorschläge hin wurde im Jahr 2004 der Gesetzesentwurf für eine Regelung der Patientenverfügung vom Justizministerium vorgelegt. »Die Zahl der Selbsttötungen alter Menschen wächst. Und die Angst vor Entmündigung und Entrechtung ist eines der wichtigsten Motive dabei.«

Zweifler sagen auch, Verfügungen könnten verfasst werden, weil Menschen beispielsweise gerade sehr einsam seien, weil sie Angst vor dem Ausgeliefertsein an die Medizintechnik und Angst vor unzureichender Schmerzbehandlung hätten, weil sie Angst hätten, nur noch eine Belastung für ihre Angehörigen zu werden, oder weil sie über die neuen Errungenschaften der modernen Palliativmedizin unzureichend informiert seien. Deshalb berge eine Liberalisierung der Sterbehilfe die Gefahr, dass die Patientenautonomie geschwächt werde.

Dagegen gibt es den ausdrücklichen und berechtigten Willen, seinen Kindern nicht unverhältnismäßige Opfer zuzumuten. Sind die Wünsche, die eigenen Kinder nicht zu belasten, ihnen ein positives Bild von sich zu hinterlassen und das eigene Vermögen beispielsweise nicht für eine Wachkoma-Therapie auszugeben, ohne dass Aussicht auf Besserung besteht, nicht ebenso schützenswert?
Emotional geladen ist das Thema besonders dann, wenn Menschen solche Situationen in den Endphasen vermeiden wollen und aus freien Stücken früher sterben möchten.
Dürfen sie das?

Glossar

Die konventionellen Redewendungen im Zusammenhang mit Sterbehilfe haben sich seit vielen Jahren eingebürgert und können folgendermaßen definiert werden:

Aktive Sterbehilfe. Der Begriff »Tötung auf Verlangen« wird oft synonym gebraucht. Ein unheilbar kranker Patient wird getötet, zum Beispiel mit einer Überdosis an Schmerz- oder Beruhigungsmitteln. Er stirbt unmittelbar nach dem Eingriff.
In Deutschland ist die aktive Sterbehilfe strafbar. Sie wird als »Tötung auf Verlangen« nach Paragraf 216 Strafgesetzbuch oder als »Totschlag« mit bis zu fünf Jahren Gefängnis bestraft – und zwar auch dann, wenn der Patient diesen Schritt ausdrücklich verlangt hat.
In den Niederlanden und in Belgien ist die aktive Sterbehilfe dann straffrei, wenn mehrere Kriterien erfüllt sind. So muss der Patient zum Beispiel ausdrücklich um den Schritt bitten.

Beihilfe zum Freitod/Suizid, Assistierter Freitod/Suizid, Begleiteter Freitod/Suizid. Diese Begriffe werden verwendet, wenn eine Sterbehilfeorganisation, ein Arzt oder andere Personen dem Sterbewilligen ein tödliches Medikament besorgen, es aber nicht selbst verabreichen. Die so genannte »Tatherrschaft« liegt damit beim Patienten, der das Mittel selbst einnimmt.
Die Helfer machen sich dadurch nicht unmittelbar strafbar, weil Suizid kein Straftatbestand ist. Die Beihilfe zum Suizid ist folglich auch nicht rechtswidrig. Sobald der Sterbewillige, der

das Medikament genommen hat, bewusstlos ist, müssten nach deutschem Recht die Helfer jedoch versuchen, das Leben des Patienten zu retten. Denn sonst machen sie sich der unterlassenen Hilfeleistung strafbar.
In Deutschland müsste zudem ein Arzt, der Beihilfe zum Suizid leistet, eine berufsständische Verfolgung fürchten, weil der Deutsche Ärztetag den assistierten Suizid als berufsunwürdiges Verhalten ansieht.

Euthanasie Mit den Forschungen deutscher »Rassenhygieniker« wurde ab 1939 der als Euthanasie bezeichnete Mord an den Menschen erklärt, deren Leben nach der Ideologie der Nationalsozialisten »nicht lebenswert« war. Die ursprüngliche Bedeutung des Wortes Euthanasie vom guten oder schönen Tod wurde durch das NS-Regime pervertiert.

Indirekte Sterbehilfe. So bezeichnet man Eingriffe, die die Schmerzen eines unheilbar Kranken lindern sollen, aber unbeabsichtigt auch das Leben verkürzen können.
Die indirekte Sterbehilfe ist in Deutschland nicht strafbar, öffnet aber einer Grauzone Tür und Tor, denn der beschleunigte Eintritt des Todes wird im Rahmen der vorsätzlichen Handlung der Schmerzlinderung akzeptiert. Insofern kann es sich um eine Form aktiver Sterbehilfe handeln, weshalb es gesetzgeberisch inkonsequent ist, die indirekte Sterbehilfe zu erlauben, aber die aktive zu kriminalisieren.

Passive Sterbehilfe. Dieser Begriff beschreibt den Verzicht auf lebensverlängernde Maßnahmen oder den Abbruch einer solchen Behandlung bei unheilbar Kranken. Ärzte müssen dann auf Beatmung, Dialyse, Bluttransfusionen, künstliche Ernährung, Flüssigkeitszufuhr oder Reanimation verzichten.
Die passive Sterbehilfe ist in Deutschland nicht strafbar, wenn der Patient wünscht, dass er keine Behandlung bekommt. Auch wenn der Arzt »die Apparate ausschaltet«, um eine lebensver-

längernde Behandlung abzubrechen, und damit aktiv wird, gilt diese Handlung juristisch als passive Sterbehilfe und ist damit nicht strafbar. Denn der Arzt lässt damit den natürlichen Krankheitsverlauf zu, führt aber nicht den Tod eines Patienten künstlich früher herbei.

Allerdings ist die passive Sterbehilfe strafrechtlich nicht eindeutig geregelt. Der 66. Juristentag 2006 in Stuttgart forderte mehr Rechtssicherheit für die Ärzte durch eine ausdrückliche Verankerung im Strafrecht, dass Patienten die Einstellung lebensverlängernder Maßnahmen verfügen können.

Patientenverfügung. Dies ist eine Willenserklärung, die der Patient formuliert für den Fall, dass er einmal seinen Willen nicht mehr selbst äußern kann.

Generell setzt jede medizinische Behandlung die Zustimmung des Patienten voraus. Wenn der Patient bewusstlos oder nicht mehr in der Lage ist, eine freie Entscheidung über den Abbruch der Behandlung zu treffen, muss der mutmaßliche Wille des Patienten ermittelt werden. Dabei hilft eine Patientenverfügung, in der der Patient schon im Voraus formuliert, ob der Arzt zum Beispiel alle Möglichkeiten moderner Medizin ausschöpfen soll, um sein Leben zu erhalten, oder ob er auf lebensverlängernde Behandlungsmethoden verzichten soll.

Wie eine Patientenverfügung formuliert sein soll, ist gesetzlich nicht geregelt. Das Dokument ist rechtlich verbindlich, wie der Bundesgerichtshof am 17. März 2003 bestätigt hat. Allerdings hat er auch festgestellt, dass es in Konfliktfällen bei der gegenwärtigen Rechtslage noch Probleme bei der Durchsetzung einer Patientenverfügung geben kann.

Der von der Bundesregierung eingesetzte Nationale Ethikrat hat jedoch in einer Stellungnahme 2006 unter dem Titel »Selbstbestimmung und Fürsorge am Lebensende« festgestellt, dass die konventionellen Definitionen dem Stand der Medizin nicht mehr gerecht werden könnten.

Der Ethikrat empfiehlt deshalb für weitere gesellschaftliche Diskussionen eine Orientierung an fünf Begriffen: »Sterbebegleitung«, »Therapien am Lebensende«, »Sterbenlassen«, »Beihilfe zur Selbsttötung« und »Tötung auf Verlangen«.

Sterbebegleitung. Dies sind Maßnahmen zur Pflege und Betreuung von Todkranken: etwa die körperliche Pflege, Maßnahmen gegen Hunger- und Durstgefühle, das Mindern von Übelkeit und Angst. Und: menschliche Zuwendung.

Sterbenlassen. Dieser Begriff sollte die Formulierung »passive Sterbehilfe« ersetzen. Sterbenlassen bedeutet: Eine lebenserhaltende medizinische Behandlung wird auf Wunsch des Patienten unterlassen. Dadurch tritt der Tod als Folge des Verlaufs der Krankheit früher ein, als dies mit einer Behandlung voraussichtlich der Fall gewesen wäre.
Sterbenlassen kann etwa bedeuten, dass eine schon begonnene Maßnahme durch aktives Eingreifen beendet wird.

Therapien am Lebensende. Damit sind alle medizinischen Maßnahmen gemeint, die in der letzten Phase des Lebens das Ziel haben, Leiden zu mindern. Die Ethikkommission (siehe auch Seite 40) möchte auf den in diesem Zusammenhang oft verwendeten Begriff »indirekte Sterbehilfe« verzichten – weil

Schwierigkeiten bei den Definitionen

Durch den Verzicht auf die Formulierung »indirekte Sterbehilfe« und deren Umformulierung in »Therapien am Lebensende« fehlt im Katalog der Ethikkommission eine eigene und klare Definition für die terminale Sedierung, die den Tod billigend in Kauf nimmt. Es ist fraglich, ob sich die Termini der Kommission durchsetzen werden, zumal sie wohl treffender, aber umständlicher sind als die bisher gebräuchlichen Ausdrücke und nicht alle Ereignisse rund um die Sterbehilfe abdecken.

der Tod des Patienten weder direkt noch indirekt Ziel des Handelns ist (siehe auch der Kasten auf der vorherigen Seite).
Nach der bisher in Deutschland gebräuchlichen Definition bedeutet »indirekte Sterbehilfe« eine schmerzlindernde Therapie, bei der eine mögliche Lebensverkürzung als Nebenwirkung in Kauf genommen wird.

Tötung auf Verlangen. Einem Menschen – der dies ausdrücklich und ernsthaft verlangt hat – wird zum Beispiel eine tödliche Spritze oder eine Überdosis an Medikamenten verabreicht mit dem Ziel, den Tod herbeizuführen.

ERSTES KAPITEL

Der begleitete Freitod

Vom Recht zu leben

»Elf Tage lang wird Luca noch Sohn sein, Kind seiner Eltern, mit Vater und Mutter, die man jederzeit anrufen kann. Dann werden sie sterben. Äußerlich unversehrt und im Vollbesitz ihrer geistigen Kräfte. Absurd und nicht akzeptabel, wird Lucas Schwägerin Christina sagen.«

In der Eingangsszene meines Romans »Schlemm« mache ich die schwierige Situation zweier Ehepaare deutlich, deren alte Eltern zu Hause, selbstbestimmt und schmerzfrei sterben wollen. Im Mittelpunkt meiner Überlegungen steht der so genannte »assistierte Suizid«, der in der Schweiz möglich ist, weshalb jährlich mehr als 200 Deutsche in das benachbarte Alpenland fahren, um dort so ihr Leben beenden zu dürfen, wie sie es sich wünschen. Meine Eltern sind mit der Sterbehilfeorganisation Exit in der Schweiz gestorben.

Komatöser Tiefschlaf

Beim assistierten Suizid in der Schweiz wenden sich Menschen nicht aus einer momentanen Depression heraus an ihre Sterbehilfeorganisation. Vielmehr ist eine langjährige Mitgliedschaft erwünscht oder sogar Voraussetzung, um das Leben auf schmerzfreie Art mit Hilfe eines Barbiturats, das die Patienten in einen komatösen Tiefschlaf versetzt, ruhig zu beenden. Die Ursachen für einen solchen Entschluss können vielfältig sein: unerträgliche Beschwerden, eine sich verschlimmernde Behinderung oder eine kurze Lebenserwartung und fehlende Energie nach medizinischen Diagnosen.

Ich finde es wichtig, sich frühzeitig mit dem Thema zu beschäftigen und diese Option, diesen Ausweg – vielleicht auch aus der eigenen Existenz – zur Verfügung zu haben.

Was ist der assistierte Suizid? Weshalb ist er in Deutschland nicht möglich? Gehört er im Rahmen der Sterbehilfediskussion nicht auch – wie die Patientenverfügung, die Palliativmedizin oder der Hospizgedanke – ganz oben auf die Tagesordnung moralischer und politischer Institutionen?

Angesichts der modernen Intensivmedizin ist es in Deutschland nicht immer leicht zu sterben, auch wenn man es will. Sollte nicht in jedem Fall der Betroffene – nur er allein – entscheiden, ob er leben oder sterben will und welche Hilfe er dafür in Anspruch nehmen möchte?

Wer das Leben als Recht, nicht als Pflicht sieht und sich für den assistierten Suizid entscheidet, hat in der Regel die Alternativen, insbesondere die Angebote der Palliativmedizin (sie verspricht keine Symptom- und Schmerzfreiheit, sondern Schmerzkontrolle) und von Hospizstiftungen, gründlich geprüft. Denn die Entscheidung für den begleiteten Freitod ist keine leichte: Den letzten Schritt, das Trinken des hochdosierten Schlafmittels, muss der Sterbewillige selbst tun. Und lebt er in Deutschland, muss er ins Ausland fahren, um in einem fremden, anonymen Zimmer zu sterben. Warum darf er das nicht zu Hause tun?

Hilflose Helfer

Die juristische Situation ist hierzulande strenger als in der Schweiz. Zwar gehört der Suizid aufgrund eines eigenverantwortlichen und freien Willensentschlusses auch hier zur grundrechtlichen Freiheit. Aber wer Hilfe leistet, kann sich strafbar machen, auch wenn er keine eigennützigen Motive verfolgt. Weil das Gesetz wegen »Tötung auf Verlangen durch Unterlassen« Strafen für Sterbehelfer vorsieht, ist der assistierte Suizid in Deutschland illegal. Der Freitodbegleiter müsste bei Eintritt der Bewusstlosigkeit des Suizidenten sofort Rettungsmaßnahmen einleiten, was seine Funktion ad absurdum führt. Wegen dieser Hilfeleistungspflicht (zum Leben) bleibt oft nur der einsame, häufig gewaltsame Suizid. Das fördert die Tabuisierung und wird von Betroffenen als Diskriminierung empfunden.

Länger werdende berufsfreie Lebenszeit

Vertreter von Schweizer Sterbehilfeorganisationen werden nach Podiumsdiskussionen in Deutschland regelmäßig von vielen Menschen umringt. Das Informationsbedürfnis ist groß. Dass es mehr Selbstmorde pro Jahr als Verkehrstote gibt, überrascht beispielsweise immer noch, zumal die mediale Berichterstattung einen anderen Eindruck vermittelt. Vor allem aus Angst vor Nachahmung wird der Suizid weitgehend tabuisiert. In manchen Städten herrscht eine freiwillige Selbstzensur der Medien, die nur Suizide von Prominenten kommentieren.
Die Suizidrate steigt mit zunehmendem Alter, bei anderen Altersgruppen sinken hingegen die Suizidzahlen. Mehr als ein Drittel der Selbsttötungen werden von über 65-Jährigen begangen. (Früh-)Rentnern bereitet die immer länger werdende berufsfreie Lebenszeit am Ende immer größere Schwierigkeiten. Der Vorruhestand wird vor dem Hintergrund der steigenden Lebenserwartung auch zu einem finanziellen Problem. Viele Senioren akzeptieren den Lebensabend nicht mehr als eigenständige Lebensphase, sondern verkürzen ihn willentlich. Auffällig ist dabei, dass die Senioren meist lange im Voraus planen und allein gelassen in ihrer Verzweiflung häufig zu harten Methoden greifen: Sie stürzen sich von Hochhäusern oder erschießen sich.

Für eine Zurückhaltung bei der Suizidintervention

Der Nationale Ethikrat in Berlin ist ein von der Bundesregierung initiiertes unabhängiges Forum des Dialogs über ethische Fragen, in dem 25 Mitglieder aus verschiedenen Disziplinen Stellungnahmen und Empfehlungen veröffentlichen, die oft zukunftsweisenden Charakter haben. Vor kurzem erklärte dieser Rat, dass er Zurückhaltung bei der Suizidintervention für geboten hält, wenn ein frei verantworteter und ernsthaft bedachter Entschluss zum Suizid vorliegt. »Ein derartiger Entschluss eines unheilbar Kranken, aus dem Leben zu scheiden, sollte ihm nahestehende Personen von jeder moralischen und rechtlichen Verpflichtung entbinden, rettend einzugreifen, um den Suizid zu verhindern.«

Das ist in der Schweiz eine Selbstverständlichkeit. Wer es nicht der High-Tech-Medizin überlassen will, wann und wie das Leben endet, kann es in der Eidgenossenschaft mit seinen

Der betroffene Mensch allein

Die Schweizer Sterbehilfeorganisation Exit wurde 1982 gegründet, ist politisch und konfessionell neutral und zählt heute in der deutschen Schweiz 50.000 Mitglieder. Der Verein hat keine wirtschaftlichen Interessen, arbeitet eng mit Ärzteschaft (die das tödliche Medikament besorgt), Behörden, Justiz und Polizei zusammen und will unter anderem Mitgliedern bei der Durchsetzung des in der Patientenverfügung formulierten Willens helfen. Exit tritt angesichts einer perfektionierten Medizin für das Selbstbestimmungsrecht der Patienten und für das Recht auf einen eigenen Tod ein. Jede lebensverlängernde Maßnahme gegen den Willen des Patienten betrachtet Exit als Verstoß gegen das Selbstbestimmungsrecht. Der betroffene Mensch allein soll darüber entscheiden können, wann er sterben will. Exit führt jährlich etwa 150 assistierte Suizide durch (die Zahl ist in etwa gleichbleibend), was angesichts der Mitgliederzahl deutlich macht, dass Freitodbegleitung nicht die wichtigste Tätigkeit von Exit ist.

Angehörigen straf- und schmerzfrei und mit professioneller Beratung selbst beschließen.

Strenge Sorgfaltspflichten

Von einer Einrichtung wie Exit ist Deutschland weit entfernt. Eine hohe Hürde hierzulande besteht nämlich in der Unerreichbarkeit des Medikaments. Es findet sich keine Organisation und kein Arzt, der ein entsprechendes Rezept ausschreiben würde. Wieder weist eine Äußerung des Ethikrats auf potenzielle Veränderungen hin: »Wenn man den Suizid unter bestimmten Bedingungen für vertretbar hält, wird man auch eine Handlung, die den Suizidenten bei der Tat unterstützt, etwa indem sie ihm geeignete Mittel verschafft, nicht schlechthin verwerfen. Jedenfalls sollte es nach überwiegender Mehrheit der Mitglieder des Nationalen Ethikrates bei der Straflosigkeit der individuellen Beihilfe zur Selbsttötung bleiben.« Mit dieser Empfehlung könnte der Gesetzgeber in Deutschland die Legalisierung des assistierten Suizids vorbereiten.
Zu lösende Probleme gäbe es jedoch noch viele: Allein die Unterscheidung zwischen **individueller** und **organisierter** Beihilfe zum Suizid wird dafür sorgen, dass die unerwünschte Sterbe-Emigration von Deutschland in die Schweiz bestehen bleibt. Zudem stellt die Bundesärztekammer fest: »Die Mitwirkung des Arztes bei der Selbsttötung widerspricht dem ärztlichen Ethos und kann strafbar sein.« Da die Verschreibungshoheit für rezeptpflichtige Arzneimittel bei den Ärzten liegt, stößt die Durchsetzung des assistierten Suizids an schwer überwindbare Grenzen, denn es sind ja Ärzte, die den Zugang zu tödlichen Medikamenten verschaffen.
Allerdings mehren sich inzwischen die Stimmen auch in der Ärzteschaft, ärztliche Beihilfe zum Suizid in Deutschland zuzulassen. Und auch die Vorteile einer organisierten Suizidbeihilfe werden anerkannt, allen voran vom Ethikrat. Denn es ist offen-

sichtlich, dass allein gelassene, hilflose Patienten oder Angehörige und Freunde von Suizidwilligen überfordert sind. Ausgebildete Mitglieder einer über jeden Zweifel erhabenen, vielleicht staatlichen, in jedem Fall nicht auf Profit ausgerichteten und strengen Sorgfaltspflichten unterworfenen Organisation könnten auch in Deutschland für Transparenz, Kontrollierbarkeit und kompetente Betreuung sorgen.

Tod auf Knopfdruck

Für Menschen, die sich am Lebensende für den begleiteten Freitod entscheiden, bleibt es vorläufig jedoch verboten, auf diese sanfte Weise in Deutschland zu sterben. Hierzulande dominieren aus medizinischen, juristischen, kirchlichen und politischen Kreisen die Stimmen, die dem assistierten Suizid negativ gegenüberstehen, ohne dass die Kontroverse in der breiten Öffentlichkeit ausgetragen wird, da sich die Diskussionen auf aktive Sterbehilfe konzentrieren.

Die Bedenken sind vielfältig: Die Legalisierung des assistierten Suizids, dieses »einfachen Todes auf Knopfdruck« (wie Kritiker sagen), könnte die Suizid-Hemmschwelle senken, könnte zum Einfallstor für aktive Sterbehilfe werden, begründen Skeptiker. Andere weisen darauf hin, dass die meisten Suizidwünsche aus Verzweiflung geäußert werden und fast immer verschwinden, wenn der Sterbewillige genügend Zuwendung erhält und die Schmerzen gelindert werden.

Es gilt, all diese Einwände mit der Arbeit von Exit zu vergleichen, wo entsprechende Erfahrungswerte vorliegen.

Nicht zuletzt wird auf die Gefahr hingewiesen, dass bei der Legalisierung des assistierten Suizids in Deutschland alte Menschen unter Druck gesetzt werden könnten, ihrem Leben frühzeitig ein Ende zu setzen. Der freie Wille wäre gelenkt. Doch wer kann das feststellen? Wer soll den Grad der Selbstbestimmung bestimmen?

Selektive Diskussion

Vor allem die historische Prägung durch die Euthanasieverbrechen der Nationalsozialisten verhindert in Deutschland oft eine sachliche Diskussion, obwohl die Gräueltaten im Dritten Reich nichts mit assistiertem Suizid zu tun haben. Es ist jedoch aufgrund dieser Missverständnisse nur folgerichtig, dass es jetzt schon vorauseilende Initiativen gibt, die eine organisierte Sterbehilfe in Deutschland unter Strafe stellen wollen, obwohl sie nach geltendem Recht ohnehin illegal ist. Zahlreiche Bundesländer unterstützen eine Bundesratsinitiative, mit der »die geschäftsmäßige Vermittlung von Sterbehilfe unter Strafe gestellt werden« soll. Ich wünschte mir, dass mit derselben Verve die derzeit legale, nämlich die so genannte terminale Sedierung diskutiert werden würde.

Wie sich Fäuste öffnen

- Bei der terminalen Sedierung handelt es sich um die Gabe stark beruhigender Medikamente (oft Psychopharmaka) bei Sterbenden. Auslöser für die Verabreichung können Unruhe, Angst, Schmerz, Luftnot oder Blutungen sein. Mit der Sedierung kann der Tod des Patienten, der hierzu in einer Verfügung sein generelles Einverständnis gegeben hat, beschleunigt werden. Obwohl das Bewusstsein gedämpft wird, kann der Kranke jedoch starke Schmerzen haben.
- Bei der ebenfalls legalen, so genannten indirekten Sterbehilfe werden starke Schmerzmittel gegeben, mit denen billigend der Tod des Patienten in Kauf genommen wird. Angehörige, Ärzte und Patienten wissen um die Lebensverkürzung als unbeabsichtigte Nebenfolge.

Die Grenze zwischen Schmerzkontrolle und aktiver Sterbehilfe könnte verschwimmen. Ein natürliches Sterben wird in beiden Fällen vorgetäuscht, und dem Kranken werden eventuell die

Wenn Sterbebegleiter helfen

Nicht nur die indirekte Sterbehilfe, sondern auch der begleitete Freitod wird oft mit aktiver Sterbehilfe verwechselt. In Wirklichkeit handelt es sich aber um eine Form des Suizids. Die Sterbehilfe besteht hauptsächlich darin, dass erfahrene Sterbebegleiter anwesend sind, den Ablauf organisieren, psychische Hilfe leisten und die Medikamente zubereiten. Trinken muss der Sterbewillige das hochdosierte Barbiturat selbst.

letzten bewussten Momente genommen – wenn die Medikamentendosis höher ausfällt als nötig.

Wer bestimmt, was wann nötig ist? Wer ermittelt die Wünsche eines gelähmten Patienten, der sich seiner Umwelt nicht mehr mitteilen kann und auch nicht in der Lage ist, selbstständig ein tödliches Mittel zu schlucken? Bleibt das Recht auf den eigenen Tod bestehen, auch wenn man es nicht mehr selbst ausüben kann?

Der Akt des Tötens ist in solchen Fällen nicht spektakulär. Der Patient ist ohnehin an eine Infusion angeschlossen. Ein Arzt oder ein Angehöriger fügt ein Medikament bei, ein Narkotikum, das die Atmung stoppt und die Hirntätigkeit. Der Patient gleitet schmerzlos in den Tod hinüber. Zeugen sagen, es sei oft auf eine gewisse Weise schön zu erleben, wie sich der Sterbende entspannt, wie sich Gesichtszüge lockern oder Fäuste öffnen.

Maximale Schmerztherapie

Ärzte überall auf der Welt töten heute unheilbare Kranke mit dem Einverständnis der Angehörigen heimlich, ohne Aufsehen und ohne Rücksicht auf Gesetze. Der Schritt von der Behandlung zur Tötung sind nur wenige Tropfen. Die Grenze zwischen der Erhöhung einer Dosis Morphin und direkter aktiver Sterbehilfe verschwimmt in der Praxis des Alltags. Eine aktuelle Umfrage im eigenen Bekannten- und Freundeskreis reicht, um zu erfahren, dass dies auch für Deutschland gilt. Klar, dass es keine Klinik gibt, die das bereitwillig zugeben würde. Aber manche Ärzte sprechen dies in vertraulichen Gesprächen aus – Namensnennungen sind selbstredend unerwünscht. In dieser Grauzone, in diesem Klima der Angst vor Strafverfolgung, wachsen Scheinheiligkeit, Heuchelei und Missbrauch.
Schon 1995 schrieb Walter Jens: »›Aber wir tun's ja schon längst, mein Freund, was Du verlangst; nur bitte rede nicht davon, sonst schadest Du nur Dir und mir und meinen Kollegen, die wie ich handeln, aber nicht öffentlich sagen dürfen, wie sie's mit der Sterbehilfe halten: human und liberal‹ ... mag unter dieser Devise eine Grauzone ihre Vorteile haben – ich will nicht mit ihr leben, sondern votiere für eine exakte rechtliche Bestimmung.« Aber Jens' Forderung hat gesetzgeberisch nichts bewirkt. Dieses Schweigen seitens der liberalen Ärzte verstärkt die herrschende Scheinmoral.

In dieser festgefahrenen Situation scheint mir die Gefahr, Unrecht zu fördern, also die Missbrauchsgefahr in Deutschland größer als beim heimlich durchgeführten assistierten Suizid. In der FAZ schreibt der Arzt Stefan F. Schlesinger aus Frankfurt: »Sterbehilfe, wie ich sie verstehe, heißt Sterbebegleitung mit ausreichender bis maximaler Schmerztherapie, auch unter Inkaufnahme einer Abkürzung des Sterbeprozesses.«
Mit dieser Meinung ist er nicht allein. Professor Christof Müller-Busch, Arzt für Anästhesiologie, Schmerztherapie und

Palliativmedizin und Dozent an der Universität Witten/Herdecke, betont, dass Sedierung bei Schwerstkranken und Sterbenden eine zunehmende Rolle zur Minderung von Anspannung und Angst in der Sterbebegleitung spielt. Im Zusammenhang mit der auch in Deutschland zunehmenden Selbstbestimmungs- und Euthanasiedebatte werde auch das Thema einer terminalen Sedierung kontrovers diskutiert. Die Berücksichtigung individueller Bedürfnisse, aber auch die Möglichkeit des Missbrauchs einer terminalen Sedierung zur vorzeitigen Lebensbeendigung machten es notwendig, Indikationen, Ziele, Absichten und ethische Implikationen einer medikamentösen Sedierung am Lebensende kritisch zu reflektieren und ihren Stellenwert anhand von Richtlinien zu verdeutlichen, so Müller-Busch.

Missbrauchspotenzial

Fest steht, dass die heutige juristische Regelung verwirrend ist, denn die indirekte Sterbehilfe nimmt den vorzeitigen Tod als Nebenfolge der Anwendung schmerzlindernder Medikamente in Kauf und ist eine Form aktiver Sterbehilfe. Letztere zu kriminalisieren, die indirekte Sterbehilfe aber mit ihrem Missbrauchspotenzial zu tolerieren ist inkonsequent.

Die differenzierende Diskussion zwischen einer terminalen Sedierung mit der Absicht, das Sterben zu beschleunigen oder herbeizuführen, einerseits und einer Sedierung am Lebensende mit der Absicht, den Patienten schmerzfrei sterben zu lassen, andererseits, muss noch geführt werden. Das Anliegen der Palliativmedizin könnte ohne diese Differenzierung diskreditiert werden. Von Heilung ist in diesem Medizinfach ohnehin nicht die Rede. Hier geht es darum, Patienten in einen beschwerdearmen Tod hineinzubegleiten. Dass sie an den Nebenwirkungen der schmerzlindernden Medikamente sterben können, wird von allen in Kauf genommen.

Sterbe-Alternativen

Aktive Sterbehilfe macht nach Schätzungen in Deutschland etwa ein Prozent der Todesfälle aus. Die Dunkelziffer dürfte weit höher liegen, vermutet unter anderem der Hamburger Strafrechtler Reinhard Merkel. Muss hier eine veraltete Rechtsprechung der faktischen Situation angepasst werden?

Ein rechtliches Regelungskonzept zur Stärkung der Patientenautonomie am Lebensende hat 2006 der Göttinger Rechtswissenschaftler Prof. Dr. Gunnar Duttge vorgelegt. Er lehrt und forscht als Professor für Strafrecht und Strafprozessrecht an der Juristischen Fakultät der Universität Göttingen und ist Geschäftsführender Direktor des Zentrums für Medizinrecht. Er beschäftigt sich unter anderem mit dem »Aktuellen Stand zur indirekten Sterbehilfe« und analysiert die rechtlichen Grundlagen einer medikamentösen Schmerz- und Leidenslinderung, die auch eine Lebensverkürzung einschließen kann.
Wie Duttge erläutert, ist eine solche Form der Schmerzmedikation als Teil der ärztlich-medizinischen Indikation zwar grundsätzlich erlaubt. Der Gesetzgeber sei hier dennoch gefordert, die bislang fehlende gesetzliche Regelung zu formulieren und damit Rechtssicherheit zu schaffen.
In diesem Zusammenhang befasst sich Duttge auch mit dem »Sonderfall« der terminalen Sedierung, bei der starke Medikamente das Bewusstsein der Patienten dämpfen. Nicht legitimierbar sei, dies mit einer anschließenden Begrenzung oder Einstellung der Behandlung zu kombinieren: »Damit wird das Verbot der aktiv-direkten Sterbehilfe umgangen.« Und doch gehören diese Umgehungen längst zum medizinischen Alltag, wie immer wieder im Verlauf dieses Buches deutlich wird.
Wir müssen uns wohl damit abfinden, dass es den naturgegebenen Tod heute aufgrund der fortgeschrittenen Medizin immer seltener gibt. Das wirft die Frage auf, ob eine zeitgemäße Ars moriendi, eine moderne Kunst zu sterben, gebraucht wird.

Der Wunsch nach Wahlmöglichkeit

Ich lebe als Schweizer schon seit langem in Deutschland und glaube nicht, dass der assistierte Suizid, wie er in der Schweiz praktiziert wird, ad hoc als unverändertes Modell auf Deutschland übertragen werden könnte. Aber die Idee sollte geprüft und über Anpassungen nachgedacht werden: Die Gefahr des Missbrauchs und der Kommerzialisierung, also der geschäftsmäßigen Vermittlung von Sterbehilfe, ließen sich mit einfachen und bewährten Maßnahmen abwenden – ähnlich wie beim Schwangerschaftsabbruch. Non-Profit-Arbeitskreise und -Organisationen mit Gremien bestehend aus Vertretern verschiedener Berufsfelder (Ethik, Kirche, Kultur, Medizin, Politik, Psychologie, Rechtsprechung unter anderen) könnten die Einhaltung für notwendig befundener Regeln beachten. Sie könnten die praktische Umsetzung ebenso intensiv angehen wie die dringend erforderliche Stärkung der Suizidprävention, der Palliativmedizin und der Hospizbewegung. Denn der Wunsch der Menschen nach Wahlmöglichkeit wächst.

Ob die Palliativmedizin für alle Bürger zugänglich gemacht werden kann, ist mehr als fraglich. Und auch dort, wo sie heute praktiziert wird, stößt sie im reglementierten Kassensystem, wo nicht leistungsgerecht abgerechnet werden kann, immer wieder an Grenzen: ob wegen geringer Tagesfestpreise von 5,90 Euro für Opiate oder bei der Verschreibung von Schmerzpflastern für Patienten, die nicht schlucken können.

Schutz vor Verzweiflungstaten

Ich möchte am Ende meines Lebens die Möglichkeit haben, begleitet, freiwillig und selbstbestimmt zu sterben, indem dann mein als endgültig anzusehender Todeswunsch nach Beratung und Bedenkzeit respektiert wird. Ob ich, wenn es so weit ist, tatsächlich so denken und von dieser Möglichkeit Gebrauch

machen werde, weiß ich jetzt nicht. Die Praxis in der Schweiz zeigt, dass vielen Menschen alleine die Gewissheit, diese Möglichkeit zu haben, eine Ruhe verleiht, die sie vor einsamen Verzweiflungstaten schützt, und am Ende gar nicht in Anspruch genommen wird.
Es bleibt also die Frage, ob die Argumente gegen eine Legalisierung des assistierten Suizids schwerer wiegen als der Wunsch nach Selbstbestimmung, der Wunsch nach Toleranz den Menschen gegenüber, die nach gründlicher Abwägung aller Sterbe-Alternativen den assistierten Suizid bevorzugen.

Rechtlich kritische Situation

Wenn ich Freunden von meinen Eltern berichte, tauchen auch ganz pragmatische Fragen auf. Ich erkläre dann, wie und wo der Sterbewillige unterschreibt, dass er aus eigenem, freiem Entschluss den Freitod wählt. Von Schweizern wird gewünscht, dass sie lange vor dem Lebensende Mitglied bei der Sterbehilfeorganisation werden. Sie sollen nicht erst in einer dramatischen Situation Hilfe suchen, sondern frühzeitig, bei bester Gesundheit und vollem Bewusstsein sich für die Möglichkeit des assistierten Suizids entscheiden. Wenn ein deutscher Staatsangehöriger den assistierten Suizid in der Schweiz wählt, gehört auch die Adresse des Arztes in Deutschland auf das Formular, für den Fall, dass die Schweizer Polizeibeamten, die den Todesfall wenige Stunden später protokollieren werden, Fragen an ihn stellen wollen.
Im Anschluss an die Sterbebegleitung informiert der Sterbehelfer die Polizei. Um rechtlich kritischen Situationen vorzubeugen, zeichnet zum Beispiel Dignitas die Suizidhilfe auf Videoband auf.

Satt an Tagen

Wenn gesetzliche Regelungen getroffen werden, um den assistierten Suizid in Deutschland zu ermöglichen, dann sollten Sorgfaltskriterien Anwendung finden: die Dauerhaftigkeit, die Freiwilligkeit und die reiflich reflektierte Äußerung des Wunsches, die Aussichtslosigkeit und Unerträglichkeit des Leidens ebenso wie die ärztlich mehrfach bestätigte Zuverlässigkeit der ermittelten Beweggründe. Das heißt, der Betroffene muss sein Leiden als unerträglich empfinden und keine Aussicht und keine Hoffnung auf Linderung haben. Möglichkeiten der Verbesserung seiner Lage muss er prüfen. Er muss die Sterbehilfe selbst schriftlich und mündlich aufgrund in bestmöglich informiertem und urteilsfähigem Zustand angestellter Überlegungen wünschen. Unter keinen Umständen darf der Wunsch von außen aufgedrängt werden. Es sollten wirksame Kontrollmechanismen eingerichtet werden, die Missbrauch ausschließen.

Aber auch damit wäre das letzte Wort nicht gesprochen: Ein weiterführender Aspekt, den ich im Roman »Schlemm« behandle, besteht in der Frage, ob diese Kriterien unumstößlich sind. Ob nicht am Ende das einzig Entscheidende für die Erlaubnis, einem Sterbewilligen zu helfen, der Wunsch des Menschen selbst ist. Bei der Charakterisierung des Wunsches, beim Ausloten der Gründe, beim Hinhören auf die Zwischentöne erzielen Kunst und Literatur oft bessere Ergebnisse als sachliche Betrachtungsweisen (siehe viertes Kapitel).
Hier kann beispielsweise der Frage nachgegangen werden, ob soziales Leiden, Einsamkeit, mangelnde Lebensperspektive, das Gefühl der Sinnlosigkeit, also Lebenssattheit, und emotionale Qualen ab einem gewissen Alter als Grund für einen assistierten Suizid ausreichend sind. Dabei ist zu beachten, dass dem Tod im Alter andere Bedeutungen zukommt als in der Jugend oder in der Mitte des Lebens, wo der Gedanke an den Tod Anlass für neue Pläne, für existenzielle Veränderungen oder die Erfüllung

von Lebensträumen sein kann. Einem Senioren bleibt im Wesentlichen nur der Rückblick ohne die Option, seinem Leben eine Wendung zu geben oder Unbekanntes auszuprobieren. Nicht mehr die Art und Weise der Lebensführung wird bedacht, sondern die Art und Weise des bevorstehenden und unausweichlichen Sterbens, die Form des nahenden Todes.

Im Roman »Schlemm« verwende ich mehrfach das Wort »lebenssatt«, das bei vielen meiner Leser Erstaunen hervorgerufen hat. Wie schon im Motto (siehe Seite 2) gezeigt, ist der Begriff biblischen Ursprungs, wurde aber immer wieder von Philosophen aufgegriffen, beispielsweise von Ernst Bloch. Auch Immanuel Kant setzte den Begriff bei seiner Beschäftigung mit dem Alter ein: »Das Ausfüllen der Zeit durch planmäßig fortschreitende Beschäftigungen ist das einzig sichere Mittel, seines Lebens froh und dabei auch allmählich lebenssatt zu werden.« Mein Vater folgte dieser Maxime, weswegen es mir wichtig ist, im Anhang seine letzten Tagebucheintragungen zu zitieren (Seite 210ff.). Die Kunst, Lebenssattheit zu erlangen, ist Bestandteil einer Ars bene moriendi. Hierzu gehört auch die Offenheit am Lebensende: »Die Neugier kann sich bis zu einer Art Forschungs- und Erkenntniswunsch verbessern, sie ist auf den Akt des Sterbens wie auf den einer Enthüllung gespannt«, schrieb Ernst Bloch in »Forschende Reise in den Tod«. Auf eine neue Ars bene moriendi werde ich hier noch mehrfach zu sprechen kommen.

Die Freiheit menschlichen Handelns

Die große Mehrheit stirbt heute im Krankenhaus oder in einer Pflegeeinrichtung. Damit erscheint uns der Tod als etwas Fremdes, vom Leben Abgetrenntes. Der Sterbeprozess gehört aber genauso zu unserem Leben wie andere Stationen von der Geburt bis ins hohe Alter.
Als ich meine Eltern auf dem Sterbebett sah, war ich mir sicher: Der Tod ist kein Zustand. Leiche ist nicht gleich Leiche. Sie lagen schlafend und verliebt wie Stefan und Lotte Zweig auf dem Foto nach ihrem Suizid in Petropolis.

Der Tod wird je nach Sichtweise anders definiert. Medizinisch wird zwischen dem Herz-Kreislauf-Stillstand und dem Hirntod unterschieden. Aber auch nach dem Hirntod kann ein Mann noch eine Erektion bekommen und Kinder zeugen. Eine Frau kann danach noch dank der Intensivmedizin ein Kind austragen. Vom medizinischen Tod bis zum vollständigen Stillstand sämtlicher körperlicher Aktivitäten ist es ein weiter Weg, der ebenso wie die Phasen davor Teil des Lebens und noch nicht Teil des Todes sind. Das wird hierzulande oft übersehen.
Die Nachwirkungen des Todes meiner Eltern dauern bis heute an. Dieses Buch gehört dazu.

Legitime Option

Der begleitete Freitod ist eine Form des Suizids. Um ihn besser zu verstehen und später das eine vom anderen zu trennen, ist ein kurzer Rückblick hilfreich. Schon in alten Stammeskulturen gab es Suizid und Beihilfe zum Suizid, wenn beispielsweise Kriegsglück, Gesundheit oder Körperkraft von Herrschern, Anführern, aber auch von einfachen Kriegern nachließen.
Japanische Samurai versuchten eigene Schmach durch einen Suizid zu vermeiden. Im Judentum, Christentum, Islam und

Buddhismus ist der Suizid eigentlich verboten. Ausnahmen sieht der Buddhismus vor, falls eine Einschränkung der (inneren) Freiheit, Verfolgung oder unerträgliche Schmerzen den Menschen belasten.

Auch im Judentum, Christentum und Islam wurde der Suizid als Zeichen des Martyriums nicht als verwerflich angesehen. Um Folter und Vergewaltigungen zu entgehen, wurde der Suizid als legitimes Mittel aufgefasst.

Die epikureische und stoische Philosophie sieht den Suizid als ein mit der Freiheit gegebenes Selbstbestimmungsrecht, das Seneca in dem Sinne auslegte, dass der selbstgewählte, wohlerwogene und freie Tod dem natürlichen und entwürdigenden vorzuziehen sei. Philosophen wie David Hume, Ludwig Feuerbach, Friedrich Nietzsche und im 20. Jahrhundert Jean Améry nahmen den Suizid als legitime Option an. In der Handlung, freiwillig aus dem Leben zu scheiden, wurde die Frage nach der Freiheit des menschlichen Handelns erörtert. Sie wird auch in diesem Buch eine wichtige Rolle spielen.

ZWEITES KAPITEL

Die Situation heute in Deutschland und in der Schweiz

Schweiz – Der Tod ist nicht umsonst

Es ist nicht so, dass die Schweiz eine beim begleiteten Freitod allseits zufrieden stellende und definitive Regelung gefunden hätte. Die Nationale Ethikkommission im Bereich Humanmedizin der Schweiz (NEK) forderte noch Ende Oktober 2006 in einem 80-seitigen Papier – das Ergebnis einer mehrjährigen Arbeit – neue Regelungen der Beihilfe zum Suizid. Die NEK ist ähnlich wie der Nationale Ethikrat in Deutschland eine unabhängige Fachkommission, die gesellschaftsübergreifend und interdisziplinär zusammengestellt ist. Sie kann vom Bundesrat, vom Parlament und von den Kantonen um Beratung ersucht werden oder selbstständig Themen aufgreifen.

Beim assistierten Suizid ist es der NEK wichtig, dass die Entscheidung, ob geholfen werden darf, keiner Checkliste folgt und nie routinemäßig gefällt werden darf. Immer soll sie sich an den Bedürfnissen der betroffenen Person orientieren. Die NEK sieht gesetzgeberischen Handlungsbedarf, damit zwischen Sterbehilfeorganisation und Patient eine enge Beziehung gewährleistet wird.

Hier bedurfte es bei meinen Eltern keinerlei Unterstützung von außen. Schmunzelnd schrieb mein Vater in sein Tagebuch, wie sehr er es bedauere, dem Leiter der Abteilung des begleiteten Freitods bei Exit nicht früher begegnet zu sein. Er meinte, daraus hätte sich eine Freundschaft entwickeln können. Meine Eltern waren fünfzehn Jahre vor ihrem Tod Mitglied bei Exit geworden und hatten vor ihrer Entscheidung viele Gespräche mit Exit geführt.

Weiter fordert die NEK, dass Suizidbeihilfe dann verhindert werden soll, wenn der Suizidwunsch auf gesellschaftlichen oder privaten Druck entstanden ist oder das Symptom einer psychischen Krankheit ist.
Dies ist eine Ansicht, die zu weiteren Diskussionen führen wird, denn manche Vertreter von Sterbehilfeorganisationen wären damit nicht einverstanden. Trotzdem gibt es viele Übereinstimmungen. So fordert die NEK Respekt vor der Selbstbestimmung urteilsfähiger Patienten, insbesondere auch in Altersheimen. Der Artikel 115 des Strafgesetzbuches, der Beihilfe zum Suizid erlaubt, sofern keine eigennützigen Motive vorliegen, wird von der NEK nicht in Zweifel gezogen. Als Fazit empfiehlt die NEK, Sterbehilfeorganisationen unter staatliche Aufsicht zu stellen. Die Schweizer Organisationen, insbesondere Exit, hätten nichts dagegen, jedoch hat bislang die Politik nicht den gesetzlichen Rahmen dafür geschaffen.

Drohendes ethisches Erdbeben

Die Fälle von Patienten, deren Wille nicht respektiert wird, sind auch in der Schweiz häufig. Hier einer von vielen:
Nach mehreren Schlaganfällen muss eine ältere Dame künstlich ernährt werden. Sie kann nicht mehr sprechen und ist weitgehend gelähmt. Auf einer Buchstabentafel bildet sie die Sätze: »Ich will tot sein … Etwas geben, dass ich tot sein kann.« Sie hatte eine Patientenverfügung verfasst, in der steht, dass sie keine Maßnahmen wünscht, die ihr Leiden verlängern. Sie wolle ihr Leben in Würde beenden. Doch die Ärzte ignorierten die Verfügung. Sie könnten niemanden verhungern oder verdursten lassen, sagten sie den Angehörigen, die über eine Vollmacht verfügten. Das sei aktive Sterbehilfe. Sie hätten Angst vor einer Anklage. Dass die Rechtslage anders ist, verstehen sie nicht. Dass es sich um legale passive Sterbehilfe handeln würde, wollen sie nicht wahrhaben.

Die Ansichten der Mediziner zur Sterbehilfe stimmen nicht unbedingt mit den dazugehörenden Gesetzen überein. Das zeigt eine Umfrage im Jahr 2006 der Universität Zürich unter 1.400 Ärztinnen und Ärzten. Die Ergebnisse von Georg Bosshard, Susanne Fischer und Karin Faisst wurden in der medizinischen Fachzeitschrift »Swiss Medical Weekly« veröffentlicht. Die Resultate zeigen, dass in allen drei Sprachregionen eine große Mehrheit der Befragten der »passiven Sterbehilfe« zustimmt. Auf lebenserhaltende Maßnahmen soll demnach verzichtet werden dürfen, sofern der Patient dies wünscht. Das sagen durchschnittlich 94 Prozent der Ärztinnen und Ärzte. 96 Prozent der Befragten sind auch mit der »indirekt aktiven Sterbehilfe« einverstanden. Dabei wird in Kauf genommen, dass mit einer medikamentösen Behandlung von Schmerzen und Symptomen der Tod schneller eintritt. Uneinigkeit herrscht hingegen über die »aktive Sterbehilfe« und auch »Suizidbeihilfe«: Einem unter starken Schmerzen leidenden Patienten auf Wunsch tödliche Medikamente zu verschreiben ist zwar legal, sofern keine selbstsüchtigen Motive im Spiel sind. Solche Medikamente dem Patienten auch zu verabreichen gilt allerdings als aktive Sterbehilfe und ist gesetzlich nicht erlaubt. Die

Sterbetourismus

Solange die restriktive Haltung in Deutschland dominiert, erstaunt es nicht, dass die Beihilfe zum Suizid im Rahmen des so genannten »Sterbetourismus« in den letzten Jahren in der Schweiz zugenommen hat.
Im Jahr 2003 sind in der Schweiz 272 Personen mit Beihilfe zum Suizid aus dem Leben geschieden, ein Drittel von ihnen kam aus dem Ausland. 2005 hat die Sterbehilfeorganisation Exit 162 Personen in den Tod begleitet, gegenüber rund 30 zu Beginn der 1990er Jahre. Die Sterbewilligen nicht nur aus Deutschland, sondern aus verschiedenen europäischen Ländern machen zunehmend von der Möglichkeit Gebrauch, zum Sterben in die Schweiz zu fahren.

Studie zeigt nun, dass rund die Hälfte der Befragten diese Formen der Sterbehilfe als akzeptabel erachten. Unterschiede in diesen Einstellungen gibt es aber zwischen den Sprachregionen: Ärzte in der Deutschschweiz befürworten die passive Sterbehilfe stärker als ihre Kolleginnen und Kollegen in der französisch- und italienischsprachigen Schweiz.
Ähnliche Befragungen fehlen für Deutschland. Ärzteverbände verhindern dies mit aller Macht, denn sie ahnen, dass die Ergebnisse ein ethisches Erdbeben auslösen könnten. Dieses geschah im März 2007 in Frankreich, weil dort Ärzte außerhalb von Verbandsstrukturen die Initiative ergriffen und sich outeten, aktive Sterbehilfe geleistet zu haben (siehe Seite 120f.).

Künstlich herbeigeführtes Ereignis

Obwohl der assistierte Suizid in der Schweiz legal ist, haben sich die Kirchen aber längst nicht mit der Situation arrangiert. Sie sind sich – auch über die Landesgrenzen hinweg – einig: Im Sommer 2006 haben sich die Bischöfe von Basel, Straßburg und Freiburg im Breisgau in einem Hirtenschreiben gegen aktive Sterbehilfe und assistierten Suizid ausgesprochen. Eine gesetzliche Zulassung der Tötung auf Verlangen oder die ärztliche Suizidbeihilfe sei ein Signal in die falsche Richtung. Damit werde der Tod in ein künstlich herbeigeführtes Ereignis verwandelt. Die Bischöfe, die die Diskussion um aktive Sterbehilfe »mit großer Sorge beobachten«, verlangen den Ausbau palliativmedizinischer Zentren und außerklinischer Pflegehospize. Diese stellten den richtigen Weg dar, »wie eine humane Gesellschaft mit den Sterbenden in ihrer Mitte umgehen sollte«. Dabei könne den weitaus meisten der Schmerz genommen werden – und damit auch der Wunsch nach Tötung. Der sei nach ihrer Erfahrung mit Schwerstkranken meist ein »Aufschrei, sieh, wie ich leide«, berichtet anlässlich eines Hospiz-Kongresses in Köln die Pflegedienstleiterin Martina Kern vom

Palliativzentrum des Malteser-Krankenhauses Bonn. »Das Gefühl, ›sie können nichts mehr für mich tun‹«, täusche, sagt die Pflegespezialistin. »Wir können immer noch etwas tun«, und sei es die so genannte palliative Sedierung, bei der man den Patienten in einen schlafähnlichen Zustand versetzt.
Von den Ärzten fordern die Bischöfe Kurt Koch (Basel), Joseph Doré (Straßburg) und Robert Zollitsch (Freiburg) in ihrem Hirtenbrief ein Umdenken. Die medizinische Kunst diene nicht der Lebensverlängerung um jeden Preis, sondern dem Wohl des Menschen, der auch im Sterbeprozess der ärztlichen Fürsorge bedürfe. Manchen Ärzten falle es schwer, die eigene Ohnmacht im Angesicht des Todes anzuerkennen, schreiben die Bischöfe. Deshalb drängten sie »aufgrund einer irrtümlichen Auslegung der Pflicht zur Lebenserhaltung ihren Patienten Therapien auf, die aus medizinischer Sicht nicht mehr sinnvoll sind«. Andererseits sei es mit dem ärztlichen Auftrag unvereinbar, den Tod selbst herbeizuführen. Ebenso widerspreche es dem ärztlichen Ethos, Sterbenden bei der Erfüllung des Wunsches nach einem selbstbestimmten Suizid behilflich zu sein.

Politische Debatten

Auf die religiöse Haltung, die sich wie die anderen Standpunkte auch im Wandel befindet, werde ich später, vor allem im dritten Kapitel, ausführlich eingehen.
Es ist also keineswegs so, dass die Schweiz mit ihrem Status quo zufrieden ist. Immer wieder werden einzelne Aspekte der Sterbehilfe auch auf regionaler Ebene kontrovers diskutiert.
Im Sommer 2006 wurde das Thema Sterbehilfe im Aargauer Großen Rat zu einem politischen Traktandum. Der Großrat der FDP (Freisinnig Demokratische Partei) Rainer Klöti verlangte in einer Motion von der Regierung eine kantonale Regelung der Sterbehilfe. Klöti begründete seine Forderung damit, dass der Bund auf eine einheitliche Regelung verzichte. Bisher

habe sich die Regierung immer für eine Bundeslösung ausgesprochen. Die Sterbehilfe sei eine sehr anspruchsvolle Tätigkeit, die höchsten ethischen und moralischen Ansprüchen zu genügen habe, hielt Klöti fest. »Der Umstand, dass es ein ärztliches Rezept braucht und dass jeder Fall nachträglich durch die Justiz untersucht wird, genügt voll und ganz«, entgegnete der Leiter der Sterbehilfeorganisation Dignitas Ludwig Minelli.
Im selben Traktandum waren auch die Finanzen ein Thema: Eine Übertragung der Kosten an die Sterbehilfeorganisationen forderte SVP-Großrätin Sylvia Flückiger. Es sei höchste Zeit, dass diese alle Untersuchungskosten bei einem Todesfall übernehmen müssten. Die Kosten für Untersuchungen und Obduktionen müsse heute die öffentliche Hand tragen.
Auch die Züricher Staatsanwaltschaft sieht Handlungsbedarf. Leichen von »Sterbetouristen« müssten im jeweiligen Schweizer Kanton obduziert werden. Der aktuelle Entwurf des Staatsanwalts Andreas Brunner sieht die Beteiligung der Sterbehilfeorganisationen an den Kosten, die durch die Freitodbegleitung anfallen, vor. 2003 beliefen sie sich für Ermittlungen und Obduktionen auf 273.000 Schweizer Franken (ca. 166.000 Euro).

Aber schon früher stand die Schweizer Sterbehilfe im Mittelpunkt politischer Debatten, wobei damals der Kostenfaktor ausgeblendet wurde: Dorle Vallender, Politikerin der FDP in der Schweiz, setzte sich im Parlament 2002 für eine Änderung der bestehenden Gesetze ein. Sie forderte staatlich gemeldete und kontrollierte Organisationen und Helfer, Beratung und Beurteilung durch zwei Ärzte und ein Werbeverbot. Die Initiative sah weiterhin das Verbot von Suizidhilfe für Personen vor, die nicht in der Schweiz wohnen. »Dadurch wird verhindert, dass Zürich, Bern und andere Städte zu einer Drehscheibe des Sterbetourismus werden, wo man die Rechtsordnung anderer Länder unterlaufen kann«, so ihre Argumentation.
Der Antrag wurde Ende November 2002 durch den Schweizer Bundesrat abgewiesen.

Elke Baezner-Sailer, langjähriges Vorstandsmitglied von Exit Deutsche Schweiz, sagt dazu: »Die beste Gewähr, dass Freitod- oder Sterbehilfe für Nichtschweizer unterbleibt, wäre allerdings, dass die Nachbarstaaten der Schweiz – und ich denke da besonders an Deutschland, Frankreich, aber auch an England – die Bedingungen schaffen, die es den Schwerstkranken ermöglichen, in Würde und Frieden daheim zu sterben.«

Letzter Ausweg

Die politische Diskussion kommt in der Schweiz auch nach der Abweisung 2002 nicht zur Ruhe.

- Verboten ist in der Schweiz nach wie vor die aktive Sterbehilfe.
- Nicht ausdrücklich geregelt, aber toleriert sind die indirekte aktive Sterbehilfe (Abgabe von schmerzlindernden Medikamenten mit lebensverkürzender Nebenwirkung) und die passive Sterbehilfe (Verzicht auf lebenserhaltende Behandlung).

Diese Nichtregelung hatte die Eidgenössischen Räte gestört. Sie forderten vom Bundesrat deshalb, gesetzliche Bestimmungen vorzuschlagen. »Der Bundesrat ist zum Schluss gekommen, dass das nicht nötig ist«, sagte Justizminister Christoph Blocher im Juni 2006. Allgemein gültige Regelungen würden gerade die kritischen Fragen, die sich im Einzelfall stellten, nicht erfassen. Sie hätten deshalb keinen praktischen Nutzen. Eine Regelung der indirekten aktiven und der passiven Sterbehilfe sei grundsätzlich problematisch, denn sie stelle das absolute Tötungsverbot des Strafgesetzbuches in Frage. In Extremsituationen solle den Medizinern die Sterbehilfe zwar wie bisher straffrei möglich sein, aber sie müssten für ihr Handeln die Verantwortung übernehmen. Würden gesetzliche Regeln aufgestellt, so würde das Tötungsverbot aufgeweicht, und die Akteure könnten »staatlich legitimiert« töten. Vor diesem Schritt sei der Bundesrat alleine schon wegen der drohenden Parallele zur Euthanasie in Nazideutschland zurückgeschreckt.

Weit besser als Gesetzesvorgaben eigneten sich die Richtlinien der Schweizerischen Akademie der Medizinischen Wissenschaften (SAMW), hieß es im Bericht des Justizdepartements.
Auch bei der Suizidhilfe sah der Bundesrat keinen Handlungsbedarf. Im Gegensatz zur Sterbehilfe handelt bei Suizidhilfe die Person, die sich den Tod wünscht, selbst. Die Hilfe zur Selbsttötung ist in der Schweiz erlaubt, wenn sie ohne selbstsüchtige Motive erfolgt. »Alle Fachleute waren sich einig, dass dies so bleiben soll«, sagte Blocher.
Das heißt, Sterbehilfe wird in der Schweiz im bisherigen Rahmen möglich bleiben und weiterhin auch Ausländern offen stehen. Der Bundesrat will weder Sterbehelfer überwachen noch neue Gesetzeshürden gegen den »Sterbetourismus« aufstellen. Angesichts der damit verbundenen Bürokratisierung wären solche Maßnahmen unverhältnismäßig oder gar untauglich.
Die Regierung kam zwar zum Schluss, dass mit der Zunahme der organisierten Sterbehilfe in der Schweiz auch die Gefahr des Missbrauchs gestiegen sei. Durch die konsequente Anwendung des geltenden Rechts könnten solche Missbräuche aber vermieden werden.

Artikel 115

Die juristische Situation in der Schweiz stellt sich heute, nachdem der begleitete Suizid von der Regierung bereits 1918 legalisiert worden war, folgendermaßen dar:
Gemäß Gesetz gilt nach wie vor nicht nur »die Überredung zum Selbstmord«, sondern auch »die Beihülfe bei einem solchen« als »eine Freundestat«. Strafbar sind aber eigennützige Motive. In Artikel 115 des Schweizerischen Strafgesetzbuchs heißt es: »Wer aus selbstsüchtigen Beweggründen jemanden zum Selbstmorde verleitet oder ihm dazu Hilfe leistet, wird, wenn der Selbstmord ausgeführt wurde, mit Zuchthaus bis zu fünf Jahren Gefängnis bestraft.«

Drei Organisationen

Aufgrund der Straffreiheit der Suizidhilfe in der Schweiz wird der bisherige Trend verstärkt werden. Immer mehr Menschen werden die Hilfe der dort ansässigen Sterbehilfeorganisationen suchen. In den 1990er Jahren begleitete die Sterbehilfeorganisation Exit in der Deutschschweiz durchschnittlich 30 Menschen

Formen der Sterbehilfe – Schweizer Diktion

Bei den verschiedenen Formen der Sterbehilfe haben sich in der Schweiz folgende Definitionen und juristische Interpretationen durchgesetzt:

Direkte aktive Sterbehilfe Die »direkte gezielte Tötung eines Menschen« (zum Beispiel mittels einer Spritze) ist strafbar, selbst wenn es auf ausdrücklichen Wunsch einer todkranken Person geschieht.
Indirekte aktive Sterbehilfe In diesen Fällen werden Medikamente eingesetzt, die die Schmerzen der todkranken Person lindern, aber auch die Lebensdauer verkürzen können. Das ist zum Beispiel bei der Gabe von Morphinen der Fall. Hier gibt es keine gesetzliche Regelung.
Passive Sterbehilfe Lebenserhaltende Maßnahmen wie zum Beispiel die künstliche Beatmung oder die Nahrungszufuhr werden nicht eingesetzt, oder sie werden wieder abgebrochen. Auch dieser Bereich ist gesetzlich nicht geregelt. Heute sterben 41 Prozent aller Menschen in der Schweiz durch die passive Sterbehilfe. Das ist weit mehr als in anderen Ländern (Niederlande 30 Prozent, Italien 6 Prozent).
Suizidhilfe Anders als bei der Sterbehilfe führt die sterbewillige Person die Tat selbst durch. Bei der Suizidhilfe, die von Suizidorganisationen geleistet wird, geht es meistens um das Verschreiben und Bereitstellen eines tödlichen Betäubungsmittels. Die Beihilfe bleibt gemäß Strafgesetzbuch straffrei, sofern sie »nicht egoistisch« motiviert ist. Wer jedoch aus »selbstsüchtigen Beweggründen« Hilfe zum Selbstmord leistet, kann mit Zuchthaus oder Gefängnis bestraft werden.

jährlich in den Freitod – 2005 waren es bereits 152 Personen. Noch deutlicher zugenommen hat der so genannte Sterbetourismus aus Ländern, wo wie in Deutschland die Beihilfe zum Suizid generell verboten ist: Während die Organisation Dignitas im Jahr 2000 erst drei Menschen aus dem Ausland ein tödliches Betäubungsmittel zur Verfügung stellte, waren es im Jahr 2004 schon 88 Personen.

Die Zahl der Ausländer, die in der Schweiz Beihilfe zur Selbsttötung erhalten wollen, ist zuletzt stark angestiegen. Allein der Kanton Zürich verzeichnete in den Jahren 2000 bis 2005 genau 851 Menschen, die mit Unterstützung der Organisationen Exit und Dignitas Suizid begingen. Dies entspricht fast einer Verzehnfachung gegenüber dem Zeitraum 1995 bis 1999. Trotzdem sprach sich 2005 auch die NEK wieder dafür aus, dass Suizidbeihilfe straffrei bleiben soll. Diese fächert sich inzwischen in mehrere Organisationen auf:

- Der größte Schweizer Verein, der den assistierten Suizid anbietet, ist **Exit** mit über 50.000 Mitgliedern allein in der deutschen Schweiz, der jedoch nur Schweizern oder Ausländern mit Schweizer Wohnsitz offen ist.
- In die deutschen Schlagzeilen gerät immer wieder **Dignitas.** Deren Leiter Ludwig A. Minelli war Journalist des Schweizer Boulevardblattes »Blick« und zehn Jahre Korrespondent des »Spiegel«. Erst spät studierte er Jura und wurde mit 54 Jahren Rechtsanwalt. 1998 gründete er in Zürich die Sterbehilfeorganisation Dignitas. Die Mitglieder bei Dignitas kommen in der Mehrheit aus dem Ausland. 2003 gehörten lediglich 897 Schweizer Mitglieder der Organisation an. Dagegen stehen 1.293 Deutsche, 453 Engländer und 258 Franzosen.
- Inzwischen hat es auch der kleine Berner Verein **Ex International** zu einiger Popularität gebracht, und es ist nicht auszuschließen, dass weitere Vereinsgründungen bevorstehen, da die Nachfrage aus dem Ausland steigt. Ex International hat nur etwa 700 Mitglieder.

Rasche Liberalisierung

Mitte der 1990er Jahre hatte der Arzt Julius Hackethal den Schweizer Pastor Rolf Sigg darum gebeten, sich in Deutschland zu engagieren. Sigg hatte zuvor den inzwischen größten Schweizer Sterbeverein Exit gegründet. Hackethal selbst konnte offiziell keine Sterbebegleitung anbieten, das hätte seine Approbation in Deutschland gefährdet. Der Mediziner wurde aber 1997 kurz vor seinem Tod Schirmherr von Ex International. Trotzdem bekannte er mehrfach, seiner Mutter eine tödliche Spritze gegeben zu haben, und setzte sich für aktive Sterbehilfe ein. Er hatte auch mehrfach vor Gericht gestanden, unter anderem weil ihm Sterbehilfe vorgeworfen wurde, ohne dass er jedoch verurteilt wurde. Dieses Beispiel zeigt, wie verzahnt die schweizerische und die deutsche Sterbehilfe in der Vergangenheit war. Vermutlich wird es auch in Zukunft immer wieder Überlappungen geben, zumindest so lange, bis sich die verschiedenen Gesetzgebungen aneinander annähern. Das wird allerdings noch einige Jahre oder Jahrzehnte dauern, weil die Liberalisierung in der Schweiz deutlich schneller voranschreitet als in Deutschland. In letzter Zeit ist es vor allem die Westschweiz, die sich für größere Freiheiten einsetzt.

Um von Ex International in Bern beim Suizid begleitet zu werden, muss der Sterbewillige ähnlich wie bei Dignitas eine ärztliche Diagnose über eine unzumutbare Krankheit mit höchstwahrscheinlich tödlichem Ausgang vorlegen. Jährlich begleitet Ex International rund ein Dutzend Deutsche in den Tod.

Ehrenamtliche Arbeit

Zurück zu den Kosten, die vor allem auch bei deutschen Sterbehilfegegnern immer wieder Anlass für Kritik sind. Hier werden geschäftsmäßige Interessen vermutet oder gar persönliche Bereicherung.

Die Schweizer Organisationen finanzieren sich durch Mitgliederbeiträge. Der Jahresbeitrag beläuft sich bei Exit Deutsche Schweiz auf 35 Schweizer Franken (circa 21 Euro), die Mitgliedschaft auf Lebenszeit kostet 600 Franken (circa 360 Euro). Die Kosten für eine Freitodbegleitung belaufen sich bei Dignitas auf 5.000 bis 5.700 Schweizer Franken (circa 3000 bis 3500 Euro), die sich zusammensetzen aus: Vorbereitungen 1.000 Schweizer Franken, Arztbesuch bis zu 500, Durchführung 1.000, Bestattung 1.500 bis 2.200 und Abwicklung der Behördengänge 1.000 Schweizer Franken.
Die Sterbebegleiter erhalten aufgrund der gesetzlichen Rahmenbedingungen kein Gehalt. Sie arbeiten ehrenamtlich.

Regionale Regelungen

Die Uniklinik von Lausanne war Anfang des Jahres 2006 das erste Krankenhaus in der Schweiz, das Suizidbeihilfe zugelassen hatte. Nun ist dies auch im Genfer Unihospital (HUG) möglich. Die Sterbehilfeorganisation Exit Suisse romande hatte bei den Genfer Behörden eine Petition mit 10.000 Unterschriften für die Sterbehilfe im HUG eingereicht. Erlaubt ist die Sterbehilfe in Lausanne und inzwischen auch in Genf nur bei Patienten, deren Leiden in Kürze zum Tod führen wird und die nicht transportfähig sind. Zudem müssen die Betroffenen in der Lage sein, eine Entscheidung zu fällen. Die Kliniken sind verpflichtet, ihnen palliativmedizinische Alternativen anzubieten. Ähnlich wie in Lausanne und in einigen Spitälern im Kanton Waadt ist auch an der Genfer Klinik die Sterbehilfe nur externen Ärzten und nicht dem medizinischen Personal der Klinik selbst erlaubt. Ein Monopol bei der Sterbehilfe solle es nicht geben, sagt Thérèse Legerer, Sprecherin des HUG. Damit gelten in Genf die gleichen Regeln wie im Lausanner Universitätsspital CHUV. Erfreut über den Entscheid zeigte sich Jérôme Sobel, Präsident von Exit in der Westschweiz. Damit würden dem Patienten zusätzliche Freiheiten zugestanden, sagte er. Mit den liberalen Regelungen auch in Genf stärkt die Westschweiz ihre Vorreiterrolle bei der Sterbehilfe. In der Deutschschweiz ist Sterbehilfe bisher in keinem Universitätsspital erlaubt. In Zürich ist nun allerdings eine Arbeitsgruppe gegründet worden, die sich der Frage annimmt.

Helvetische Toleranz

Auch auf nationaler Ebene beweist die Schweiz eine Toleranz im Umgang mit Sterbehilfe, die für deutsche Verhältnisse erstaunlich ist. Im Februar 2007 fällte das Schweizer Bundesgericht ein Grundsatzurteil, das die Liberalisierung weiter fördert. Ein depressiver Mann, der bereits zwei Suizidversuche unternommen hatte, forderte einen grundrechtlichen Anspruch gegenüber dem Staat, seinen Suizid risiko- und schmerzfrei vornehmen zu können. Er wolle selbst die Art und den Zeitpunkt seines Todes bestimmen. Dies sei ein »europäisch garantiertes Grundrecht«. Daher komme auch psychisch Kranken dieser Anspruch zu, sofern sie urteilsfähig seien.

2004 hatte der Mann die Sterbehilfeorganisation Dignitas um eine Freitodbegleitung gebeten, aber kein Arzt wollte ihm das Rezept für die benötigten 15 Gramm des verschreibungspflichtigen Mittels Natrium-Pentobarbital ausstellen. Der Mann wandte sich an die Behörden des Kantons Zürich und des Bundes und ersuchte darum, das tödlich wirkende Betäubungsmittel über Dignitas ohne Vorlage einer ärztlichen Verschreibung beziehen zu können.

Paradigmenwechsel

Der suizidwillige Mann hatte vor den Richtern die Auffassung vertreten, es müsse ihm ermöglicht werden, Natrium-Pentobarbital ohne »ärztliche Bevormundung« beziehen zu können. Er berief sich auf das verfassungsmäßige Recht der persönlichen Freiheit sowie auf den Anspruch auf Schutz des Privatlebens, wie er von der Europäischen Menschenrechtskonvention garantiert wird. Sein Anliegen wurde ihm verwehrt. Das Bundesgericht lehnte seine Beschwerde in einem Grundsatzurteil ab.

Laut Bundesgericht garantieren diese Grundrechte zwar auch das Recht auf den eigenen Tod. Aus ihnen könne jedoch keine Pflicht des Staates abgeleitet werden, dafür zu sorgen, dass das fragliche Mittel an Sterbehilfeorganisationen oder Suizidwillige ohne ärztliche Verschreibung abgegeben werden könne. Trotzdem bedeutet das Urteil einen großen Schritt in der Schweizer Gesetzgebung, denn aus der bisherigen **Freiheit** zum Suizid wurde ein **Recht** auf Suizid. Das Bundesgericht erkennt nun das Recht auf begleiteten Suizid als Grundrecht an, selbst für psychisch Kranke.

Laut dem Urteil im Rahmen der anerkannten medizinischen Grundregeln ist es möglich, ein ärztliches Rezept für Natrium-Pentobarbital zu erhalten. Damit folgt das Bundesgericht der gängigen Praxis der Sterbehilfeorganisationen, die in jedem Fall einen, meistens zwei Ärzte beiziehen und vor dem Tod obligatorische Gespräche mit den Sterbewilligen führen.

Die Suizidhilfe werde heute zusehends als freiwillige ärztliche Aufgabe verstanden, die aufsichts- und standesrechtlich nicht ausgeschlossen erscheine. Bei psychisch kranken Menschen erweise sich die Frage der Verschreibung für einen begleiteten Suizid zwar als besonders heikel. Nach neuen ethischen, rechtlichen und medizinischen Stellungnahmen sei jedoch selbst in solchen Fällen eine Verschreibung des Mittels nicht generell ausgeschlossen. Allerdings sei dabei äußerste Zurückhaltung geboten: Es gelte zu unterscheiden zwischen dem Sterbewunsch als Ausdruck einer psychischen Störung und dem selbstbestimmten, wohlerwogenen und dauerhaften Entscheid einer urteilsfähigen Person. Diesen »Bilanzsuizid« gelte es gege-

benenfalls zu respektieren. Die entsprechende Einschätzung setze notwendigerweise ein vertieftes psychiatrisches Fachgutachten voraus. Dies erscheine nur sichergestellt, wenn an der ärztlichen Verschreibungspflicht festgehalten werde.
Die Verantwortung dafür dürfe nicht privaten Sterbehilfeorganisationen in die Hände gelegt werden. Der rezeptfreie Bezug des tödlich wirkenden Mittels bleibt also verboten.
Ruth Baumann, Mitglied der Nationalen Ethikkommission in der Schweiz, bezeichnete den Vorgang als Paradigmenwechsel: »Mit dem Urteil wird die Beihilfe indirekt in den Rang einer ärztlichen Tätigkeit erhoben. Der Arzt macht ein Gutachten, ähnlich wie früher beim Schwangerschaftsabbruch, und kann dann die tödlichen Medikamente verschreiben.« Die Entscheidung des Bundesgerichts reduziert zugleich die Bedeutung der Schweizer Sterbehilfeorganisationen, denn jetzt können Schweizer ohne Umweg über Exit oder Dignitas zum Arzt gehen, der das Gutachten erstellt und einem das Mittel gibt – vorausgesetzt man kennt einen solchen Arzt.

Für den Generalsekretär der Sterbehilfeorganisation Dignitas Ludwig Minelli wird mit dem Urteil allen Versuchen der Boden entzogen, mit zusätzlichen »Regeln« Menschen aus anderen Staaten als der Schweiz den Weg zu einer Freitodbegleitung in der Schweiz unmöglich zu machen. Minelli zeigte sich überzeugt, dass dieser Entscheid in anderen europäischen Ländern nach einiger Zeit dazu führen dürfte, die dortigen eingefrorenen politischen Positionen zu überdenken und eine liberalere Gesetzgebung zu ermöglichen.

Beispiel Thurgau

Die Liberalisierung in der Schweiz schreitet auch auf regionaler Ebene voran, wobei nicht immer klar ist, ob eine differenziertere Gesetzgebung zu größeren Freiheiten führt. Ebenfalls im Februar 2007 entschied der Grosse Rat Thurgau, passive Sterbehilfe und Patientenverfügungen gesetzlich regeln zu wollen. Insgesamt 79 Ratsmitglieder hatten eine Motion unterzeichnet, die vom Regierungsrat eine Ergänzung des Gesundheitsgesetzes fordert. Der Verzicht auf lebensverlängernde Maßnahmen soll unter drei Bedingungen gestattet sein:

- Es muss ein Grundleiden mit aussichtsloser Perspektive und irreversiblem Verlauf bestehen.
- Das Hinausschieben des Todes müsste das Leiden des Sterbenden unzumutbar verlängern.
- Außerdem muss der Verzicht auf eine weitere Behandlung dem mutmaßlichen Willen der Sterbenden entsprechen. Eine frühere schriftlich verfasste Patientenverfügung soll als rechtsverbindlich gelten und muss von den Verantwortlichen beachtet werden.

Die Mehrheit der Ratsmitglieder und der Regierungsrat sprachen sich dafür aus, die Motion für erheblich zu erklären und Rechtssicherheit zu schaffen. Teile der FDP- und der CVP-Fraktionen (der Fraktionen der Freisinnig-Demokratischen und Christlichdemokratischen Partei) plädierten jedoch dafür, die passive Sterbehilfe nicht gesetzlich zu regeln.

Ein CVP-Vertreter und Arzt warnte davor, mit einem Gesetz unter Umständen Straftatbestände zu schaffen, wo heute keine sind. Die Umstände, bei denen Ärzte und Angehörige passive Sterbehilfe erwägen würden, seien zu unterschiedlich, um sie in gesetzliche Regelungen zu fassen. Auch Regierungsrat Bernhard Koch sagte, eine gesetzliche Regelung dürfe nicht dazu führen, dass die heutige Situation verschärft würde. Dies müsse bei der Ausgestaltung des Gesetzes beachtet werden.

Stille Helfer

Auf eidgenössischer Ebene wird es vorläufig wohl keine neuen Gesetze zur Sterbehilfe geben. Dies entschied der Bundesrat Ende Mai 2006. Um Missbräuche zu verhindern, genüge das geltende Recht, befand die Regierung damals. Grundlage ihres Entscheides war ein Bericht aus dem Justizdepartement. Vielleicht hat sich die Meinung in der Schweizer Bevölkerung so verändert, dass tatsächlich keine neuen juristischen Regelungen notwendig sind. Als Beispiel mögen publikumswirksame Auftritte einer Politikerin dienen: Die Sankt Galler Regierungspräsidentin Karin Keller-Sutter dankte im Rahmen zahlreicher Veranstaltungen 2006 den so genannten »Stillen Helfern« und wollte damit zeigen, wie intakt noch die Solidarität in der Schweizer Gesellschaft ist, und diese damit noch stärker fördern. Menschen, die sich ohne Lohn für andere einsetzen, dazu zählen die Schweizer ganz selbstverständlich auch Sterbehelfer: »Sehr eindrücklich war eine Frau, die von ihren Erfahrungen in der Sterbehilfe erzählte. Oder jener Mann, der schon vor Jahrzehnten einen Tischtennisclub gründete und sich noch immer um den Nachwuchs kümmert. Beeindruckt hat mich allgemein, wie vielfältig sich die Leute engagieren, ob im Sportverein, im Jodelchörli, in der Kinderkrippe oder in der Theatergruppe«, sagte Keller-Sutter am Rande einer Veranstaltung.

Ausbildung nichtärztlicher Helfer

Trotzdem bleibt in der Schweiz in vielen Bereichen Klärungsbedarf. Ein wichtiger Punkt ist die mangelnde Trennschärfe zwischen ärztlich assistiertem Suizid und assistiertem Suizid ohne oder nur mit geringer ärztlicher Beteiligung. Obwohl Unsicherheiten in der Schweizer Ärzteschaft viel geringer sind als in der deutschen, bestehen auch in der Schweiz Diskussionen und Irritationen unter Medizinern, denn die Verzahnung ärztlicher und nichtärztlicher Handlungen und Entscheidungen beim begleiteten Freitod ist komplex. Um die Ärzteschaft zu entlasten, übernehmen die Sterbehilfeorganisationen immer mehr Aufgaben, sodass sich heute die ärztliche Tätigkeit oft auf die Ausstellung des Rezepts reduziert. Danach wird in der Regel der Sterbehelfer zum Hauptverantwortlichen. Auch wenn Infusionen zum Einsatz gelangen, sind Ärzte bei der Durchführung oft nicht anwesend. Nicht sie, sondern die Sterbehelfer entscheiden meistens über die Applikationsart. Sterbehelfer bewahren nach der Einlösung des Rezepts in der Apotheke bis zur Durchführung des assistierten Suizids das Medikament auf und leisten dann beim Akt selbst Beistand beim praktischen Vorgehen, bei der Handhabung der tödlichen Barbituratdosis, bei der Planung des zeitlichen Ablaufs oder auch bei der psychologischen Betreuung der Sterbewilligen. Die Aufgaben des Sterbehelfers sind höchst anspruchsvoll, weshalb die klare Definition der Anforderungen an den Sterbehelfer und die Regelung einer Ausbildung nichtärztlicher Sterbehelfer ein dringendes Desiderat darstellen. Über eine Professionalisierung der Sterbehelfer, über Registrierungs- und Bewilligungspflichten und gesetzliche Regelungen hierzu wird derzeit in der Schweiz nachgedacht.

Deutschland – Dem Leiden ein Ende setzen

Zeitungsnotizen wie die folgende vom Februar 2006 erscheinen zahl- und variantenreich in Deutschland, nicht jedoch in der Schweiz. Ich frage mich beim Lesen solcher Meldungen, ob es nicht besser wäre, auch in der Bundesrepublik Sterbehilfeorganisationen zuzulassen, um so Kriminalpolizei, Gerichtsverfahren und Gefängnis mit allen tragischen Begleitumständen überflüssig zu machen:

»77-jähriger tötet Ehefrau – Schwerkranke hatte alle Hoffnung verloren
Ein 77-jähriger hat in Eimsbüttel seiner Frau (76) geholfen zu sterben – offenbar, um ihrem Leiden ein Ende zu setzen. Die Polizei leitete ein Ermittlungsverfahren ein.
Schon seit Jahren war Elisabeth M. schwer krank. Die Frau litt an stärksten Schmerzen. Als sie jetzt wieder im Krankenhaus war, kam heraus, dass es für sie keine erfolgversprechende Behandlung mehr geben wird. ›Sie hatte schon früher ihren Lebensmut verloren und mehrfach ihren Mann um Sterbehilfe gebeten. Das hatte der Mann bislang immer abgelehnt‹, sagt ein Beamter. Nach der neuen hoffnungslosen Diagnose sah auch Arthur M. keinen anderen Ausweg mehr. Er besorgte seiner Frau Schlaftabletten, die sie selbst einnahm. Als sie leblos im Bett lag, nahm der Mann ein Kissen und erstickte sie. Anschließend rief er verzweifelt eine Angehörige an. Bei ihr konnte die Polizei den 77-jährigen festnehmen.
Die Mordkommission ermittelt gegen Arthur M. wegen ›Tötung auf Verlangen‹. Die Spuren in seiner Wohnung am Eppendorfer Weg und die Untersuchung der Gerichtsmediziner bestätigten die Angaben des 77-jährigen. Arthur M. ist inzwischen wieder auf freiem Fuß. Polizei und Staatsanwaltschaft haben keinen Sinn darin gesehen, den alten Mann bis zur Eröffnung des anstehenden Gerichtsverfahrens in Untersuchungshaft zu nehmen.«

Dies ist nur ein Schicksal von unzähligen.

Reflexe

Eine sachliche Diskussion in Deutschland über aktive Sterbehilfe ist ausgeschlossen. Vergessen ist hier Francis Bacons Begriff von der »euthanasia medica« als Herausforderung für Ärzte, den Kranken schmerzlindernd beim Sterben zu helfen. Seitdem die Nationalsozialisten unter dem Begriff der Euthanasie Todesurteile vollstreckten und hilflose, behinderte Menschen auf staatliche Anordnung hin ermordeten, löst das so missbrauchte Wort antifaschistische Reflexe, aber keine vernünftige Auseinandersetzung im ursprünglichen Sinn aus.

»Kein Tier möchte ich so sterben sehen, wie meine Mutter starb«, schrieb mir eine Leserin und erklärte, dass sie sich nicht vor dem Tod fürchte, sondern vor einem langen und qualvollen Sterben. Es sind solche Erfahrungen, die das Meinungsbild in der Bevölkerung verändern. Aber im Vergleich zur basisdemokratischen Schweiz scheint die Situation in Deutschland festgefahren. Diskutiert wird auf politischer Ebene fast ausschließlich über die Patientenverfügung, über Palliativmedizin und Sterbehospize. Alle anderen Themen im Zusammenhang mit Sterbehilfe werden gerne verdrängt. Allenfalls wird mit dem Hinweis auf die Niederlande über Euthanasie gestritten, wobei Sterbehelfer und Sterbebegleiter zu Feinden geworden sind und die Erfahrungen aus nationalsozialistischer Zeit zu raschen und bedingungslosen Urteilen führen. Befürworter - auch Gäste aus den Niederlanden - haben kaum die Möglichkeit, sachlich ihre Sicht darzulegen.

Ein großes Thema der Gegenwart

In der Bevölkerung und bei einigen Medien regt sich allerdings Widerstand. Schlagzeilen wie »Aktive Sterbehilfe und assistierter Suizid - der Streit um Freigabe wird immer heftiger geführt« sind keine Seltenheit mehr. Tatsächlich wird immer wieder die Politik aufgefordert, für klare Verhältnisse zu sorgen. Allen voran diskutierten die Wochenzeitschriften »Die Zeit« und »Stern« über die Zustände in Deutschland. Letztere befürwortete zuletzt offen die Legalisierung des assistierten Suizids.

Journalismus kann eine Brücke zwischen gestalteter Fiktion und reflektierter Wirklichkeit schlagen. Anders als in trivialen und maßlos reproduzierten TV-Darstellungen des Todes hilft seriöser Journalismus, den Lesern klarzumachen, dass der Tod als bevorstehendes Ereignis ernst genommen werden muss. Journalismus kann als modernes und dringend benötigtes Memento mori wirken, das verhindert, das Sterben und den Tod weiterhin zu exilieren. Das Lebensende muss zurück ins Leben geholt werden, denn da gehört es hin.

Bewegung in die Medien brachte Bartholomäus Grill von der »Zeit«. Im Mai 2006 erhielt er den Henri-Nannen-Preis für die beste deutschsprachige Reportage, die im Dezember 2005 unter dem Titel »Ich will nur fröhliche Musik« erschienen war. Darin schildert Grill, seit 1987 bei der »Zeit«, Mitglied im Afrika-Beraterkreis des Bundespräsidenten und Autor von Sach- und Kinderbüchern über Afrika, den Tod seines Bruders, der in die Schweiz fahren musste, um assistiert sterben zu dürfen. Bei der Preisverleihung vor mehr als 1.000 Ehrengästen sagte Grill: »Es ist entwürdigend, dass der assistierte Freitod in Deutschland kriminalisiert wird und Menschen gezwungen sind, dafür in ein fremdes Land zu fahren. Auch deswegen hat mein Bruder gesagt: Schreib das auf.«

Frank Schirrmacher, Herausgeber der FAZ und Autor des Buches »Das Methusalem Komplott«, sagte in der vorgetragenen Begründung der Hauptjury: »Diese Begleitung des Bruders in einer existenziellen Grenzsituation ist meisterhaft beschrieben und gewinnt exemplarische Bedeutung, weil der Umgang mit dem selbst gewählten Tod zu den großen Themen der Gegenwart und Zukunft gehört. Der Autor schafft es, das allergrößte persönliche Unglück mit größter Authentizität und Beherrschung zu beschreiben. Er gibt damit einem verdrängten Vorgang Sprache.«

Ein unhaltbarer Zustand

In der Ausgabe vom 23. November 2006 griff der »Stern« das Thema als Titelgeschichte erneut auf. Optisch wie während der Abtreibungsdiskussion wurden auf dem Titelbild Menschen abgebildet, die sich offen zum assistierten Suizid bekennen. Der Titel lautete »In Würde sterben. Zwölf schwerkranke Menschen erzählen, weshalb sie dafür ins Ausland fahren müssen. Sie fragen: Warum wird Sterbehilfe in Deutschland nicht erlaubt?« Harald Grill und der Philosoph Robert Spaemann ließen in einem Streitgespräch ihre Überzeugungen aufeinander prallen. Letzterer verurteilte nicht Einzelfälle, wehrte sich aber gegen Verallgemeinerungen, also gegen die Möglichkeit, solche Einrichtungen wie in der Schweiz auch in Deutschland zu ermöglichen. Spaemann beharrte darauf, dass immer Hilflosigkeit und Schwäche am Anfang einer Entscheidung für den assistierten Suizid stehen.

Beim Lesen frage ich mich, woher er die Gewissheit nimmt. In »Schlemm« versuche ich zu schildern, dass volles Bewusstsein, Autonomie und erstaunliche Stärke meinen Eltern diese Entscheidung erst ermöglicht haben. Ebenso setzte sich Grill für die Entscheidung seines Bruders ein, ohne jedoch Spaemann überzeugen zu können. Denn dieser plädiert für eine stärkere Kriminalisierung als bisher von Menschen, die sich für Suizidbeihilfe entscheiden. Aber dann sagte er etwas besonders Bemerkenswertes: »Sterben ist ein Teil des Lebens, und wir müssen es vor zwei Seiten schützen: vor den Leuten, die Menschen zum Leben zwingen wollen, und vor jenen, die den Sterbeprozess gewaltsam verkürzen wollen.« Dagegen hatte auch Grill nichts einzuwenden.

Im Editorial schrieb »Stern«-Chefredakteur Thomas Osterkorn: »Wenn Schwerstkranke also ihrem Leben mit dem verbliebenen Rest an Würde ein Ende setzen wollen, sind sie genötigt, entweder andere Menschen in Schwierigkeiten zu bringen oder ihren letzten Weg in ein anderes Land anzutreten. Das ist ein unhaltbarer Zustand. Wir brauchen endlich klare Regelungen und ein Gesetz.«

Über die Problematik von Gesetzen diskutierten auch die Ärzte Gian Dominico Borasio und Jörg-Dietrich Hoppe im »Spiegel« vom 26. März 2007. Sie waren sich einig, dass Lebenserhaltung ein Therapieziel sein könne, Sterbeverlängerung aber keines sei. Sie zeigten Verständnis gegenüber einer Medizin ohne Grenzen, die Misstrauen verbreitet, weil sie den Menschen ihre Würde nehme und mit sinnlosen Therapien quälen könne. Sie waren sich einig, dass es den natürlichen Tod kaum noch gibt, weil fast niemand mehr aus voller Gesundheit, sondern die allermeisten erst nach langwierigen Behandlungen sterben. Beide wandten sich gegen Politiker, die sich in zu viele Sterbesituationen einmischen wollen. Und sie wollen lieber gar kein Gesetz zur Patientenverfügung als eines, das die Reichweite beschränkt. Denn dieses würde zu einer Lebensverlängerung um jeden Preis führen.

DRITTES KAPITEL

Stellungnahmen aus verschiedenen Blickwinkeln: ethisch, juristisch, medizinisch, politisch, religiös

Prolog: Unauffällig unterlassene Handlungen

Die Theorien über Patientenverfügungen und aktive Sterbehilfe verblassen, wenn man die Schicksale und Wünsche der Betroffenen zu spüren bekommt. Von den vielen Gesprächen, die ich geführt habe, befindet sich in diesem Buch nur eine kleine Auswahl oder einzelne Zitate. Aber sie vermitteln einen Eindruck von der Heftigkeit der Gefühle, die das Nachdenken über den begleiteten Freitod auslöst.

Millionen Leser haben Johannes Mario Simmels Romane verschlungen: »Und Jimmy ging zum Regenbogen«, »Niemand ist eine Insel«, »Hurra wir leben noch« und viele andere haben sich tief in das Lesergedächtnis eingegraben. Und auch seine Miniaturen finden viele Liebhaber. »Der Mann, der die Mandelbäumchen malte« bewegte Elke Heidenreich zu folgendem Urteil: »Eine Novelle [...] mit viel augenzwinkernder Ironie und einem Schuss schwarzen Humor [...] wir fressen unserm Simmel diese kleine, böse, schöne Geschichte dankbar aus der Hand.«
Leider liegt Simmels letzte Veröffentlichung mehrere Jahre zurück. Auch sein Kampf gegen das Vergessen der Verbrechen der Nationalsozialisten findet nicht mehr in der Öffentlichkeit statt. Aber privat beschwört er nach wie vor die Gefahr, politische Angriffe von rechts zu verharmlosen. Alt- und Neonazis haben ihn immer wieder wegen seiner mahnenden Schriften und Lesungen bedroht. Simmel zog 1983 in die Schweiz. Heute lebt er dort zurückgezogen und mit Geheimtelefonnummer. Auch zu den Feierlichkeiten seines achtzigsten Geburtstages

2004 gab er keine Interviews. Aber sein Name taucht beständig in der Präsidiumsliste von Exit auf.

Oktober 2006: Johannes Mario Simmel erzählt, warum er sich für einen Beitritt zur Schweizer Sterbehilfeorganisation entschied. »Mitglied bei Exit bin ich seit 1995. Mit dem Tod habe ich mich mein ganzes Leben beschäftigt.« Simmel betont, dass es sich um eine wohlüberlegte Entscheidung handelte. Einer der Auslöser war der Tod seiner schon seit 1969 in der Schweiz lebenden Kollegin Sandra Paretti im Jahr 1994. Ihr Schicksal und ihre Todesanzeige hatten ihn tief berührt.

Am 14. März 1994 erschien die von Sandra Paretti selbst geschriebene Todesanzeige in der Neuen Zürcher Zeitung:

»Sandra Paretti
Meine Freunde am Zürichsee und draussen, in der weiten Welt, wie gerne habe ich mit Euch Feste gefeiert, und doch, Ihr erinnert Euch, war ich immer die erste, die verschwand, lange bevor die Kerzen herunterbrannten und die Musik verstummte.
Auch das grosse Fest des Lebens verlasse ich mitten in dem Walzer, zu dem ich eigentlich durch Frühlingswiesen und Vergiss-mein-nicht-Nächte bis ins Jahr 2000 tanzen wollte – zur »Schönen blauen Donau«.
Der Name der Krankheit tut wenig zur Sache, habe ich es doch mit der Krankheit wie mit dem Leben gemacht, ich umarmte sie, und siehe da, sie wurde mein letzter Geliebter.
Und noch etwas. Dass ich schliesslich mit leichtem Schritt und singendem Herzen auf die grosse Reise gehe, zurück in die Heimat, die ich einst verlassen habe, um auf die Erde zu kommen, verdanke ich der wunderbaren Hilfe von EXIT.
Meine Freunde, wäre es Euch je in den Sinn gekommen zu trauern, wenn ich auf Reisen ging?
Ich hatte ein leichtes und schönes Leben. Wie eine Mozart-Symphonie führte es geradewegs in ein leichtes und schönes und von Ungeduld funkelndes Finale.
12. März 1994
Lebt wohl, lebt von Herzen wohl, sagt Euch Eure Sandra Paretti«

Sandra Parettis Romane erreichten eine Gesamtauflage von über 30 Millionen Exemplaren, womit sie zu den meistgelesenen deutschsprachigen Erzählerinnen gehört. Als sie 1992 die Diagnose Krebs hörte, beschloss sie, die Möglichkeiten der Medizin nicht auszuschöpfen. Mit Hilfe von Exit nahm sie sich das Leben (siehe Kasten auf Seite 65).

Stärker noch wurde Mario Simmels Einstellung zum Sterben durch den Tod seiner geliebten Frau Mitte der 1980er Jahre beeinflusst, die ebenso wie Paretti in der Schweiz an Krebs starb – aber ohne Exit.

Ich frage Simmel, wie ich ihren Namen buchstabieren soll. Es könnte Lollo heißen oder Lulu. Also erzählt er mir ihre Geschichte. Sie war Berlinerin, ging nach Frankreich und wurde Solotänzerin an der Pariser Oper. »Sie hatte nicht nur ein großes, sie hatte auch ein starkes Herz«, sagt Simmel und meint es nicht nur im übertragenen Sinn. »Eigentlich hieß sie Lucie. Ein Freund in Frankreich nannte sie Loulou. Daraus wurde schließlich das vereinfachende Lulu.«

Nach dem Befund Krebs war die 65-Jährige zweimal operiert worden. »Ihre Lage war aussichtslos, als sie durch unglückliche Umstände aus dem Krankenbett fiel. Alle Schläuche wurden herausgerissen, und Lulu trug schwere Prellungen davon«, sagt Simmel. Er berichtet über die von ihr mit Hand geschriebene Patientenverfügung und vom leitenden Klinikarzt, einst Offizier beim Schweizer Militär, »medizinisch bestimmt ausgezeichnet, aber gegen jede Art von Sterbehilfe«, erinnert sich Simmel. »Ich bat ihn, sich an Lulus Verfügung zu halten und sie zu akzeptieren. Ich drohte mit einem Artikel im ›Spiegel‹. Ich tobte …«

Unverständnis, Wut und Verzweiflung Simmels sind zwanzig Jahre danach noch so spürbar, als hätte sich das Drama erst vor kurzem ereignet. »Ich habe mich aufgeführt wie ein Irrer. Ein junger Arzt war anwesend. Er sah mich lange ernst an. Da ist vielleicht jemand, der hilft, dachte ich.«

Da ist vielleicht jemand

Das geschah kurz vor Pfingsten 1985. An den Feiertagen herrschte eine Minimalbesetzung im Krankenhaus. Der leitende Arzt machte Kurzurlaub in Österreich. Simmel wandte sich am Pfingstsonntag telefonisch an einen langjährigen Arztfreund in Berlin, der von Lulus Krankheit wusste, sie noch sehr gut kannte und Hausarzt vieler Künstler war. Simmel stand in engem Kontakt mit ihm. Als er den Zustand seiner Frau geschildert hatte, erklärte sich dieser Arzt bereit, in die Schweiz zu fliegen und zu helfen: »Ich komme. Wir müssen Lulu erlösen.« Doch am nächsten Tag war Lulu tot. Die Diagnose lautete Herzversagen. »Das erschien mir so unwahrscheinlich, denn ihr Herz, das Herz einer Tänzerin, war so stark. Ich konnte nur vermuten, dass der junge Arzt geholfen hatte, der seit vielen Jahren in Amerika arbeitet.«

Ich liebe das Leben

Hier hätte ich Lust, meine Arbeit an diesem Sachbuch zu unterbrechen und die ganze Geschichte über Mario und Lulu zu schreiben.

»Es muss erlaubt sein, einem menschenunwürdigen Leben ein Ende zu setzen. Wenn elementare Lebensvorgänge unmöglich geworden sind. Wenn Verbesserungen des Krankheitszustands ausgeschlossen sind. Wenn eine Verfügung vorliegt. Wenn dem Sterbenden der Tod als Erlösung erscheint ...«, sagt Simmel. Und kurz danach: »Ich liebe das Leben. Ich bin nicht religiös. Und ich glaube, dass ich das Recht habe, mich früher zu verabschieden. Man darf allerdings nicht so lange warten, bis man in einen Zustand gerät, in dem man keine Wünsche mehr äußern kann. Apparate, Schmerzmittel, künstliche Ernährung – nein!«
Exit und der Hausarzt wissen um Simmels Wünsche. »Es ist mir unmöglich, die Haltung von Leuten zu verstehen, die gegen

assistierten Suizid sind. Ich greife nicht in ein fremdes Leben ein. Aber die Behörden, die den begleiteten Freitod in Deutschland verunmöglichen, greifen in das Leben von Menschen ein. Beschränken deren Freiheit und quälen Patienten und Angehörige. Ich hoffe, dass die Toleranz in der Schweiz sich bald auch in Deutschland durchsetzt.«

Verlässliche Stimmen

Simmel lässt an Deutlichkeit nichts zu wünschen übrig. Ebenso wenig sein Kollege Ralph Giordano, der als Sohn einer jüdischen Mutter von den Nazis verfolgt wurde und versteckt in Hamburg den Holocaust überlebte. »Ich habe aktiver Sterbehilfe beigewohnt, sie ermöglicht und gebilligt. Ich spreche von meiner Frau. Ich wollte ihr das Allerschlimmste ersparen«, sagt Giordano und berichtet von einem durch Darmkrebs ausgelösten Leidensweg, der 1984 auf seinen Wunsch durch Sterbehilfe endete. Manchmal gebe es im Leben Situationen, wo der Tod durch Selbsttötung der einzige Trost, die einzige Hoffnung, die einzige Erlösung sei. Gegner der Sterbehilfe bezeichnet Giordano als erbarmungslos. »Niemand weiß das Leben höher zu schätzen als ich«, sagt der Publizist. »Aber es gibt Situationen, in denen es nur eine Lösung gibt: den Tod.« Auch Giordanos zweite Frau hatte Krebs. Aktive Sterbehilfe sei bei ihr nicht möglich gewesen. »Sie ist buchstäblich krepiert, und man hat einfach zugesehen.« Um das eigene Schicksal sei es Giordano nicht mehr bange, denn zum Glück gebe es nun ein Deutschland-Büro des Schweizer Sterbehilfevereins Dignitas. »Diese Organisation ist ein großer Trost für mich«, sagt der 83-jährige zweifache Witwer Ralph Giordano im Gespräch im Jahr 2006.
Es gibt kaum geeignetere Zeitzeugen in einer ethischen Diskussion um assistierten Suizid als solche, die ihre Abscheu vor den Verbrechen der Nationalsozialisten öffentlich dokumentieren und sich heute zugleich für Sterbehilfe in Deutschland

aussprechen. Im Dialog mit Giordano erklärte der Hamburger Weihbischof Hans-Jochen Jaschke denn auch, er werde im Einzelfall die persönliche Entscheidung für aktive Sterbehilfe respektieren.
Das ist die Crux: Es gibt Einzelschicksale, die durch assistierten Suizid enden, die von Kirchenvertretern, Juristen und Medizinern akzeptiert werden. Aber solche Ausnahmen werden selten von der Öffentlichkeit wahrgenommen, lösen keine Diskussionen aus und bedürfen daher auch keiner Zustimmung. Sie ereignen sich im Verborgenen, ebenso wie die Tragödien gewaltsam ausgeübter Selbstmorde, zu denen es nicht käme, wäre der assistierte Suizid erlaubt. Hinzu kommen die statistisch nicht erfassbaren sanften Suizide alter Menschen, die oft nicht minder einsam und verzweifelt geschehen: nicht genommene Tabletten, nicht gespritztes Insulin – oft reichen geringfügige und unauffällig unterlassene Handlungen der Senioren.

Simmel und Giordano sind verlässliche Stimmen, die die Besorgnis über einen moralischen Rückfall Deutschlands in einen drohenden Missbrauch der Sterbehilfe wie im Dritten Reich erkennen und aussprechen würden, wären sie berechtigt.

Stellungnahmen aus ethischer Sicht

Bundespräsident Horst Köhler forderte rhetorisch gekonnt: »Der Mensch soll nicht durch die Hand eines anderen, sondern an der Hand eines anderen sterben.« Der begleitete Freitod – der Begriff sagt es schon – erfüllt die Forderung Köhlers. Der Mensch, der die Möglichkeit des assistierten Suizids wahrnimmt, stirbt an der Hand eines anderen und durch die eigene Hand. Allerdings nicht in Deutschland, wo der assistierte Suizid nicht straffrei durchführbar ist. Der Sterbewillige muss in die Schweiz emigrieren, um so sterben zu dürfen.

Von der Würde des Menschen

Im Zusammenhang mit Sterbehilfe fällt kaum ein anderes Wort so oft wie der komplexe Begriff Würde. Er wird gebraucht, aber selten kommentiert. So droht er zur Worthülse zu verkommen. Das Wort Würde hat mehrere angrenzende Bedeutungen wie Ansehen, Autorität, Ehre, Eleganz, Respekt, Aufrichtigkeit oder auch Unantastbarkeit. All diese Worte bilden Begriffsfelder um das Wort Würde herum. Wenn man diese Konnotationen berücksichtigt, wird verständlich, warum manche Menschen sagen, dass sie Würde in Hospizen und Kliniken oder möglicherweise schon im Alter wegen der reduzierten Lebensqualität ab einem gewissen Zeitpunkt nicht mehr für sich, für ihr Dasein finden und empfinden können. Jeder Mensch definiert ein ganz eigenes Bild des Alterns und Sterbens in Würde. Deshalb geht es immer wieder darum, diese Bilder miteinander zu vergleichen.

- Jeder Mensch hat eine schützens- und achtenswerte Würde, die ihm schon allein aufgrund seiner Existenz zusteht. Diese seine Würde ist unantastbar. Immanuel Kant formulierte im 18. Jahrhundert in seinen Schriften zur Ethik den Begriff der Menschenwürde, wie er die Grundlage für die deutsche

Bundesverfassung darstellt: »Der Mensch ehrt die Würde der Menschheit in seiner eigenen Person, hat Anspruch darauf, dass die Menschheit in seiner Person die Achtung der anderen Menschen erfährt, und ist seinerseits dazu verpflichtet, die Menschheit im ›Nächsten‹ zu achten, eine prinzipiell gebotene Achtung des anderen Menschen, unabhängig von der Hochachtung, die bestimmte Menschen wegen ihrer Handlungen, ihrer Stellung usw. genießen.«

- Man findet darüber hinaus Denker, für die niemals der Zustand eines Menschen unwürdig, immer nur der Umgang mit ihm unwürdig sein kann.
- Andere wiederum meinen, dass sehr wohl der Zustand eines Menschen unwürdig sein kann, weil der Betroffene selbst ihn als unwürdig empfindet, obwohl verbreitete Krankheiten, Unfälle oder achtbare Interventionen – beispielsweise die Intensivmedizin – dazu geführt haben.

Möchte man beurteilen, ob der Wunsch eines Menschen legitim ist, assistiert und damit – seines Erachtens – in Würde zu sterben, gerät man in einen Konflikt. Denn dieser Mensch wünscht etwas für sich selbst. Er wünscht es sich nicht für andere. Schon gar nicht für diejenigen, die seinen Wunsch beurteilen wollen. Diese anderen jedoch verbieten ihm diesen Wunsch, indem sie in Deutschland bestehende Ge- und Verbote aufrechterhalten und Medikamente unerreichbar machen. Aber sollte die verfassungsrechtlich garantierte Würde des Menschen den Sterbewilligen nicht auch davor schützen, zum Opfer der Würdedefinition anderer Menschen zu werden?

Gutes Gift

Verlagert man das Sterben in Grenzbereiche, öffnen sich neue Sichtweisen. Der Fall eines Mannes, der nach einem Verkehrsunfall eingeklemmt im eigenen brennenden Auto sitzt und von einem Passanten erschossen wird, kurz bevor er im Wagen bei

lebendigem Leib verbrannt wäre, ist authentisch. Der Todesschuss hat ein qualvolles Sterben verhindert. Aktive Sterbehilfe auf der Straße – nicht in Deutschland, in Südafrika ist es geschehen.
Die Meinungen gehen auseinander, ob dieser Fall nach deutschem Recht strafbar wäre. Professor Reinhard Merkel, Ordinarius für Strafrecht und Rechtsphilosophie an der Universität Hamburg, sagt dazu: »Das Tötungsverbot gehört zu der fundamentalen Ordnung unserer Normen, doch diese enden irgendwann an der Unzumutbarkeit dessen, was wir einem schwerkranken, schwerleidenden Sterbewilligen aufhalsen. Wir können nicht den Einzelnen für unsere Normschutzinteressen sozusagen uferlos bezahlen lassen mit seinem Leid.«

Bei Sterbewilligen, glaubt Merkel, gibt es Situationen, die denen vergleichbar sind, die eine Rechtspflicht zur Hilfeleistung auslösen bis hin zur Strafandrohung für unterlassene Hilfeleistung. Wer unerträgliche Leiden nicht mindert, auch wenn das nur durch Tötung geschehen könnte, verletzt möglicherweise die rechtliche Pflicht, eine schwere Körperverletzung abzuwenden.
Merkel ist aber überzeugt, dass in vielen Situationen assistierter Suizid der aktiven Sterbehilfe rechtlich und moralisch eindeutig vorzuziehen ist. »Die Bundesärztekammer sollte ihren Widerstand gegen die standesethische Akzeptanz des assistierten Suizids endlich aufgeben«, forderte Merkel beim Wiesbadener Internistenkongress 2006. »Sie sollte ihn als in extremen Fällen manchmal einzig mögliche humane ärztliche Hilfe offiziell anerkennen.«
Damit würde das Bedürfnis in Kliniken nach aktiver Sterbehilfe stark zurückgehen. Nicht nur in Kliniken, möglicherweise in der Gesellschaft insgesamt, wie das Schweizer Modell zeigt. In der Schweiz wird ja nicht über aktive Sterbehilfe gestritten, sondern die Anwendung des assistierten Suizids laufend geprüft und verbessert. Eine Diskussion um aktive Sterbehilfe, die in

der Schweiz genauso verboten ist wie in Deutschland, stellt sich unter den Eidgenossen gar nicht ein. Warum also in Deutschland? Die Legalisierung des assistierten Suizids könnte auch hier positive Veränderungen mit sich bringen.

Recht auf Leben, Recht am Leben

Volker Gerhardt ist Professor für Philosophie an der Humboldt Universität in Berlin. Er ist überzeugt, dass sich bei Betrachtung der abendländischen Geschichte aus dem Recht auf selbstbestimmtes Leben ethisch und juristisch ein Recht darauf ableiten lasse, selbstbestimmt zu sterben. Seit dem 18. Jahrhundert, als die Menschenrechte in Verfassungen aufgenommen wurden, existiert der Begriff »Recht auf Leben« und meint nicht nur das Recht, am Leben zu bleiben, indem sich der Mensch gegen Gefahren wehrt, sondern auch das Recht, sein eigenes Leben nach eigenen Vorstellungen zu gestalten. Das beinhaltet also auch das Recht, medizinische Eingriffe in den eigenen Körper abzulehnen. Das beinhaltet auch das Recht auf das eigene Sterben, hält man dieses für einen Teil des Lebens, woran kein Zweifel besteht.

Je älter, desto teurer

2006 sind in Deutschland 144.000 Menschen mehr gestorben als geboren wurden. Es ist nicht auszuschließen, dass wir bald mehr Bücher mit guten Ratschlägen für das Sterben und die Sterbebegleiter und weniger für die Geburten und die Hebammen brauchen. Die Problematik der alternden Gesellschaft tangiert auch den begleiteten Freitod und die Frage insgesamt, wie künftig gestorben werden wird.

Die Deutschen leben länger und sterben später. Weil die Zeitspanne des Alters sich ständig weiter ausdehnt, stellt sich vor allem in der Medizin die ethische Frage nach der Bewertung der »Restlebenszeit«. Lohnen sich teuere Transplantationen, Implantate oder Rehamaßnahmen für 80-Jährige? Erhalten aufgrund des zunehmenden Kostendrucks nur junge Menschen die optimale ärztliche Versorgung, und Alte werden vernachlässigt, weil die Lebenserwartung unterschiedlich ist?

Hier stellt sich das Problem der Triage. Der Begriff stammt aus der Militärmedizin. In Notfallsituationen muss schnell entschieden werden, nach welchen Kriterien viele verschieden schwer verletzte Soldaten und Zivilisten behandelt werden, da weder das Personal noch das Material ausreicht, um alle gut zu versorgen. Triage kommt aus dem Französischen und meint Sichtung. Die Patienten werden unter Zeitdruck eingeteilt. Es ist die moralische Frage, die auch auftaucht, wenn ein Boot überfüllt ist und ein Mensch über Bord gehen muss, damit alle anderen gerettet werden.
Die Zeit in unserer Gesellschaft ist nicht so knapp bemessen wie in einer akuten Notsituation. Aber die Fragen, wie die knapper werdenden Gelder aufgeteilt werden, ob für das Baby oder für den Senioren, können von Medizinern nicht ignoriert werden. Ob eine Dialysebehandlung für über 70-Jährige angesichts der Rationierungen im Gesundheitswesen vertretbar ist, wie viele Gesundheitsleistungen dem Einzelnen also in welchem Lebensjahr zustehen, diese Fragen werden immer drängender.

Gefährlicher Kurs

Die Erwartung an die Menschen, billig zu sterben (die letzte Phase im Leben ist bei alten Patienten ebenso die medizinisch teuerste wie bei jungen Patienten) wird selten geäußert und schwebt doch oft im Raum. Gute ärztliche Versorgung soll nur noch Menschen bis zu einer gewissen Altersgrenze gewährt werden. Die sich erweiternde Lebensspanne soll unter solchen Kriterien neu bemessen und bewertet werden, um grenzenlose Leistungsansprüche an die Solidargemeinschaft einzudämmen. Sparmaßnahmen könnten also bei Patienten in den letzten Monaten am effizientesten durchgeführt werden. Würde die Förderung der Sterbehilfe aus solchen Motiven betrieben, befände sich die Gesellschaft auf einem gefährlichen Kurs.

Gezielte Desinformation

Vor diesem Hintergrund fällt es einflussreichen Gegnern der Legalisierung des assistierten Suizids wie dem Präsidenten der Bundesärztekammer Jörg-Dietrich Hoppe noch leichter, den begleiteten Freitod zu kriminalisieren: »Mit der Methode des assistierten Suizids soll doch nur das Verbot der Tötung auf Verlangen umgangen werden. Wenn wir in der Frage der Sterbehilfe nachgeben, werden wir in dieser Gesellschaft in eine ethische Schieflage geraten«, sagte Hoppe in einem seiner Kommuniques gegen Sterbehilfe.

Hoppe, der seit 1982 Chefarzt des Institutes für Pathologie des Krankenhauses Düren ist und 1999 vom Deutschen Ärztetag zum Präsidenten der Bundesärztekammer gewählt wurde, einer Interessenvertretung von etwa 400.000 Ärzten, sollte wissen, dass assistierter Suizid und Tötung auf Verlangen zwei so verschiedene Dinge sind, dass das eine das andere nicht umgehen kann. Anders als bei der Tötung auf Verlangen liegt beim assistierten Suizid die Tatherrschaft beim Patienten selbst. Fast könnte man meinen, die durch solche diffus formulierten Äußerungen hervorgerufene Desinformation oder sogar Irreführung sei Hoppe nicht ganz unrecht.

Manch einer der mit Sterbehilfe befassten Journalisten behilft sich mit drastischen, aber treffenden Beschreibungen, die trotz ihrer Radikalität deutlicher differenzieren als Hoppe. So waren unter anderem in der TAZ folgende Ausdrücke bzw. Definitionen zu lesen:

- Totspritzen (aktive Sterbehilfe)
- Nicht-an-Schläuche-Hängen (passive Sterbehilfe)
- Schmerzmittel spritzen und dabei versehentlich töten (indirekte Sterbehilfe)
- gutes Gift besorgen (assistierter Suizid).

Nullrisiko

Wie Hoppe argumentiert auch Eckhard Nagel, Mitglied im Nationalen Ethikrat, Präsidiumsvorstand des Deutschen Evangelischen Kirchentags, Direktor des Instituts für Medizinmanagement und Gesundheitswissenschaften und der Forschungsstelle für Sozialrecht und Gesundheitsökonomie an der Universität Bayreuth und Leiter des Transplantationszentrums und des Chirurgischen Zentrums im Klinikum Augsburg.
Die Häufung von Nagels beruflichen und ehrenamtlichen Funktionen ist beeindruckend, mag aber auch seine einseitige Position erklären.. Der erfahrene und hochrangige Mediziner Nagel kann nämlich nicht verstehen – obwohl viele Kollegen im Ethikrat ihm das versucht haben zu erklären –, dass man auch in Deutschland den assistierten Suizid ermöglichen will: »Die Sterbeversorgung ist sehr professionell«, findet Nagel. Den Freitod müsse man respektieren als »autonome Entscheidung eines Menschen«. Den Unterschied zwischen aktiver Sterbehilfe und begleitetem Suizid hält Nagel jedoch wie Hoppe für konstruiert: »Ethisch betrachtet ist es das gleiche aktive Handeln wie bei der aktiven Sterbehilfe«, so Nagel.

Der Mensch im Mittelpunkt

Die denkbare, aber unwahrscheinliche ökonomische Pervertierung der Sterbehilfe stellt für mich in der Argumentationskette für die Legalisierung des assistierten Suizids das problematischste Glied dar, jenes, das am häufigsten und gezielt für die Zementierung von Missverständnissen benutzt wird. Und deswegen glaube ich, dass der Mensch, der Sterbehilfe wünscht, im Mittelpunkt stehen muss. Seine Motivation gilt es zu berücksichtigen. Niemals dürfen die Gedankenspiele des unter dem Kostendruck leidenden Gesundheitswesen den Patienten und seine Gefühle in diesen Fragen beeinflussen. Dieser Aspekt muss noch stärker beachtet und die menschliche Situation gegenüber der gesellschaftlichen strikt voneinander getrennt werden.

Hart, aber fair

Anders verhält es sich beim verständlichen Wunsch eines Teiles der Ärzteschaft, unabhängig von der Meinung ihres Präsidenten, mehr Verantwortung an die Patienten abzugeben. Das umfasst den Wunsch, Entscheidungen über Leben und Tod in Patientenverfügungen festhalten zu lassen, und – für einige wenige Ärzte – auch den Wunsch, Patienten beim Verkürzen der Sterbephase beiseite zu stehen, auch mit den notwendigen Medikamenten für den assistierten Suizid.

Es gibt Ärzte in Deutschland, die schon seit vielen Jahren und auch heute aktive Sterbehilfe leisten und beim Suizid begleiten. Weil sie strafrechtlich verfolgt werden könnten, bleiben sie anonym. Und doch melden sich inzwischen immer mehr dieser Ärzte zu Wort. In der WDR-Sendung »Hart aber fair«, moderiert von Frank Plasberg am 7. Februar 2007, berichtete ein Arzt ausführlich von seiner Tat. Danach herrschte bei den geladenen Talkgästen, die mehrheitlich Gegner der Sterbehilfe waren, tiefe Betroffenheit. Dieser Beitrag hat noch einmal sehr deutlich gemacht, dass es in Deutschland Missbrauch gibt, so wie es ihn auch in den Niederlanden gab, bevor man sich entschloss, ein Gesetz zu verabschieden. Dadurch wurde der Vorgang nicht einfach nur legalisiert, sondern streng reglementiert, womit der Missbrauch in den Niederlanden reduziert werden konnte. Die Zahl der Fälle aktiver Sterbehilfe ist seither etwa gleichbleibend, im letzten Jahr sogar leicht rückläufig. Experten vermuten, dass der Zenit überschritten ist.

Wie verbreitet aktive Sterbehilfe und Begleitung beim Suizid in Deutschland ist – auch unter dem Deckmantel der indirekten aktiven Sterbehilfe –, darüber gibt es keine verlässlichen Zahlen. Politik, Justiz, Kirche und Medizin haben kein Interesse an solchen Statistiken. Lange jedoch lässt sich diese Verdrängung vermutlich nicht fortsetzen. Immer öfter werden Gegner gezwungen, Stellung zu beziehen. Dementsprechend oft wird die Missbrauchsgefahr zitiert.

Die angesprochene Dunkelziffer zu ermitteln dürfte schwierig sein, aber ein Outing deutscher Ärzte nach französischem Vorbild steht wohl bevor, wie der stellvertretende Leiter von Dignitas Uwe Christian Arnold in einer Sabine-Christiansen-Sendung sagte (siehe Seite 123f.).

Fürsorge in einer äußersten Grenzsituation

Bekannt sind viele Einzelfälle aktiver Sterbehilfe in Deutschland. Hier ein Beispiel: Der Professor für theologische Ethik an der Universität Zürich Johannes Fischer erinnert sich in der wissenschaftlichen Aufsatzsammlung »Beihilfe zum Suizid in der Schweiz« an ein Symposium über Sterbehilfe: »Ein Onkologe an einem Kinderspital in Deutschland bekannte sich dazu, das Sterben eines Jungen durch kontinuierliche Höherdosierung – nicht durch eine Überdosis – von Schmerzmitteln abgekürzt zu haben, was nach deutschem Recht als aktive Sterbehilfe gilt. Auf Nachfragen in der Diskussion sagte er nicht: Das ist moralisch vertretbar, sondern: Ich halte das auch aus heutiger Sicht, wenn ich mir die damalige Situation vergegenwärtige, für richtig bzw. vertretbar. Durch seine Schilderung der Situation gab er den Zuhörern Gelegenheit, seine Entscheidung aus der Perspektive des Beteiligten nachzuvollziehen. Auf diese Differenz zwischen einem Urteilen aus der Perspektive des Betroffenen bzw. Beteiligten und einem Urteilen vom absoluten Standpunkt der Moral kommt es an, und es gilt zu vermeiden, dass sich unbemerkt das eine in das andere verkehrt.«

Jenseits einer absoluten Moral

Johannes Fischer plädiert für eine Entmoralisierung der Debatte und lehnt die Forderung ab, Ethik müsse Urteile über die moralische Legitimität oder Illegitimität der Suizidbeihilfe fällen. Das Urteilen, Richten und Rechtfertigen vom absoluten Standpunkt der Moral aus werde der Situation der Betroffenen nicht gerecht. Diese würde nur berücksichtigt, insofern sie moralisch signifikant sei. »Wir beginnen erst dann ehrlich über die Problematik der Suizidbeihilfe nachzudenken, wenn wir diese Ambiguität und Konfliktbeladenheit an uns heranlassen, statt uns mit vermeintlich moralischen Eindeutigkeiten zu beruhigen«, so Fischer. Eine moralische Rechtfertigung sei für die Suche nach angemessenen gesetzlichen Regelungen für die bestehende Praxis der Suizidbeihilfe auch gar nicht notwendig. Fischer verschiebt die Moral gut begründet ins Abseits und stellt dafür den Menschen mit seinen Motiven, aus denen heraus Beihilfe zum Suizid geschieht, in den Mittelpunkt. Respekt vor diesen Motiven, vor der Selbstbestimmung des Einzelnen am Lebensende bedeute, den Entschluss zu akzeptieren und den Suizid nicht zu verhindern. Dieser Respekt sei aber noch kein Grund, dem Sterbewilligen zu helfen. Aus Respekt folge keine Pflicht zur Beihilfe, weder für Ärzte noch für Privatpersonen. Andernfalls wäre der Helfer der Erfüllungsgehilfe des Sterbewilligen und seines selbstbestimmten Verlangens.

Nicht allein lassen

Jonathan Fischer, der nicht nur Theologe ist, sondern auch Leiter des Instituts für Sozialethik im Ethikzentrum der Universität Zürich, Mitglied der Nationalen Ethikkommission im Bereich der Humanmedizin der Schweiz und unter anderem auch Mitglied der Kammer für Öffentliche Verantwortung der Evangelischen Kirche in Deutschland, sieht die Pflicht zur Beihilfe dadurch motiviert, »einen zum Suizid entschlossenen Menschen nicht allein zu lassen, sondern ihm einen Beistand zu gewähren, der es ihm ermöglicht, einen erträglichen Tod zu finden. Einen Menschen nicht allein zu lassen, das ist etwas anderes als Respekt vor seinem Willen und vor seiner Selbstbestimmung. Man kann das, was er will, für falsch halten, und es dennoch nicht über sich bringen, ihn sich selbst zu überlassen und zu riskieren, dass er auf eine schreckliche Weise aus dem Leben scheidet.«

Jonathan Fischer wendet sich gegen die Position der deutschen Ärzteschaft, wie sie mehrfach vom Vorsitzenden Jörg-Dietrich Hoppe formuliert wurde, dass der hippokratische Eid die Beihilfe zum Suizid verbiete. Fischer weist darauf hin, dass es für Ärzte, die sich durch Hoppes Meinung gebunden fühlten, nichts geben könne, was Ärzte noch veranlassen könnten, Beihilfe zum Suizid zu leisten. Das komme einem Verbot für alle deutschen Ärzte gleich, Menschen in Grenzsituationen so beizustehen, dass der Tod, zu dem sie ohnehin entschlossen sind, ein für sie erträglicher wird.

Auf diese Weise betont Fischer, dass die Motivation von Sterbehelfern genauer zu betrachten ist, als dies beispielsweise Hoppe tut. Wenn ein Sterbehelfer, so wie ein Sterbebegleiter im Hospiz, vor allem den Sterbewilligen in seiner Not nicht alleine lassen will, dann »tut er etwas, das auf der Linie dessen liegt, was der überkommene ärztliche Ethos mit dem Begriff der Fürsorge umschreibt. Dieser Begriff ist in diesem Kontext zweifellos nicht unproblematisch, da Fürsorge im Rahmen des überkommenen ärztlichen Ethos Fürsorge zum Leben bedeutet. Aber er mag doch helfen, das zu verdeutlichen, worum es in Wahrheit aus der Sicht des Arztes geht: nicht um Respekt vor der Selbstbestimmung oder vor dem Willen eines Suizidwilligen, sondern um Fürsorge in einer äußersten Grenzsituation.«

Demütigende Vorschriften

Wer den assistierten Suizid in Deutschland wünscht, darf nicht daran gehindert werden. Das fordert die Deutsche Gesellschaft für humanes Sterben (DGHS).

Sie will, dass der assistierte Suizid gesetzlich geregelt wird. Aber trotz ihrer großen Zahl an Mitgliedern (etwa 38.000) und ihrer über 25-jährigen Tätigkeit erreicht die DGHS offenbar weder die dafür zuständigen Parlamentarier noch einflussreiche Juristen oder Mediziner.

Sterbe-Emigranten

Sterbe-Emigranten gehen den letzten Schritt nicht unbedacht. Obwohl sie palliativmedizinisch betreut werden, eine aktuelle Patientenverfügung haben und sich jemand um ihre psychologischen und sozialen Probleme kümmert, obwohl sie sich informiert haben, welche Chancen in ständig betreutem Wohnen lägen, und Hospize besucht wurden und all dies mit Ärzten besprochen wurde, bleibt bei ihnen der Wunsch nach assistiertem Suizid bestehen. Manche müssen dann auf für sie oft demütigende und unwürdige Weise in die Schweiz fahren.

Die meisten Suizidwilligen aus Deutschland, die ihre Wünsche bei der DGHS vergeblich vorbringen und sich an Ex International oder an Dignitas wenden, sind zwischen 70 und 90 Jahre alt und wollen nicht an ihrer Krankheit sterben. Sie möchten sich selbst an einem von ihnen bestimmten Tag das Leben nehmen. Sie sind gezwungen, Deutschland zu verlassen.

Der US-amerikanische Moralphilosoph Ronald Dworkin formuliert die Situation folgendermaßen: »Nichts ist demütigender, als von anderen vorgeschrieben zu bekommen, wie man zu sterben habe.« Dies geschieht in Deutschland insofern, als man vorgeschrieben bekommt, auf eine bestimmte Weise nicht sterben zu dürfen. Dies ist entwürdigend und erniedrigend für die Menschen, die selbstbestimmt sterben möchten.

Medikamentengabe vor dem Tod

Todkranke, die in Deutschland bleiben, sehen sich mit anderen Problemen konfrontiert: Es entspricht nicht den Geboten der Ethik, den einmal in Gang gekommenen Sterbeprozess zu verlängern, aber die Entscheidung, wann dieser Punkt erreicht ist, ist oft nicht leicht und kann manchmal erst im Nachhinein getroffen werden. Wenn die kurative (heilende) Medizin alle ihre Karten ausgespielt hat und der Mensch an einer unheilbaren Erkrankung mit stark begrenzter Lebenserwartung leidet, kommt die palliative (beschützende) Medizin und Pflege zum

Zug, wobei die Linderung von Beschwerden nicht nur in medizinischer, sondern auch in sozialer, psychologischer und geistiger Hinsicht geschehen sollte.

Die scheinbar einfache juristische Unterscheidung zwischen aktiver Sterbehilfe (eine medizinische Handlung wird mit der Absicht durchgeführt, den Tod herbeizuführen) und passiver Sterbehilfe (Unterlassung der Gabe lebenswichtiger Stoffe) wird oft durch die Komplexität der Krankheitsverläufe aufgehoben. Das Inkaufnehmen von Nebenwirkungen lindernder Medikamente, die Beendigung apparativer lebenserhaltender Maßnahmen oder Leidensminderung unter sparsamer Flüssigkeitszufuhr gehören heute zum Alltag in Kliniken. Also müssen bei solchen Patienten die genannten ärztlichen Handlungen und das Thema »Medikamentengabe vor dem Tod« einer ethischen Betrachtungsweise unterworfen werden. Denn der ethische Leitsatz, dass nicht aktiv getötet werden dürfe, zu Ende gehendes Leben aber nicht künstlich verlängert werden müsse, hilft angesichts der aktuellen Medizintechnik und komplizierter Krankheitsverläufe nicht weiter.

Anerkennung des assistierten Suizids

Zurück zum zentralen Thema dieses Buches. Im ARD-Chat fragte am 11. März 2007 nach der Sendung »Sterbehilfe: Erlösung oder Mord?« mit Sabine Christiansen ein Zuschauer: »Dignitas gewährleistet ärztlich begleiteten Suizid, das heißt, der Patient bestimmt, dass er sterben will, der Patient nimmt das Sterbemittel ein. Die ärztliche Tätigkeit beschränkt sich auf das Ausstellen des Rezepts. Was ist dagegen einzuwenden?« Und der Chefarzt einer Klinik in Offenbach und Experte für Medizinethik Stephan Sahm antwortete: »Einzuwenden ist, dass schon das ärztliche Angebot die Freiheit der Entscheidung einschränkt.«

Ähnliche Aussagen hatte er schon während der Sendung gemacht. Sie sind schwer nachvollziehbar, denn sie behaupten, dass ein größeres Angebot und eine umfassendere Wahlmöglichkeit die Freiheit einschränke.
Dieser zunächst paradox erscheinende Gedanke lässt sich vielleicht mit einem Beispiel aus dem Kindergartenalltag nachvollziehen. Nehmen wir an: Palliativmedizin ist ein Apfel. Sterbehospiz ist eine Birne. Assistierter Suizid ist (Schweizer) Schokolade. So gesehen könnte Schokolade die Freiheit der Entscheidung tatsächlich einschränken. Keiner will mehr Äpfel und Birnen. Also muss Schokolade verboten werden.
Stephan Sahms Äußerungen diffamieren all diejenigen erwachsenen Bürger, die bei klarem Bewusstsein für sich das Recht einfordern, assistiert zu sterben.
Sahm propagiert ein paternalistisches Denken nach dem Motto: Man könnte sich durch eine eigene Entscheidung schaden, deshalb muss die Entscheidungsfreiheit diesbezüglich eingeschränkt werden.
Er bezeichnet die Tätigkeit Schweizer Sterbehilfeorganisationen als »unmoralisches Angebot«: »Die professionelle Beihilfe bei der Selbsttötung suggeriert eine soziale Erwünschtheit, die von Übel ist«, so Sahm. Die Erwünschtheit ist aber ohne Zweifel da. Das zeigt allein schon die zunehmende Sterbe-Emigration in die Schweiz. Dass sie von Übel sei, liegt im Auge des Betrachters. Und die Bezeichnung »professionell« suggeriert, dass die Arbeit der Sterbehilfeorganisationen profitorientierten Firmen gleichkomme. Doch die Schweizer Sterbehelfer sind oft Pfarrer oder Krankenschwestern, die ehrenamtlich arbeiten.
Exit publiziert jährlich einen detaillierten Rechenschaftsbericht und befürwortet eine staatliche Kontrolle der Tätigkeit von Sterbehilfeorganisationen.
Die Arbeit von Sterbehilfeorganisationen, wie sie schon seit Jahren in der Schweiz praktiziert wird, ist, wie Umfragen bestätigen, von großen Teilen der Gesellschaft erwünscht. Käme diese Arbeit unter staatliche Kontrolle, würde der Grad der

Veränderte Situation

Viele Gründe sprechen für eine staatliche Aufsicht von Sterbehilfeorganisationen. Der assistierte Suizid steht im Spannungsfeld zwischen der individuellen Entscheidung, bei der ein Sterbewilliger und ein Sterbehelfer aufgrund der individuellen Situation ihr Gewissen prüfen, und allgemeinen Entscheidungen, die von Regeln abgeleitet werden und zur Routine führen können. Ebenso stehen Sterbehilfeorganisationen im Spannungsfeld zwischen der Respektierung des Sterbewunsches und der Suizidprophylaxe. Letztere sollte dank staatlicher Kontrolle in diesem Kontext aufgewertet werden. Denn das Vorhandensein von Sterbehilfeorganisationen, die einen sicheren und schmerzfreien begleiteten Freitod garantieren, verändert die Situation von Menschen in suizidaler Verfassung. Meine Forderung nach einer Legalisierung des assistierten Suizids geht also einher nicht nur mit der Forderung nach einer Stärkung der Palliativmedizin und der Hospizbewegung, sondern auch mit der Forderung nach einer Stärkung der Suizidprophylaxe.

Anerkennung des organisierten assistierten Suizids formal steigen, inhaltlich ist die Anerkennung längst da.

Der Tod wird oft totgeschwiegen. Heute fehlen weitgehend trostspendende Rituale und positive Symbole des Todes aus früheren Zeiten wie Sanduhr, Schiff, Anker oder Rad. Das Fehlen der Transzendenz in der säkularisierten Gesellschaft wirkt sich belastend auf das Sterben aus. Es findet an fremden Orten, heimlich und anonym statt, so als sei es etwas Obszönes.
Gedanken über den assistierten Suizid sind also zugleich Gedanken zu einer modernen Ars bene moriendi. Im Sinne der antiken Philosophie kann Denken immer auch ein Bedenken des Sterbens sein, kann das Leben eine Schule für das Sterben sein, ohne dass die Vitalität dadurch Schaden nähme, im Gegenteil: Das reflektierte Memento mori kann die Lebensqualität steigern. Die Sorgen, ein schlechter Tod könnte auf ein

schlechtes Leben verweisen, und wer nicht gut stirbt, könnte falsch gelebt haben, wirken dabei als Motivation, sich mit der Kunst des guten Sterbens zu beschäftigen.

Sexagenarii de ponte

Sterben lernen, um gut zu leben, und leben lernen, um gut zu sterben, das wollten schon die alten Griechen im Bewusstsein, dass die Endlichkeit des Daseins dem Leben Würze verleiht, denn Endlosigkeit würde zwangsläufig zu unerträglicher Langeweile und damit zum Suizid führen.
Die alten Griechen und Römer kannten auch die Vorstellung, dass der Tod das verknappte Leben sein könnte. Sie achteten den Tod als verdichtetes Zentrum der Vitalität. Tod als dynamischer und hochkonzentrierter Schlusspunkt.
Die unvoreingenommene und breit gefächerte Beschäftigung mit Sterben und Tod senkt die Furcht vor dem Ende und öffnet die Möglichkeit, dass es nicht schrecklich und nicht schmerzhaft sein muss. Weil sich aber der eigene Tod trotz alledem nur schwer vorstellen lässt, weil er eine Niederlage des Denkens und gemeinhin den größtmöglichen Verlust bedeutet, ist der begleitete Freitod eine Möglichkeit, bewusst und mit klarem Verstand das eigene Ende zu gestalten. Er fördert das Verständnis des Todes als größtmöglich sinnstiftendes Ereignis. Der Tod kann dadurch als der Punkt höchster Reife im Leben aufgefasst werden, als Summe aller Handlungen, aller Seinsformen eines Lebens. Der begleitete Freitod ermöglicht es, sich selbst auf den Schluss vorzubereiten, sich selbst die Chance zu geben, Bilanz zu ziehen und sich selbst ganz zu verstehen, ganz Mensch zu sein, ganz sich selbst zu sein.

Der assistierte Suizid steht unter diesem Aspekt Erkenntnissen der Psychologie entgegen, der eigene Tod ließe sich gefühlsmäßig und gedanklich nicht erfassen.

Aktive Sterbehilfe – die Wahl von Prominenten

Die zum assistierten Suizid alternative Möglichkeit der aktiven Sterbehilfe ist meist Prominenten vorbehalten, wie Sigmund Freud, der seinem Arzt Max Schur das Versprechen abnahm, ihm zu helfen, wenn es so weit wäre. Als Sigmund Freud seine Krebserkrankung als unerträglich empfand, bat er bei vollem Bewusstsein Schur um die tödliche Spritze. Schur hielt Wort und gab Freud eine Überdosis Morphium. Bis heute erregt dieser Fall keinen Widerspruch, keine Ablehnung, keine Verleumdung Freuds und seines Arztes, kein Entsetzen, und erst recht – auch im historischen Rückblick – wird das Geschehen nicht kriminalisiert. Diese gesellschaftliche Akzeptanz und Toleranz angesichts aktiver Sterbehilfe ist Sigmund Freud und einigen wenigen anderen Persönlichkeiten vorbehalten. Muss das so bleiben? Und warum lässt sich diese Akzeptanz nicht auf den Normalbürger ausweiten?

Aber kurz zurück zu den Römern: Im Altertum kommen Suizid und Suizidbeihilfe oft vor. Erstaunlich viele römische Herrscher und Kaiser begingen Suizid. Dies hatte meist politische Gründe. Aber das Problem der alternden Gesellschaft und mit ihr das Problem des Sterbens war schon damals bekannt. Ein lateinisches Sprichwort lautete: »sexagenarii de ponte«, »die 60-Jährigen von der Brücke«. Soll man sie stoßen? Sollen sie springen? Jedenfalls weist diese Redensart darauf hin, dass es als Sitte galt, dass alte Menschen ihr Leben durch sich selbst oder durch andere beenden. Sowohl das römische Recht als auch die Constitutio Criminalis Carolina von 1532 (die Vorgängerin des modernen Strafrechts im deutschen Raum) sahen für die Selbsttötung keine Sanktionen vor. Der Suizid galt in bestimmten Situationen als anzuerkennende, ja heroische Tat. Womit wir bei der juristischen Beurteilung des assistierten Suizids sind.

Stellungnahmen aus juristischer Sicht

Dass man sich gesetzgeberisch mit dem Lebensende beschäftigen muss, ist seit vielen Jahren bekannt. Noch 2005 forderte der Richter Klaus Kutzer: »Der Fortschritt der Medizin führt dazu, dass der Tod immer seltener plötzlich eintritt und das Sterben verlängert wird. Viele Menschen wollen sich einem solchen belastenden Krankheitsprozess nicht ausliefern, sondern mit einer Patientenverfügung vorweg entscheiden, was in einem bestimmten Krankheitsstadium mit ihnen geschehen soll. Sie haben dazu auch das Recht. Wir brauchen dringend ein Gesetz, das hier Klarheit schafft. Grundlage muss sein, dass jeder Patient das Recht hat, medizinische Behandlungen abzulehnen, selbst wenn dies lebensgefährliche Folgen für ihn hat. Das gebietet das Grundgesetz. Nicht die Gesundheit oder das Leben sind danach das höchste Gut, sondern die Würde des Menschen und daraus abgeleitet die Chance, selbst über sein Schicksal zu befinden.«

Irrweg Patientenverfügung?

Kutzer ist nur eine gewichtige Stimme von sehr vielen, die sich für klare Gesetze ausspricht. Trotzdem wird eine Entscheidung seit Jahren immer wieder hinausgeschoben. Juristen und Politiker mahnen unablässig die zügige Umsetzung des Gesetzesvorhabens an, das Bundesjustizministerin Brigitte Zypries mit einem Entwurf zur Patientenverfügung voranbrachte. Aber dann wurden Entscheidungen vertagt – damals regierte noch Rot-Grün – und der Entwurf 2004 nach Protesten zurückgenommen. Nicht nur in der Union, sondern auch bei einigen Sozialdemokraten und vielen Grünen stieß der Entwurf auf Kritik und wurde auch angesichts der Neuwahlen zurückgezogen. Danach dann konnte man sich in der Großen Koalition nicht auf eine gemeinsame Linie einigen. Sondern nur darauf, dass weiterhin Gesetzgebungsbedarf besteht.

Ich finde es verfehlt, die Patientenverfügung jovial als »Persilschein ins Jenseits« zu bezeichnen. Auf die Frage, ob man mit einer Patientenverfügung alle Eventualitäten festlegen kann, antwortet der Mediziner Professor Eckardt Nagel, Mitglied des Nationalen Ethikrates: »Das ist immer noch so ein juristischer Irrglaube. Und wir glauben ja viel an die Juristen in unserem Land. Man kann nicht vorhersehen, auf welche Art und Weise ein Individuum stirbt. Jeder von uns wird nicht wissen und vorhersehen können – in aller Regel jedenfalls nicht –, wie sein eigener Tod ist und wie die Bedingungen seines eigenen Todes dann letztendlich eintreten.«
Mehr als sieben Millionen Bürger haben bereits jetzt eine Patientenverfügung geschrieben und können nicht sicher sein, ob sie im Ernstfall berücksichtigt wird.

Während dieses Buch in Druck ist, verhandelt der Bundestag über ein Gesetz zur Patientenverfügung, denn bislang gab es keines, und die Rechtsprechung ist nicht eindeutig.
Die Hauptstreitpunkte, auf die ich gleich näher eingehen werde: Wie verbindlich ist eine Verfügung? Für welche Krankheitsfälle soll sie gelten, etwa für das so genannte Wachkoma? Und: Wer entscheidet über die Interpretation des Patientenwillens?

Zweifelsfälle

Der Katholik Klaus Kutzer sagte im Zusammenhang mit dem Fall Schiavo (siehe auch Seite 11): »Ich wüsste nicht, wie ich entscheiden sollte. Denn die Rechtslage in Deutschland ist widersprüchlich und unübersichtlich. Das zeigen die Reaktionen auf diesen Fall. Manche Anwälte sagen, in Deutschland dürfe man keinen Komapatienten durch Entzug der Nahrung sterben lassen. Andere Anwälte haben vor Gericht genau das – die Einstellung der künstlichen Ernährung – durchgesetzt. Die Entscheidungen des Bundesgerichtshofs sind ebenso nicht eindeutig. Dessen XII. Zivilsenat hat maßgebliche Fragen der Sterbehilfe anders interpretiert als der 1. Strafsenat.«

Seine Kollegin, Margot von Renesse, die zwanzig Jahre als Familienrichterin arbeitete und als Bundestagsabgeordnete unter anderem die Enquêtekommission »Recht und Ethik in der modernen Medizin« leitete, ergänzt: »Seit vielen Jahren – das sage ich selbstkritisch als ehemalige Bundestagsabgeordnete – nimmt das Parlament diesen Wildwuchs hin, ohne etwas zu tun. Das führt dazu, dass viele Angst haben, am Lebensende nur noch ein Objekt der Medizin zu werden. Umgekehrt gibt es andere, die fürchten, nicht mehr versorgt zu werden, weil Ärzte oder Betreuer bestimmte Vorstellungen eines lebenswerten Lebens haben. Zudem hat sich die Meinung eingeschlichen, dass passive Sterbehilfe kein Töten ist. Medizinisch mag das stimmen, juristisch aber ist das aktives Töten durch Unterlassen.«

Renesse sieht Probleme bei der gesetzlichen Festlegung der Patientenverfügung: »Eine aktuelle Entscheidung bei Bewusstsein kann niemals die gleiche Geltung haben wie eine Patientenverfügung für einen potenziellen Fall in der Zukunft. So aber wird der Gesetzesentwurf aus dem Justizministerium von seinen Befürwortern verstanden. Wenn jemand eine Behandlung ablehnt, muss ihn der Arzt zuvor über die Folgen seines Entschlusses aufklären. Diese Aufklärung kann in einer Patientenverfügung nicht geleistet werden. Alle Fälle kann sie niemals abdecken. Außerdem weiß niemand im Voraus, wie er in der befürchteten Situation tatsächlich entscheiden würde. Das ist wie mit dem 14-jährigen Mädchen, das sagt, ich heirate nie, und zehn Jahre später steht sie vor dem Traualtar.«

In der Tat: Vorschnell könnte die künstliche Beatmung oder Ernährung in der Verfügung ausgeschlossen werden, wo doch diese Maßnahmen manchmal vorübergehend notwendig sind, um wieder gänzlich zu gesunden. Dies ist nur ein Beispiel dafür, wie schwierig es ist, sich als junger und gesunder Mensch vorzustellen, wie in Notfällen oder kurz vor dem Tod medizinisch verfahren werden soll. Welche Behandlung man im Fall

Lebenskraft

Der Streit um eine sinnvolle Gesetzgebung bei der Patientenverfügung wird weitergehen. Zurzeit fehlen sichere und unmissverständliche Regeln. Nach der Durchsetzung eines Gesetzesentwurfes haben wir es vielleicht mit einer Überregulierung und unnötigen Bürokratisierung zu tun. Wenn beispielsweise in jedem Fall, der dem Terry Schiavos ähnlich ist, ein Vormundschaftsgericht eingeschaltet werden muss. Oder führt die neue Regelung zu Lebenszwang per Gesetz? Muss ich nach schwersten Hirnschäden und Verlust der Kommunikationsfähigkeit jahrelang weiterleben, weil die Patientenverfügung in solchen Fällen unwirksam ist? Müssen andere beurteilen, wann mich die Lebenskraft verlässt?

des Bewusstseinsverlusts wünscht, lässt sich nur schwer antizipieren. Viele medizinische Zweifelsfälle lassen sich vorab nicht klären. Umso absurder erscheint es, dass die Bundesregierung die Patientenverfügung bislang als alleiniges Thema der Sterbehilfe behandelt.

Blick über die Grenzen

In Belgien ist die Einrichtung einer Datenbank für Patientenverfügungen geplant. Eine dazu nötige Verordnung ist fast fertig, berichtet das Gesundheitsministerium. Mit der Datenbank sollen Ärzte einsehen können, ob ein Patient, der sich wegen eines unumkehrbaren Komas oder Hirnschäden nicht mehr äußern kann, eine Verfügung zur Sterbehilfe verfasst hat. Insbesondere Mediziner, die ihnen fremde Patienten behandeln, begrüßen das Projekt als nützlich. Die Datenbank soll zudem helfen, wenn weder der behandelnde Arzt noch die Familie von dem Wunsch des Patienten zur Sterbehilfe wussten. Da unbefugter Zugriff ausgeschlossen werden müsse, werde das Register erst in einiger Zeit funktionsfähig sein. Seit 2002 ist Sterbehilfe in Belgien bei Erwachsenen unter bestimmten Voraussetzungen erlaubt. Bedingung für Straffreiheit ist, dass ein erwachsener Kranker im Vollbesitz seiner geistigen Kräfte den Wunsch zu sterben »freiwillig, überlegt und wiederholt« geäußert hat. Zudem muss er an einer unheilbaren Krankheit leiden, die ein Weiterleben für den Patienten körperlich wie psychisch unerträglich macht.

Dauerhaftes und unerträgliches physisches oder psychisches Leiden reicht in Belgien aus, um das Patientenleben vorzeitig zu beenden - auch wenn der Tod zeitlich noch nicht absehbar ist. Kann der Patient seinen Sterbewunsch nicht mehr selbst äußern, darf dies eine Person seines Vertrauens übernehmen.

Welche Reichweite soll eine Patientenverfügung haben? Ist sie auf unumkehrbar tödliche Fälle beschränkt, oder widerspricht das dem Selbstbestimmungsrecht des Patienten? Diese Fragen bleiben auch in Zukunft offen. Der Palliativmediziner Gian Domenico Borasio sprach sich gegen eine solche Beschränkung aus: »Unumkehrbar tödlich ist das Leben an sich.« Egal welches Gesetz die Patientenverfügung regelt: Sterben ist etwas Individuelles und kann keinen Paragrafen unterworfen werden.

Aktueller politischer Stand

Im März 2007 sah der Fahrplan zur gesetzlichen Regelung der Patientenverfügung nach einer Klausurtagung der Regierungsfraktionen von SPD und Union vor, dass mehrere fraktionsübergreifend formulierte Gesetzesanträge vorliegen sollten.

Die Bundestagsabgeordneten Joachim Stünker (SPD), René Röspel (SPD) und Wolfgang Bosbach (CDU) stehen für drei Gruppenanträge, die den Bundestag beschäftigen sollen. Die Entwürfe des eher linken Sozialdemokraten Röspel und des Konservativen Bosbach sind sich erstaunlicherweise sehr ähnlich. Im Kontrast dazu steht das eher freiheitliche Konzept Stünkers, das aus dem Entwurf der Justizministerin hervorgegangen ist.

- Der rechtspolitische Sprecher der SPD-Fraktion Stünker geht davon aus, dass kein Patient zu einer medizinischen

Behandlung gezwungen werden kann. Wer seinen Willen zu äußern vermag, kann selbstverständlich jede Therapie verweigern. Dieses »Selbstbestimmungsrecht«, so heißt es in der Begründung von Stünkers Entwurf, »wäre entwertet, wenn es Festlegungen für zukünftige Konfliktlagen, in denen der Patient aktuell nicht mehr entscheiden kann, nicht umfassen würde.« Stünker fordert daher: Eine Patientenverfügung, die für bestimmte Situationen den Abbruch von lebenserhaltenden Maßnahmen wie der künstlichen Beatmung verlangt, muss immer befolgt werden, unabhängig davon, ob die Krankheit eventuell heilbar ist oder nicht.

Zertifizierung

Der Arzt muss »abschalten«, der Patient stirbt. Diese Verbindlichkeit soll laut Stünkers Entwurf die Patientenverfügung immer haben, falls Ärzte und vom Patienten eingesetzte Bevollmächtigte oder amtlich bestellte Betreuer gemeinsam feststellen, dass die aktuelle Lage des Patienten genau die ist, die in der Verfügung beschrieben wird. Sind sie sich nicht einig, muss darüber das Vormundschaftsgericht entscheiden. Es kann auch von Dritten, von Angehörigen oder Pflegern angerufen werden. Dass es bei dieser Regelung zu Missbrauch kommen könnte, zu willkürlicher Falschauslegung des Patientenwillens oder gar zu Sterbehilfe, hält Stünker für ausgeschlossen: Vom bestehenden Strafrecht gehe, so der Entwurf, »eine wirksame Prävention« aus, denn bei eigenmächtigen oder verbotenen Handlungen »müssen Arzt und Betreuer mit einem strafrechtlichen Ermittlungsverfahren wegen eines Körperverletzungs- oder gar Tötungsdelikts rechnen«. Daher sei es möglich, der Verfügung eines nicht einwilligungsfähigen Patienten unter den gegebenen Voraussetzungen immer zu entsprechen. Stünker möchte eine Zertifizierung nach bestimmten Grundkriterien für die vielen verschiedenen vorformulierten Patientenverfügungen einführen, die es auf dem Markt gibt.

- Röspel und Bosbach widersprechen Stünkers Entwurf vor allem in der Frage der Reichweite. Sie fordern, dass Patientenverfügungen zum Abbruch lebenserhaltender Maßnahmen nur dann bindend sein sollen, wenn, so heißt es bei Röspel, »die betreute Person an einer tödlich verlaufenden Grunderkrankung leidet, deren Fortschreiten durch ärztliche Kunst nicht aufgehalten werden kann«. Diese zwingende Voraussetzung des »irreversiblen Grundleidens« und des »tödlichen Verlaufs« sieht auch Bosbachs Konzept vor. Allerdings wird dort – anders als bei Röspel – auch bei Wachkomapatienten ein Abbruch der Lebenserhaltung gemäß Patientenverfügung erlaubt, wenn der Zustand lang andauert und keine Hoffnung auf Besserung mehr besteht.

Röspel wie Bosbach verlangen strengere Regeln für die Entscheidungsfindung.

- Röspel will jeden Fall, in dem das Befolgen einer Patientenverfügung zum Tode führen würde, vom Vormundschaftsgericht vorab prüfen lassen. Er sieht bei einer liberaleren Handhabung die Gefahr des Missbrauchs, wenn in Zeiten des Pflegenotstands schwerkranke Menschen als Last empfunden werden oder angesichts der Sterbehilfedebatte das Leben für würdelos gehalten wird. Die psychologische Komponente sollte dabei im Blickfeld bleiben: »Ich meine das Überlegenheitsgefühl des Überlebenden. Also die Erleichterung der Hinterbliebenen, weitermachen zu dürfen, derweil andere aufgeben mussten. Von solchen Motivationsformen müssen Sterbehelfer und -begleiter frei sein. Auch dieser Aspekt gehört in einen Katalog mit Sorgfaltskriterien bei der Legalisierung des assistierten Suizids.«

Damit dürfte Röspels Entwurf den Meinungen mancher Sozialdemokraten und vieler Grüner entsprechen.

- Bosbach schlägt ein »Konsil« vor, in dem nicht nur Arzt und Betreuer oder Bevollmächtigte, sondern auch die Angehörigen und Pflegenden beraten, was zu tun ist. Wenn diese sich einig sind, hätten sie die Patientenverfügung zu befolgen, wenn nicht, müsste ein Gericht über die Auslegung des Patientenwillens befinden. Bosbach beruft sich auf das christliche Menschenbild: »Es gibt hier«, sagt er, »zwei Grundwerte: die Beachtung des Patientenwillens und genauso den Schutz des Lebens.«

Nur nach dem Gewissen

Nach Ausformulierung der Entwürfe soll im Bundestag eine offene Debatte stattfinden. Danach sollen die Bundestagsabgeordneten wie bei der Abtreibungsreform und beim Stammzellengesetz nur nach ihrem Gewissen entscheiden. Die Parlamentarier sollen sich ohne Fraktionszwang für denjenigen Antrag entscheiden, den sie für den besten halten.

Es gibt in der Tat immer wieder Überlappungen der Sterbehilfe- mit der Abtreibungsdiskussion. Ich glaube, dass es nicht mehr lange dauern wird, bis das Thema Tod mit derselben Vehemenz in Erscheinung tritt wie das Thema Abtreibung. Die Legalisierung des assistierten Suizids wird dabei zunächst ausgeblendet, obwohl hier mindestens ebenso großer gesetzgeberischer Handlungsbedarf besteht wie bei der Patientenverfügung. Der Publizist und Anwalt Oliver Tolmein schreibt: »Die Konzentration der öffentlichen Debatte auf Patientenverfügungen erweckt den Eindruck, als ob mit der Einführung eines neuen Gesetzes, das bezogen auf diesen Problemkreis Rechtsklarheit schafft, Entscheidendes für die Verbesserung des Loses Sterbender getan sei. Was aber nützt dem Patienten ein Gesetz, das seiner vorab getroffenen Verfügung bindende Wirkung zuweist, wenn das, was er oder sie verfügen möchte, gar nicht angeboten wird oder wenn der Verfasser einer Patientenverfügung nicht gleichzeitig auch befähigt wird, Verfügungen auf Basis umfassender Kenntnisse zu treffen?«

Tabuzonen um den begleiteten Freitod

Mit der Diskussion um Feinheiten bei der Regelung der Patientenverfügung werden also weit wichtigere Probleme verdrängt oder schlichtweg negiert. Vor allem konservative Politiker zementieren diese Tabuzone.

»Wir brauchen keine Angebote für einen begleiteten Suizid, sondern eine Kultur der achtungsvollen Begleitung Sterbender«, sagte 2006 Bayerns Sozialministerin, die CSU-Politikerin Christa Stewens. »Die Ausbreitung so genannter Sterbehilfeorganisationen erfüllt mich mit großer Sorge. Einrichtungen wie Dignitas, die im Herbst 2005 in Hannover eine Niederlassung eröffnet haben, nutzen die Ängste der Menschen für ihre unmenschliche Philosophie«, so die Sozialministerin. Damit spricht sie aus, was viele einflussreiche bundesdeutsche Fachleute denken. Allen voran Bundesjustizministerin Brigitte Zypries, die der Überzeugung ist, dass es im Bundestag keine politische Mehrheit für ein Gesetz geben wird, das die aktive Sterbehilfe oder den assistierten Suizid erlauben würde. Fraglich ist jedoch, ob in absehbarer Zeit überhaupt darüber abgestimmt werden wird. »Soweit ich es beeinflussen kann, wird in Deutschland weder die Tötung auf Verlangen noch der assistierte Suizid zugelassen«, sagte Zypries 2006. Diese apodiktischen Feststellungen sind eines der Probleme, die sich in Zukunft vielleicht dank sich lauter und klarer artikulierender Meinungen der Bevölkerung lockern lassen. Von politischer Seite wird mit polemischen Formulierungen wie »unmenschliche Philosophie« Stimmung gemacht, ohne dass solche Begriffe erörtert würden. Solange engagierte Parlamentarier nicht die Initiative ergreifen, um öffentlich die Argumente der Sterbehilfegegner zu analysieren und über die Legalisierung des begleiteten Freitods zu debattieren, wird die unerwünschte Sterbe-Emigration von Deutschland in die Schweiz kein Ende nehmen.

In der Zwischenzeit will die Bundesregierung die palliativmedizinische Versorgung verbessern, indem auch eine ambulante Versorgung für Menschen ermöglicht werden soll, die zu Hause sterben. Ein Blick in die leere Haushaltskasse, in die Probleme bei der Gestaltung der Gesundheitsreform oder in die desolate Lage von Pflegeheimen genügt, um vorherzusagen, dass eine optimale medizinische und psychologische Betreuung der breiten Bevölkerung am Lebensende eine Illusion ist.

Juristische Grauzonen

Petra Vetter und Wolfgang Putz sind zwei Anwälte, die man als Pioniere des Medizinrechts, als Spezialisten für Sterbehilfefälle bezeichnen kann. Durch ihre Tätigkeit fordern sie all jene heraus, die das Leben als höchstes Gut betrachten, ein Gut, das es unter allen Umständen und so lange wie möglich zu erhalten gilt. Konfrontiert werden die Anwälte mit Ärzten, die Patientenverfügungen nicht respektieren, oder mit Pflegeheimleitern, die Angst haben, verbotene Sterbehilfe zu leisten. Für Wolfgang Putz blockiert die unklare Strafrechtslage alles. »Wer sterben lässt, könnte sich eines Tötungsdelikts schuldig machen«, kritisierte er auf dem 66. Deutschen Juristentag in Stuttgart 2006, dem größten europäischen Rechtskongress. Für ihn ein »unerträglicher Zustand«. Für Putz ist es ethisch unvertretbar, dass ein todkranker Patient mehrere Jahre im Bett liegen müsse und nicht sterben dürfe, bis der Bundesgerichtshof eine Entscheidung treffe. Jede ungewollte Lebensverlängerung verletze die Menschenwürde, sagte er.

Putz verwies darauf, dass in deutschen Heimen rund eine halbe Million Menschen künstlich ernährt werden und damit ein erheblicher Teil von ihnen am Sterben gehindert werde. Im selben Rahmen bezeichnete Klaus Kutzer, der frühere Vorsitzende Richter am Bundesgerichtshof, die ungewisse Rechtslage als »bedrückend«. Ärzte würden von der Justiz mit der Vernichtung ihrer Existenz bedroht, kritisierte er. Die Folge sei, dass sie noch vorsichtiger bei der Verschreibung von Opiaten zur Schmerzlinderung seien.

Es gehe vor allem darum, »im schwierigen Bereich zwischen Leben und Tod Entscheidungsspielräume ohne Furcht vor strafrechtlichen Konsequenzen zu schaffen«, bestätigte der Bonner Rechtsprofessor Torsten Verrel. Er beklagte die zunehmende Unsicherheit bei Ärzten und Betreuern, bei einem Todkranken die medizinischen Apparate abzuschalten. Für Verrel ist das ein Unding: Ärzte müssen am Krankenbett entscheiden, ob ein lebenserhaltendes Gerät abgeschaltet oder die künstliche Ernährung fortgesetzt wird. Der Gesetzgeber lasse sie bei diesen Gratwanderungen im Stich. »Es ist endlich Zeit, das Thema Sterbehilfe rechtlich zu regeln«, fordert der Bonner Strafrechtsprofessor.

Entscheidungen inmitten großer Unsicherheit

Die Aufgaben von Petra Vetter und Wolfgang Putz gehören zu den schwierigsten, die Anwälte übernehmen können. Denn sie sehen sich oft Angehörigen von Todkranken gegenüber, die

Das Sterben zulassen

Torsten Verrel ist der Ansicht, die gegenwärtige unsichere Rechtslage werde instrumentalisiert, um Ärzte, Pfleger und Patienten unter Druck zu setzen. Kaum jemand wisse noch, wo die erlaubte passive Sterbehilfe aufhöre und die verbotene aktive Sterbehilfe beginne. Die Furcht vor Strafverfolgung, so der Direktor des Kriminologischen Seminars an der Universität Bonn, trage dazu bei, dass der Patientenwillen nicht ausreichend respektiert und das Leiden nicht genug gelindert werde. Ausdrücklich sprach er sich gegen die Zulassung aktiver Ster behilfe aus. Es müsse aber in Deutschland Schluss damit sein, eine eng begrenzte Sterbehilfe mit dem Euthanasieprogramm der Nazis zu vergleichen.
Kritikern hielt Verrel entgegen, dass es nicht um eine Erweiterung der Möglichkeiten der Sterbehilfe, sondern um Rechtssicherheit gehe. Für ihn gibt es zu wenige Möglichkeiten, das Sterbenlassen zuzulassen.

selbst nicht sicher sind, wofür sie sich im Namen Dritter entscheiden sollen: Für das Leben oder für den Tod? Für ein kurzes Sterben oder für ein langes Sterben? Angesichts des Sterbens sind viele Menschen voller Zweifel, sie trauen ihren Gefühlen nicht mehr, wissen nicht, was richtig und was falsch ist.

Die Medizinrechtlerin Petra Vetter betont, dass sich kein Arzt strafbar macht, wenn er geltendes Recht und den Patientenwillen kennt und dementsprechend handelt: »Der entsprechende Wunsch des Betroffenen muss klar erkennbar sein«, sagt Vetter, dann könne jeder Arzt Sterbehilfe leisten. Das Hauptproblem bestehe darin, dass viele Patientenverfügungen unklar sind oder nicht aktuell. Noch schwieriger ist es, wenn keine Verfügung vorliegt und der mutmaßliche Wille des Todkranken ermittelt werden muss. Dann erinnert man sich gemeinsam mit den Angehörigen an Äußerungen des Patienten über Sterben und Tod, sucht in seiner Korrespondenz oder in Tagebüchern nach Hinweisen, berücksichtigt seine Einstellung zur Religion, und wenn man sich nicht entscheiden kann, gilt der Grundsatz: In dubio pro vita. Im Zweifel für das Leben.

- **Ein Beispiel** Der Anwalt Putz hebt das Selbstbestimmungsrecht unter Berufung auf einen 69 Jahre alten Mann hervor, der aus Glaubensgründen 40 Jahre lang jegliche ärztliche Behandlung abgelehnt hatte. Als er Zeichen eines Infarkts verspürte, rief er seinen Bruder an, um sich zu verabschieden. Der rief den Notarzt an. Dem Sohn hatte der Vater noch zugerufen: »Ich will keine Behandlung, und deshalb werde ich auch den Hubschrauber nicht bezahlen.« Der Mann wurde notoperiert und fiel nach einem Narkosezwischenfall in ein irreversibles Wachkoma. Trotz der geäußerten Überzeugung des Patienten weigerte man sich im Pflegeheim, den Patienten sterben zu lassen. Das geschah dann erst, nachdem er nach Hause entlassen worden war.

Putz verweist in seiner Stellungnahme auf die höchstrichterliche Rechtsprechung, die zu großer Verunsicherung in der

Bevölkerung, vor allem in der Ärzteschaft geführt habe. Damit immerhin steht er nicht allein. Die bayerische Justizministerin Beate Merk (CSU) ist stellvertretend für viele ihrer Kollegen der Ansicht, dass es im Bereich der passiven und aktiven Sterbehilfe, des straffreien Beistands zur Selbsttötung und der Tötung auf Verlangen rechtliche Grauzonen und gesetzlichen Regelungsbedarf gebe. Viele Menschen fürchteten, »dass sie am Ende ihres Lebens nicht sterben können, sondern gestorben werden«, so die Ministerin.

Mag sein, fragt sich nur, wie sie gestorben werden: Die Schmerzbehandlung, deren Nebenwirkungen auch bewusst missbraucht werden können, sodass der Patient stirbt, ist straflos. Grauzonen und Missbrauchsgefahr liegen hier, in der Palliativmedizin, im einseitigen Behandlungsverzicht bei fehlender medizinischer Indikation und nicht in der Legalisierung des assistierten Suizids.

Unterschiedliche Ansichten in Europa

Europa ist uneins, wenn es darum geht, gesetzliche Regelungen für die Sterbehilfe zu finden, zumal ja in den einzelnen Nationen oft Verwirrung über die juristische Praxis herrscht. Immerhin hat der Europarat schon 1976 in einer Resolution über die »Rechte der Kranken und Sterbenden« mit großer Mehrheit beschlossen, dass jeder Bürger Europas »das Recht, nicht leiden zu müssen« hat. Doch das hilft in der Praxis nicht weiter.

Selten wird in den Debatten hierzulande deutlich, dass passive Sterbehilfe durchaus schon vollkommen legal praktiziert wird. Was aber in Deutschland eine – wenn auch der breiten Öffentlichkeit wenig bekannte – Selbstverständlichkeit ist, wird in Spanien oder Italien strafrechtlich verfolgt. Immer wieder werden dort Debatten durch Einzelfälle von Sterbehilfe entfacht, die mittelfristig auch in der Gesetzgebung zu Veränderungen führen werden.

Das Sterbehilfe-Gefälle in Europa ist groß. Die Kultur einer Nation prägt das Bild, das sich der einzelne Mensch und die Gesellschaft, in der er lebt, von einem lebenswerten Leben macht. Im Zusammenhang mit niederländischer aktiver Sterbehilfe bei Kleinkindern wurde bei einer Umfrage festgestellt, dass in Italien bei einem Notfall 50 Prozent der Eltern ihr Kind, obwohl dieses viel zu früh und behindert geboren ist, wiederbeleben lassen. In Deutschland sind es 20 Prozent. In den Niederlanden und in der Schweiz nicht einmal fünf Prozent. Trotzdem verändert sich die Einstellung zu Tod und Sterben auch in Italien. Nach einer repräsentativen Umfrage des Meinungsforschungsinstituts Ipso im Oktober 2005 sind nur 37 Prozent der über 1.000 befragten Italiener gegen Sterbehilfe. Knapp 60 Prozent fordern eine Aufhebung des Sterbehilfeverbots.

Beispiel Spanien: die Kriegerin

2006 war es in Spanien der Maler und Bildhauer Jorge Leon, der im Frühjahr in seinem Internet-Blog um einen würdigen Tod bat. »Euthanasie bedeutet einen guten Tod. Nicht mehr und nicht weniger«, ließ der 53-jährige Leon schreiben, der seit einem Unfall im Jahr 2000 einen Beatmungsapparat brauchte und nur noch die Lippen bewegen konnte. Leon versprach, alles in seiner Macht Stehende so vorbereitet zu haben, dass derjenige, der ihm helfen würde, inkognito bleiben könnte. Der Wunsch wurde Leon in seiner Wohnung in Valladolid von einem bisher Unbekannten erfüllt, der ihm nachts vermutlich ein Glas mit Schlafmitteln verabreichte und danach die Beatmungsmaschine ausschaltete.

Die spanische Gesundheitsministerin Elena Salgado teilte mit, dass man nicht die Absicht habe, Sterbehilfe zu legalisieren, obwohl dies ein Wahlversprechen der sozialistischen Regierung gewesen war. Die konservative Opposition und die mächtige katholische Kirche (90 Prozent der spanischen Bevölkerung ist katholisch) wenden schon seit Jahren konsequenten Widerstand gegen jegliche Liberalisierungstendenz an. Für sie liegt

im Fall Leon ein Tötungsdelikt vor. Nach heutiger Rechtslage in Spanien kann der anonyme Helfer, der Jorge Leon das Sterben ermöglicht hat, mit bis zu drei Jahren Gefängnis bestraft werden.
Die Angehörigen Jorge Leons bedankten sich beim unbekannten Helfer und baten um Verständnis für Leons Sterbewunsch. Mit südländischem Pathos appellierte die Familie Leons an die Regierung, »nicht diese Hand zu verfolgen, die einen Becher an einen durstigen Mund der Freiheit, der Würde und des Friedens führte«. Vermutlich werden sich aufgrund solcher Vorfälle Meinungen im Zusammenhang mit Sterbehilfe auch in Südeuropa in den kommenden Jahren verändern.

Vor allem die jüngere Generation in Spanien befürwortet nach neuen Umfragen jetzt schon Sterbehilfe. Drei von vier Befragten unterstützen die Legalisierung des assistierten Suizids, wie ihn Anfang 2007 eine schwerkranke 69-jährige Spanierin durchführte. Die Frau litt an Amyotropher Lateralsklerose (ALS), die zu Muskelschwund, Verlust der Körperkontrolle und Bewegungsunfähigkeit führt. In ihrem Abschiedsbrief schrieb sie: »Ich nehme mir das Recht, in Würde zu sterben.« Sie wisse, dass dies nicht allen gefallen werde. »Aber es kann nicht so weitergehen. Und ich weiß, es wird immer schlechter.« Sie beklagte, dass diese Krankheit einem alles nehme, auch die Hoffnung. Und andauernder Schmerz bringe den Menschen um seine Würde. Unbekannte Helfer reichten ihr in ihrer Wohnung an der Küstenstadt Alicante einen Giftbecher, in dem Eiscreme mit Medikamenten vermischt worden war. Auch diese Helfer riskieren Haftstrafen.

2007 wieder ein Fall in Spanien. Diesmal durfte eine Muskeldystrophiepatientin sterben. Die Behörden in Granada (Andalusien) stimmten einem Antrag der Frau zu. Die 51-Jährige wurde nur noch durch eine Herz-Lungen-Maschine am Leben gehalten. Inmaculada Echevarría litt seit neun Jahren an der

Krankheit, die zu einer Muskelschwäche führt. Im Oktober nahm sie Kontakt mit dem Verein »Recht auf ein würdiges Sterben« auf und lud Journalisten an ihr Krankenbett in Granada. »Ich habe es satt, zu leben und von aller Welt abhängig zu sein«, sagte sie. Sie wolle ein Mittel gespritzt bekommen, das ihr Herz zum Stillstand bringe. Das sei nicht nötig, versicherte ihr der Verein »Recht auf ein würdiges Sterben«. Ein Sedativum und das Ende der künstlichen Beatmung reichten aus.
Ende März 2007 starb Echevarría auf eigenen Wunsch in Granada.

Auch dieser Fall löste in Spanien erneut eine heftige Debatte über Sterbehilfe aus. Obwohl Sterbehilfe in Spanien verboten ist, kam die andalusische Regionalregierung nach Prüfung durch eine Expertenkommission dem Wunsch der Patientin

Die Freiheit des Einzelnen

Handelte es sich im Falle von Echevarría um illegale Sterbehilfe? Die andalusische Regionalregierung nahm sich der Sache an, das Gesundheitswesen fällt in Spanien in die Zuständigkeit der Regionen. Angesichts der rechtlichen Zweifel »werden am Ende wohl die Gerichte entscheiden müssen«, sagte die andalusische Gesundheitsministerin. So weit kam es nicht. Der regionale Ethikrat und ein juristisches Beratungsgremium entschieden im Februar, die künstliche Beatmung zu beenden sei keine Sterbehilfe. Jeder Patient habe das Recht, eine Behandlung abzulehnen. So steht es im Gesetz über die Patientenautonomie. Echevarría durfte sich auf ihren Tod vorbereiten. Spaniens katholische Bischöfe waren nicht erfreut. Der Sevillaner Kardinal Carlos Amigo sagte, er sei gegen jede Art von Todesstrafe, »ebenso gegen die legale wie gegen die selbstverabreichte«. Echevarría ließ sich von solchen Sätzen nicht beeindrucken: »Sollen sie sich um ihr eigenes Leben kümmern. Und die Freiheit des Einzelnen respektieren.« Sie ging gefasst in den Tod. »Ich schätze mich glücklich. Ich habe gekämpft. Ich bin Inmaculada, die Kriegerin.«

nach. Die Ärzte erklärten, es handele sich nicht um aktive Sterbehilfe, sondern lediglich um eine Nichtweiterführung der ärztlichen Behandlung zur Lebensverlängerung. Immer wieder muss in der Öffentlichkeit auf diese Differenz – auch hierzulande – hingewiesen werden.

Die Spanische Bischofskonferenz kritisierte den Entschluss dennoch und sprach sich erneut gegen jegliche Form von Sterbehilfe aus. So starb Echevarría auch nicht im katholischen Hospital San Rafael, wo sie über zehn Jahre betreut wurde. Auf Wunsch der Ordensleute wurde sie vor dem Abschalten des Beatmungsgeräts in das öffentliche Krankenhaus San Juan de Dios verlegt.

Sie starb ohne Schmerzen. Ihre Ärzte hatten ihr ein Beruhigungsmittel gespritzt, anschließend schalteten sie das Beatmungsgerät aus.

Die Debatte um das Recht auf den eigenen Tod beschäftigt Spanien seit Jahren. Den Anstoß gab im Januar 1998 der Freitod des querschnittsgelähmten Ramón Sampedro, der sich Zyankali reichen ließ. 2004 drehte der Regisseur Alejandro Amenbar einen berührenden Film über den Fall. In Deutschland lief er unter dem Titel »Das Meer in mir«.

Spaniens regierende Sozialisten hatten vor drei Jahren im Wahlkampf versprochen, im Falle eines Wahlsieges die Sterbehilfe in dieser Legislaturperiode gesetzlich neu zu regeln. Nun aber hielten sie sich beharrlich aus der Debatte heraus. Sie wollten nicht schon wieder gegen die katholische Kirche streiten. Das musste Inmaculada Echevarría, genau wie Ramón Sampedro, fast ganz alleine tun.

In Belgien: freiwillig, überlegt und wiederholt

In Belgien ist aktive Sterbehilfe unter bestimmten Voraussetzungen erlaubt (siehe auch den Kasten auf Seite 105), die Beihilfe zum Suizid jedoch verboten. Es herrschen also ganz andere Voraussetzungen als in Spanien, und doch ereignen sich

vergleichbare Fälle. Beispielsweise bei einer 87-jährigen Demenzpatientin. Die Staatsanwaltschaft in Gent nahm im Februar 2006 gegen einen Arzt Ermittlungen wegen unerlaubter Sterbehilfe auf. Der Arzt, der auch als Dozent für Sterbebegleitung an der Universität Gent tätig ist, hatte öffentlich von Sterbehilfe bei der Demenzpatientin berichtet. Nach seinen Angaben fiel die Frau nicht in den Personenkreis, für den Sterbehilfe nach einem seit 2002 geltenden Gesetz in Belgien zulässig ist. Voraussetzung für erlaubte aktive Sterbehilfe ist, dass ein erwachsener Kranker im Vollbesitz seiner geistigen Kräfte den Wunsch zu sterben freiwillig, überlegt und wiederholt geäußert hat. Zudem muss er an einer unheilbaren Krankheit leiden, die ein Weiterleben für den Patienten körperlich wie psychisch unerträglich macht.
Patienten mit fortgeschrittener Demenz sind aber nicht mehr im Vollbesitz ihrer geistigen Kräfte.
Der Mediziner wollte nach eigenem Bekunden die Diskussion über Sterbehilfe neu anfachen. Er wolle aufzeigen, dass eine Ausweitung der Sterbehilfe-Gesetzgebung nötig sei. Offenbar handelte es sich bei dem konkreten Fall aber nicht um aktive Sterbehilfe, sondern um Beihilfe zum Suizid. Der Arzt habe der Frau eine Mischung von Barbituraten zubereitet, die sie selbst eingenommen habe. Die Frau habe einer Vereinigung für das Recht auf würdiges Sterben angehört.

Ebenfalls im Februar 2006 wurde in Antwerpen in einem Prozess eine Krankenschwester freigesprochen. Die Pflegerin hatte fünf Jahre davor den Tod ihrer schwerkranken Tante beschleunigt, indem sie ihr hohe Dosen an Morphium und anderen Medikamenten verabreichte. Zu dieser Zeit gab es noch nicht das jetzt geltende Euthanasiegesetz. Das Geschworenengericht sah es als erwiesen an, dass die Krankenschwester das unerträgliche Leiden ihrer Verwandten beenden wollte, und sprach sie vom Vorwurf des Totschlags frei.

Patientenwünsche

Seit 2002 ist Sterbehilfe in Belgien bei Erwachsenen unter bestimmten Voraussetzungen erlaubt. Bedingung für Straffreiheit ist, dass ein erwachsener Kranker im Vollbesitz seiner geistigen Kräfte den Wunsch zu sterben »freiwillig, überlegt und wiederholt« geäußert hat. Zudem muss er an einer unheilbaren Krankheit leiden, die ein Weiterleben für den Patienten körperlich wie psychisch unerträglich macht.
Eine Mehrheit der belgischen Ärzte billigt laut einer neuen, im Sommer 2006 veröffentlichten und vom Gesundheitsministerium in Auftrag gegebenen Studie die aktive Sterbehilfe.

- Drei Viertel der Befragten gaben an, ein an einer unheilbaren Krankheit leidender Patient habe das Recht, seinen Todeszeitpunkt selbst zu bestimmen. Leidet er an einer psychischen Krankheit, teilen immer noch 50 Prozent diese Auffassung.
- Beihilfe zum Selbstmord lehnen 58 Prozent der Ärzte ab.
- 62 Prozent sind der Auffassung, aktive Sterbehilfe dürfe kein isolierter Akt sein, sondern müsse im Zusammenhang mit sterbebegleitender Behandlung stehen.
- Etwa die Hälfte der Befragten gab an, einem Patientenwunsch nach Sterbehilfe entsprechen zu wollen. Vor allem unheilbare Krebserkrankungen sehen belgische Ärzte als Grund an, eine Behandlung einzustellen oder gar nicht erst zu beginnen.

Das Menschliche fragt nach keinem Gesetz – begleiteter Freitod in Österreich

In Österreich ereignete sich in Obertrum bei Salzburg im Juni 2006 ein ähnlicher Fall. Eine alleinstehende 70-jährige Frau starb, nachdem ihr der pensionierte Salzburger Lungenfacharzt Helmut Wihan, ein langjähriger guter Freund der Frau, eine tödliche Dosis Morphium verabreicht hatte.
Markus Wittek, leitender Staatsanwalt in Salzburg, kündigte daraufhin an, dass in alle Richtungen ermittelt werden könne: Tötung auf Verlangen, Mitwirkung am Selbstmord oder gar

wegen Mordverdachts. Wihan war nicht nur von Anfang an den Justizbehörden gegenüber kooperationsbereit, sondern auch den Medien gegenüber mitteilsam. Die Patientin habe ihn um eine tödliche Dosis gebeten. Er wisse, was er getan habe und was auf ihn zukomme, so der angesehene Salzburger Mediziner. Sterbehilfe ist in Österreich verboten. Zwischen den Medien und Wihan entwickelte sich eine rege Auseinandersetzung, die nicht akademisch, sondern auf fast saloppe Weise geführt wurde.

Wie man einer Kranken das Versprechen geben könne, Sterbehilfe zu leisten – wenn man als Arzt wisse, dass es in Österreich verboten ist, fragte ein Reporter. Der Mediziner Helmut Wihan erwiderte, wenn man davon ausgehe, was alles verboten sei, dann wäre vieles anders: »Es gibt ein Ehegesetz, und jeder hat einen Freund oder eine Freundin. Wir haben Finanzgesetze, und jeder hat Schwarzgeld. Lassen wir die Kirche im Dorf. Es ist ja nicht lustig, so etwas zu tun. Meine Überlegung war, dass ich ihr helfe. Sie hat gesagt, es wird mir dann gut gehen, wenn du mir hilfst. Und ich weiß, dass es ihr jetzt gut geht.«

Auf den Einwand, Hilfe bedeute in diesem Fall, jemanden zu töten, meinte Wihan: »Ja, das sagt sich so. Ja natürlich, es gibt Situationen, da verspricht man jemandem etwas, den man gern hat. Ich stehe zu dieser Sache und muss die Konsequenzen tragen. In Holland ist Sterbehilfe erlaubt, in Belgien auch. Bei uns ist es verboten. Ja bitte, das Menschliche fragt doch nach keinem Gesetz.«

Der Erste, der ihn nach der Tat angerufen habe, berichtete der Lungenfacharzt Wihan, sei ein Priester gewesen, und der habe gesagt, er stehe hinter ihm. »Der Geistliche sagte zu mir, er habe solche Situationen oft erlebt. Er möge mich noch immer, und ich könne zu ihm kommen. Das sind Grenzsituationen, die werden wir juristisch nie in den Griff bekommen. Ich will ja auch nicht, dass das Gesetz geändert wird. Ich will auch, dass sich die jungen Kollegen in der Medizin nach etwas richten können. Wir brauchen einen Rahmen, und es gibt ja tolle Sterbebegleitung durch die Hospizbewegung und andere. Auch die

Caritas hat wunderbare Heime. Aber wenn jemand da nicht hin will, was tust du dann?« Wenn jemand das nicht annehmen wolle, fragt Helmut Wihan, soll man »diesen Menschen dann jämmerlich verrecken lassen? Oder soll man dem ein wenig helfen?« Der Strafrahmen für Tötung auf Verlangen beträgt in Österreich zwischen sechs Monate und fünf Jahre Haft.
Was mit Wihan geschehen ist, stand bei Redaktionsschluss noch nicht fest. Die Gesetze in der östlichen Alpenrepublik sind jedenfalls genau so streng wie die deutschen.

Im Mai 2001 fand in Österreich mit Unterstützung aller damals im Parlament vertretenen Parteien eine Enquête unter dem Titel »Solidarität mit unseren Sterbenden – gegen Euthanasie«

Fragestellungen und Einzelfälle

Eine Repräsentativumfrage des Instituts für Grundlagenforschung (IGF) in Stadt und Land Salzburg im Jahr 2006 ergab erstaunliche Ergebnisse. Die Frage lautete: »Wenn jemand, der aussichtslos im Endstadium an einer unheilbaren Krankheit leidet, eindringlich darum bittet, sterben zu dürfen: Soll ihm das gewährt werden und ärztlich überwachte Sterbehilfe erlaubt sein?«

- Von den Salzburger Männern befürworten 64 Prozent Sterbehilfe unter diesen in der Fragestellung formulierten Bedingungen.
- Bei den Frauen sind es 61 Prozent.
- Nur 22 Prozent sagen nein zur Sterbehilfe, in welcher Form auch immer.
- 16 Prozent sind unentschieden.

Das Ergebnis entspricht etwa jenem einer Repräsentativumfrage in den Niederlanden des vorhergehenden Jahres.
Alle mir bekannten Umfragen tendieren in diese Richtung. Gegner der Sterbehilfe kritisieren – manchmal zu Recht – die ungenaue Fragestellung. Aber auch bei exakten Fallbeschreibungen entscheiden sich die Befragten meist für die Sterbehilfe. Auch beim nachfolgend beschriebenen Fall aus Schweden.

statt, ein Entschließungsantrag folgte, und in der Regierungserklärung vom März 2003 wird ein »ausreichendes Hospizangebot« gefordert. Eine Liberalisierung zeichnet sich in Österreich zurzeit nicht ab.

Das Sterben sollte schön sein – ein Beispiel aus Schweden

Hier bringt die 87-jährige Ellen Bergman, die Exfrau des Regisseurs Ingmar Bergman, mit dem sie vier Kinder hat, die Frage nach dem begleiteten Freitod in die Schlagzeilen. »Wenn das Leben seine Würze verliert, sollte man das Recht haben, es zu beenden«, sagt die frühere Tänzerin, Dramaturgin und Choreografin. Sie wandte sich 2007 in offenen Briefen an den König von Schweden und an die schwedische Gesundheitsministerin Maria Larson, in dem sie ein Gesetz einforderte, das die Sterbehilfe und insbesondere den assistierten Suizid erlauben sollte. Für sich selbst bat sie um die Erlaubnis, begleitet sterben zu dürfen. Der Wunsch wurde ihr nicht erfüllt, schlug aber in den Medien Schwedens hohe Wellen und sorgt bis heute für Diskussionen.

Ellen Bergman und ihre große Familie sind weit über die Landesgrenzen bekannt. Ihre Ehe mit Ingmar (seine zweite) dauerte von 1945 bis 1950 und war Vorbild für den Film »Szenen einer Ehe«. Ihre vier Kinder sind als Regisseure und Schauspieler tätig. Ihre älteste Tochter ist mit dem Kriminalschriftsteller Henning Mankell verheiratet, der sich gemeinsam mit den Kindern Ellens für die Wünsche seiner Schwiegermutter einsetzt, aber bislang erfolglos. »Mehr und mehr Menschen werden älter und älter. Wenn das Leben nur noch aus Schmerzen besteht, kann man leicht die Freude daran verlieren«, sagte Mankell und forderte: »Die Gesellschaft sollte vor dem Tod die Augen nicht verschließen. Ellen soll die Hilfe bekommen, die sie braucht. Gebt meiner Schwiegermutter Sterbehilfe.«
Am 1. Januar 2007 beschloss Ellen Bergman, nichts mehr zu essen. So wollte sie sich freiwillig das Leben nehmen, weil ihr

die Ärzte nicht helfen dürfen. »Ich habe den Kampf um das Recht auf den Freitod verloren. Ich will jetzt nur noch meine Ruhe haben, Ruhe zum Sterben.« Sie hatte sich schon 2003 an Dignitas gewandt: »Aber die verlangen so viele Dokumente, das war mir zu kompliziert.« Seit einer misslungenen Operation vor sieben Jahren ist sie teilweise gelähmt und leidet unter starken Schmerzen, verträgt jedoch keine Schmerzmittel. »Ich kann wählen: Schmerzen oder mich pausenlos übergeben. Ich habe keine Energie mehr. Ich lebe ein Schattenleben.« Der Tageszeitung »Expressen« schrieb sie: »Im heutigen Schweden wird es als schändlich und als ein Verbrechen angesehen, wenn man selbst über seinen Tod bestimmen will. Die Ärzte haben Angst. Warum dieses Leid, wenn wir uns das Leben nehmen wollen? Das Sterben sollte schön sein.« Daraufhin bekam sie sehr viele zustimmende Leserbriefe. Laut einer Umfrage sprechen sich acht von zehn Schweden für die Legalisierung des assistierten Suizids und der aktiven Sterbehilfe aus. Doch die Politik zögert.
Nach 15 Tagen Hungerstreik wurde Ellen Bergman in eine Stockholmer Klinik gebracht, wo sie weiterhin hungert und Morphium gegen die Schmerzen bekommt. »Ich tue mir selbst nicht leid. Ich habe ein langes, reiches Leben geführt. Jetzt habe ich einen letzten Wunsch.« Sie hofft, dass sie bald so schwach sein wird, dass ihr Ärzte »ungewollt« eine erlösende Überdosis geben werden und ihr damit ein schmerzfreies Entschlafen schenken.

Der Appell Bergmans und Mankells und ihre Einstellung erinnern mich an die meiner Eltern und an die vieler anderer Menschen, die beispielsweise der »Stern« in der Ausgabe vom 23. November 2007 porträtiert hat. Wie oft müssen sich diese verzweifelten Situationen noch wiederholen? Wie viele Einzelfälle braucht es noch, bis ein Regelfall daraus wird?

In Norwegen: Wohnsitzverlagerungen

In Norwegen ist die Situation ähnlich wie in Schweden: Aktive Sterbehilfe und assistierter Suizid werden verurteilt, dafür die Förderung der Palliativmedizin angemahnt. Das Pflegepersonal stößt dort ebenso wie in Deutschland beinahe täglich an seine Grenzen: zu wenige Betten, zu wenige Ärzte, zu wenig Pflegepersonal, zu wenig persönliche Betreuung, zu viele Medikamente und zu viele Zwangsmaßnahmen.

Das müsse sich dringend ändern, so der Norweger Stein Husebö, Gründungsmitglied der Europäischen Gesellschaft für Palliativmedizin. Ansonsten werde über kurz oder lang die aktive Sterbehilfe die einzige Alternative sein, so Husebö. Es brauche mehr und bessere Heimplätze, es müsse eine kleine Revolution stattfinden. Es würden grundsätzliche Diskussionen und Konzepte fehlen. Es gebe sehr viele Pflegenotstände, zu Hause und in den Institutionen, und sehr viele Übergriffe. Als Beispiel nennt Husebö die Verabreichung von Medikamenten, die der Patient eigentlich gar nicht brauche. Die Ressourcen für neue Wege seien da, so Husebö. Aber derzeit fließe noch zu viel in die Akutmedizin. Die Herausforderung der Zukunft sei aber die Betreuung von chronisch Kranken. Daran könne auch die Reife einer Gesellschaft gemessen werden.

Polen: Anschließen – abschalten

Auch in Polen fordert ähnlich wie in den oben genannten Fällen in Spanien und Schweden ein unheilbar Kranker von der Justiz das Recht auf Sterbehilfe ein.

Der Mann hatte 1993 bei einem Motorradunfall eine schwere Wirbelsäulenverletzung erlitten. »Ich verlange, dass mein Leben verkürzt wird«, schrieb der gelähmte Janusz Swiataj im Februar 2007 an das Gericht seines südpolnischen Wohnorts Jastrzebie-Zdroj. Da er seit einem Verkehrsunfall vor 14 Jahren vollständig bewegungsunfähig und an eine Beatmungsmaschine angeschlossen sei, erfülle sein Leben nicht »die annehmbaren Kriterien aus biologischer, psychischer, sozialer und wirtschaftlicher

Sicht«, begründete der 32-Jährige sein Gesuch. Da er unmittelbar nach dem Unfall im Koma gelegen habe, habe er keine Anweisungen geben können, dass die medizinische Behandlung eingestellt werde, führte Swiataj aus.

In Polen können Patienten laut Gesetz zwar ablehnen, dass sie an eine Beatmungsmaschine angeschlossen werden. Sobald sie jedoch einmal angeschlossen sind, kann die Maschine nicht mehr abgeschaltet werden, wenn dem Patienten dadurch der Tod droht. Die Aussichten für eine Sterbehilfe-Erlaubnis sind gering, da ein solches Vorgehen im überwiegend katholischen Polen verboten ist.

USA: Es den Wählern überlassen

Besonders heftig umstritten ist die Sterbehilfe in den USA. Im Sommer 2006 ist in Kalifornien ein Gesetzesentwurf zur Einführung der aktiven Sterbehilfe durch Ärzte für unheilbar Kranke knapp gescheitert. Problematisch ist in den USA - wie in vielen anderen Ländern -, dass normalerweise in den Parlamenten über aktive Sterbehilfe, Patientenverfügungen und Palliativmedizin debattiert wird, aber nur sehr selten über den begleiteten Freitod.

So auch in Kalifornien, wo der Justizausschuss des Senats mit drei zu zwei Stimmen gegen aktive Sterbehilfe votierte, unter anderem mit der Begründung, dass durch eine Zustimmung für die Zukunft die Ausweitung des Gesetzes auf Patienten mit heilbaren Krankheiten zu befürchten sei. Kaliforniens Gouverneur Arnold Schwarzenegger hatte zuvor erklärt, solch ein Gesetz nicht zu unterzeichnen. Das Thema Sterbehilfe sei so wichtig, dass es den Wählern überlassen werden sollte.

Vielleicht sollte das auch für Deutschland gelten? Laut Meinungsumfragen gäbe es eine große Mehrheit für die Legalisierung des begleiteten Freitods. Im US-Bundesstaat Oregon ist Freitodhilfe seit vielen Jahren legal.

Australien: Fortsetzung der Debatte

Ähnliche Debatten gibt es auch in Australien. 2007 haben sich acht von zehn Australiern für die Freigabe aktiver Sterbehilfe ausgesprochen. Todkranke Menschen müssten das Recht erhalten, ihr Leben selbstbestimmt beenden zu können, sagten 80 Prozent der Befragten in einer Umfrage des Meinungsforschungsinstituts Newspoll. 14 Prozent der befragten Bürger lehnten eine Freigabe ab. Das geltende australische Recht verbietet jede Form der Sterbehilfe. Verboten sind auch Kampagnen und Werbung für die Freigabe der aktiven Sterbehilfe. In ersten Reaktionen begrüßten Sterbehilfe-Aktivisten die Umfrage. Damit seien vorausgegangene Befragungen bestätigt worden. Die öffentliche Debatte müsse nun weitergehen, damit Australien den Umgang mit Sterbehilfe neu regele, sagte ein Vertreter der Organisation »In Würde sterben«.

Klärungsbedarf

Das Thema Sterbehilfe, das sich nach wie vor auf politischem, rechtlichem und ethischem Grenzgebiet befindet, wirft viele Fragen auf:

- Gibt es ein Recht auf Sterbehilfe?
- Welche Konsequenzen würde eine Legalisierung in Deutschland mit sich bringen?
- Bieten Palliativmedizin und Hospizarbeit eine Alternative?

Immer mehr Menschen beantworten die erste Frage mit Ja.
Die zweite Frage wird mit Vergleichen mit der Schweiz, Belgien und den Niederlanden beantwortet.
Und die dritte Frage wird oft bejaht. Allerdings gilt diese Alternative nur für einen Teil der Bevölkerung. Der andere Teil möchte die Wahl haben zwischen Hospiz und Sterbehilfe.
Und wenn sich jemand für den assistierten Suizid entscheidet, sollte er nicht gezwungen werden, Deutschland zu verlassen.
Auch die zunehmenden Wohnsitzverlagerungen deutscher Bürger, um im Ausland mit Hilfe Dritter sterben zu können, verlangen nach einer Klärung, wie in unserer Gesellschaft mit dem Tod umgegangen werden soll.

Britische Gedankenspiele
Für Aufsehen sorgte im Sommer 2006 der schwarze britische Bürger Noel Martin. Zehn Jahre nach einem rassistischen Angriff auf Martin in Brandenburg hat dieser seinen Freitod angekündigt. Er wolle an seinem Geburtstag am 23. Juli 2007 sterben, sagte er in einem Interview mit dem RBB-Fernsehen in Birmingham. In Mahlow bei Berlin hatte im Juni 1996 ein rechtsgerichteter junger Mann einen Stein auf Martins Wagen geworfen. Das Fahrzeug prallte gegen einen Baum. Martin lag wochenlang im Koma. Martin ist seither querschnittsgelähmt. Der Fall hatte auch international Aufsehen erregt.
Martin sagte, er werde an seinem 48. Geburtstag noch eine kleine Feier geben. »Und dann möchte ich einschlafen.« Dazu will er in die Schweiz gehen. In Großbritannien wäre Martin dieser Weg verwehrt. Der Brite jamaikanischer Abstammung hatte schon in der Vergangenheit gesagt, dass er den Zeitpunkt seines Todes selbst bestimmen wolle.

Es gab in der jüngeren Vergangenheit einige weitere Fälle, die England zum Nachdenken über Sterben und Tod zwangen.

Im Frühjahr 2006 schließlich stimmte das britische Oberhaus gegen einen von Lord Joel Joffe eingebrachten Gesetzesentwurf zur »Sterbehilfe für unheilbar Kranke« (»Assisted Dying for the Terminally Ill Bill«) und verhinderte damit den Versuch, den von Ärzten begleiteten Suizid für Schwerkranke zu legalisieren. Lord Joffe hatte zuvor schon mehrmals ähnliche Versuche unternommen. Über den mit 148 zu 100 Stimmen abgewiesenen Gesetzesantrag herrschten geteilte Ansichten. Die Kontroversen gipfelten in einer siebenstündigen Debatte im Londoner House of Lords. Die Times berichtete, dass das House of Lords selten so gut besetzt gewesen sei wie an jenem Tag. Sogar drei Baroninnen seien in motorisierten Rollstühlen gekommen, um gegen den Antrag zu stimmen. Solche Szenarien stehen Deutschland noch bevor. Man setze für Joel Joffe einen engagierten deutschen Parlamentarier ein, der einen Gesetzesentwurf zur Legalisierung des assistierten Suizids in den Bundestag einbringt. Das Gedankenspiel wirkt durchaus realistisch, wenn man die im Folgenden genannten britischen Kirchenvertreter, Politiker, Medien und Organisationen jeweils durch deutsche Pendants ersetzt.

Die britischen Kirchen hatten vor der Parlamentsabstimmung eine Kampagne organisiert, um den Gesetzesantrag zu Fall zu bringen.

- Erzbischof Peter Smith von Cardiff sandte ein Schreiben an alle Pfarrer in England und Wales, in dem er erläuterte, wie die katholische Kirche ihren Einsatz gegen den Gesetzesantrag organisiere.
- Der Erzbischof, Vorsitzender der Abteilung für christliche Verantwortung und Bürgerrecht der Bischofskonferenz von England und Wales, ließ den Pfarreien außerdem eine Broschüre zukommen, in der den Gläubigen mit konkreten Vorschlägen erklärt wird, was zur Verhinderung eines solchen Gesetzes zu tun sei. Herausgegeben wurde die Broschüre von der »Care not Killing Alliance« (»Allianz für Pflege statt Tötung«), einer Vereinigung, in der sich Ärztegruppen, Behindertenorganisationen, Kirchen sowie kirchliche Gemeinschaften zusammengeschlossen haben.

Ranghohe Vertreter verschiedener religiöser Gruppen schrieben zudem einen offenen Brief an alle Mitglieder des Parlaments und des House of Lords.

- Buddhisten, Christen, Hindus, Juden, Muslime und Sikhs brachten darin ihre Besorgnis über den Versuch der Gesetzesänderung zum Ausdruck und fügten hinzu, dass für sie »jedes Menschenleben heilig und der höchsten Ehrfurcht würdig ist«.
- In dem Schreiben wurde auf die schnellen Fortschritte der Palliativmedizin und -pflege hingewiesen – sowohl was die Linderung der Leiden von unheilbar Kranken als auch die

Unterstützung der Familien anbelangt. Die Religionsvertreter riefen die Politiker dazu auf, Maßnahmen zur Gewährleistung einer angemessenen Ausbildung für Ärzte und Pflegepersonal einzuleiten. Zudem forderten sie mehr Zentren für fachkundige Palliativpflege.

- »Die Behauptung, dass der assistierte Suizid und die Sterbehilfe nötig seien, um mit dem Leid einer unheilbaren Krankheit in rechter Weise umgehen zu können, ist falsch«, heißt es in dem Brief. Selbst in jenen Ländern, in denen Suizidbeihilfe oder aktive Sterbehilfe bereits legalisiert worden seien, herrsche große Besorgnis über die Art, wie damit umgegangen werde, stellten die Vertreter der Religionen fest. In den Niederlanden gebe es beispielsweise unter 32 Todesfällen heute einen, der auf legale oder illegale Euthanasie zurückzuführen sei; und holländische Euthanasiebefürworter

Kein absoluter Wert

Die Gefahr, dass Lord Joffes Gesetzesantrag zu einer Ausbreitung der Euthanasie führen werde, war auch eines der Hauptargumente in einem Informationsblatt der »Care Not Killing Alliance«. Dort wurde betont, dass der Gesetzesantrag in sich die »Saat zu seiner eigenen Ausweitung« enthalte: »Wenn wir erst einmal die Sterbehilfe aus Gründen des Mitleids zulassen, warum sollten wir sie dann Patienten verweigern, die unerträgliche Schmerzen haben, aber nicht unheilbar krank sind?« Die Allianz warnte davor, dass rechtliche Fragen, die unter die »Menschenrechtsakte« fielen, sehr wahrscheinlich und schnell zu einer Situation führen könnten, in der begleiteter Suizid als therapeutische Alternative für jeden beliebigen Menschen eingeführt würde. Das Informationsblatt befasste sich auch mit der Frage der Autonomie, da die Befürworter des assistierten Suizids gerne ins Feld führen, sie würden mit ihren Vorschlägen den Menschen ermöglichen, das eigene Leben selbst in die Hand zu nehmen. »Autonomie ist wichtig, aber sie ist kein absoluter Wert – deswegen haben wir Gesetze.«

würden dennoch für eine weitere Lockerung der gesetzlichen Bestimmungen eintreten, um es zum Beispiel auch auf Personen mit Demenz auszudehnen.

- In ihrem offenen Brief wiesen die Religionsvertreter auch darauf hin, dass die meisten Ärzte gegen Sterbehilfe seien. Ihr Widerstand diesbezüglich habe sich gerade in den jüngsten Jahren verstärkt.

Der anglikanische Erzbischof von Canterbury Rowan Williams, Kardinal Cormac Murphy-O'Connor, Erzbischof von Westminster, sowie Oberrabbiner Jonathan Sacks verfassten ebenfalls einen gemeinsamen Brief, der in der Times am Tag vor der Abstimmung im House of Lords veröffentlicht wurde.

- In diesem Schreiben heißt es: »Wir fordern die Gesetzgeber dringend auf, diesem Gesetzesantrag die Unterstützung zu versagen, um zu gewährleisten, dass die britischen Gesetze weiterhin das Prinzip schützen, dass die Absicht, einen unschuldigen Menschen zu töten oder bei dessen Tötung mitzuhelfen, Unrecht ist. Mitleid und Nächstenliebe gegenüber den unheilbar Kranken ist unser aller Pflicht.« Aber das bedeute nicht, dass es so etwas wie ein »Recht auf Sterben« gebe. Ein solches »Recht« würde für die Schwachen bald zu einer »Pflicht zu sterben« werden.

Im Vorfeld der Parlamentsabstimmung kamen auch zahlreiche behinderte Menschen zu Wort und solche, die durch schwere Krankheiten hindurchgegangen waren. Diese warnten vor der Versuchung, den Menschen die Entscheidung zum Selbstmord zu erleichtern.

- Im Observer berichtete der heute 51-jährige David Williams, wie die Ärzte bei ihm in seinem 36. Lebensjahr einen Tumor festgestellt und ihm daraufhin gesagt hätten, er habe nur noch wenige Jahre zu leben. Wenn damals der von einem Arzt unterstützte Selbstmord möglich gewesen wäre, so Williams, hätte er ihn in Betracht gezogen – »allein schon wegen des Leids, das meine Frau durchmachen musste«. Stattdessen habe man seine Schmerzen gelindert, und später sei der

Tumor zurückgegangen. Wenige Jahre nach seiner Genesung sei seine Frau plötzlich an Leberkrebs gestorben. Hätte Williams sich für den Selbstmord entschieden, wären seine Kinder Vollwaisen geworden.

- Im Guardian schrieb die Behindertenbeauftragte Jane Campbell, die an einer schweren Form spinaler Muskelatrophie

Unmenschliche Behandlung

Es braucht in der Tat kein großes Vorstellungsvermögen, um das beschriebene Szenario in Großbritannien auf Deutschland zu übertragen. Und Erzbischof Smith hat wohl Recht, denn die Fälle, die den Gerichten Schwierigkeiten bereiten, häufen sich. Im Februar 2007 wollte wieder eine todkranke Frau vor Gericht das Recht auf Sterbehilfe erstreiten. »Ich habe diese Entscheidung getroffen, denn zu viel ist zu viel«, sagte die 30-jährige Kelly Taylor, die von Geburt an unter einem schweren inoperablen Herzfehler sowie unter einer Wirbelsäulenverformung leidet. Taylors Ärzte geben ihr nur noch ein knappes Jahr zu leben. Eigentlich sei sie ein glücklicher Mensch, dennoch wolle sie ihren ständigen Schmerzen ein Ende bereiten, erklärte Taylor, die seit zehn Jahren verheiratet ist und im südwestenglischen Bristol lebt. Taylor hatte ihre Ärzte aufgefordert, ihre Dosis des Schmerzmittels Morphium so zu erhöhen, dass sie ins Koma fällt.
Sollte das Morphium allein sie nicht töten, wollte sie per Verfügung festlegen, dass sie nicht künstlich mit Nahrung und Flüssigkeit versorgt wird. Die Mediziner hatten Taylors Bitte unter Verweis auf das in Großbritannien geltende Sterbehilfeverbot abgelehnt.
Bei dem Prozess vor einem Londoner Gericht wollen sich Taylors Anwälte auf die europäische Menschenrechtskonvention berufen, die in Artikel 3 »unmenschliche oder entwürdigende Behandlung« verbietet und in Artikel 8 das Recht auf eine Privatsphäre unterstreicht. Nach einer ersten Anhörung entschieden die Richter, dass der Fall später verhandelt werden soll. Sterbehilfe kann in Großbritannien mit bis zu 14 Jahren Gefängnis bestraft werden.

leidet: »Viele Menschen, die mich nicht kennen, meinen, ich wäre besser dran, wenn ich tot wäre.« Diese Sichtweise beruhe hauptsächlich auf Unwissenheit oder aber sogar auf einem Vorurteil. In der Tat habe Lord Joffes Gesetzesantrag keine einzige Unterstützung durch eine Behindertenorganisation erhalten. Im Gegenteil: Jene Gruppen, die unheilbar Kranke und Behinderte repräsentieren, hätten eine Koalition mit dem sprechenden Namen »Not Dead Yet« (»Noch nicht tot«) gebildet, um mit vereinten Kräften gegen den Gesetzesvorschlag anzugehen.

»Die Ablehnung des Gesetzesantrags von Lord Joffe ist von sehr großer Bedeutung, und wir sind sehr dankbar dafür«, erklärte Erzbischof Peter Smith wenige Tage nach der Abstimmung in einer Presseveröffentlichung. Allerdings merkte er an, dass es zu befürchten sei, dass dieses Thema das Parlament erneut beschäftigen werde. Er empfahl deshalb, dass die »Care Not Killing Alliance« ihren Einsatz für größere Fortschritte in der Palliativpflege fortsetzen sollte. »Von Ärzten begleiteter Suizid beziehungsweise Euthanasie können nicht das Ziel einer zivilisierten Gesellschaft sein.«

Frankreich: Straffreiheit für Mitgefühl

Im südfranzösischen Angers wurde im Sommer 2006 in einem aufsehenerregenden Prozess ein dänischer Bürger freigesprochen, der seiner Frau Sterbehilfe geleistet hatte. Der Mann hatte seiner todkranken Frau im Januar 2003 eine tödliche Spritze verabreicht. Das Geschworenengericht folgte der Argumentation des 37-Jährigen, der seine Tat als »Akt des Mitgefühls« bezeichnet hatte.

Die mit 29 Jahren gestorbene Emmanuelle »war die Liebe meines Lebens, und sie ist es immer noch«, hatte Morten Jensen mit Tränen in den Augen zum Abschluss der Hauptverhandlung gesagt. Bei einem Schuldspruch wegen vorsätzlicher Tötung hätten ihm nach französischem Recht bis zu 30 Jahre Haft gedroht. In seiner Heimat Dänemark stehen auf Sterbehilfe höchstens drei Jahre. Der Sportfotograf Jensen und seine Frau hatten sich 1998 während der Fußballweltmeisterschaft in Frankreich kennen gelernt. Sie hatten sich in Frankreich niedergelassen und einen Sohn bekommen, der inzwischen sechs Jahre alt ist. Im Jahr 2000 erkrankte Emmanuelle an Krebs, im November 2002 kam sie ohne Aussicht auf Heilung ins Spital von Angers. Anfang 2003 fiel sie ins Koma; als einzige Regung stöhnte sie nur noch vor Schmerzen. Jensen kümmerte sich nach Aussagen aller Zeugen aus Familie und Spitalpersonal mit äußerster Hingabe um sie. Bevor er Emmanuelles Infusion mit Morphium und einem angstlösenden Mittel zur tödlichen Dosis öffnete, hatte er ihr Krankenbett mit Blütenblättern und einem Teddybären geschmückt.

Der Einzelfall rührt. Die daraus resultierende Regel schreckt. Offenbar bleiben aber die Einzelfälle nicht immer ohne Wirkung auf Politik und Justiz:
Das französische Parlament hatte im Frühjahr 2005 die passive Sterbehilfe legalisiert. Der Senat stimmte in letzter Lesung einem Gesetz zu, wonach Ärzte auf Wunsch eines sterbenden oder unheilbar kranken Patienten lebenserhaltende Maßnahmen abbrechen dürfen.
In solchen Fällen dürfen künftig schmerzstillende Medikamente auch dann verabreicht werden, wenn deren Nebenwirkungen den Tod des Patienten beschleunigen. Ist der Patient bewusstlos, so kann aufgrund einer schriftlichen Verfügung oder auf Antrag einer Vertrauensperson entschieden werden. Erforderlich ist allerdings, dass der behandelnde Arzt sich mit Kollegen berat. Auch einen Abbruch der künstlichen Ernährung wie im Falle der amerikanischen Komapatientin Terri Schiavo lässt das Gesetz zu. Bislang mussten französische Ärzte, die in vergleichbaren Fällen die lebenserhaltenden Maßnahmen einstellten, mit Strafen rechnen. Strafbar bleibt aber auch in Frankreich die aktive Sterbehilfe, wie Gesundheitsminister Philippe Douste-Blazy betonte. »Es wäre ein Fehler, das

Verbot zu töten aufzuheben«, sagte der Minister. »Den Tod zuzulassen ist nicht dasselbe.«
Die Debatte über die Zulässigkeit von Sterbehilfe war durch den Fall eines jungen Mannes entfacht worden, der sechs Monate nach einem Autounfall stumm, taub, nahezu blind und fast vollständig gelähmt aus dem Koma erwachte. Der 19-jährige Vincent Humbert war fortan bei Bewusstsein, realisierte seine Lage und reagierte darauf. In einem Brief an Staatspräsident Jacques Chirac bat er »um das Recht zu sterben«, was der Staatschef unter Hinweis auf die gültige Gesetzgebung mit den Worten ablehnte: »Ich kann Ihren Wunsch nicht erfüllen.« Humbert schrieb ein Buch über seine Lage. Humberts Mutter, die dem Leiden ihres Sohnes nicht länger hilflos zuschauen wollte, injizierte ihm drei Jahre nach dem Autounfall eine Mischung starker Beruhigungsmittel. Ein mit der Wiederbelebung des Patienten betrauter Arzt stoppte auf den Wunsch der Mutter das Beatmungsgerät, das Humbert am Leben erhielt. Während des Ermittlungsverfahrens gegen den Mediziner und die Mutter, das erst im Februar 2006 mit einer Einstellungsverfügung endete, reformierte das Parlament die Gesetzgebung.
Jetzt ist es in Frankreich erlaubt, die Leiden von Patienten zu erleichtern und die Behandlung mittels technischer Hilfsmittel auf Wunsch des Betroffenen oder seiner Angehörigen zu beenden. Ausdrücklich ausgeschlossen hingegen bleibt die aktive Sterbehilfe.

»Du darfst deinen Patienten am Ende nicht im Stich lassen«, sagt Denis Labayle. Als leitender Arzt an einem Krankenhaus in Evry im Süden von Paris hat der Spezialist für Darmkrankheiten viele Menschen leiden sehen. Unter ihnen waren manche, denen im Endstadium ihrer Erkrankung nicht mehr zu helfen war und denen er die einzige Hilfe, die sie noch erwarteten, verwehren musste, weil es das Gesetz verbietet. Und dann hat er sich doch entschieden zu handeln – wie viele andere auch. »Angesichts des physischen und psychischen Leidens, das dem

Dem Leid entsagen

Der nebst der Causa Humbert bisher wohl wichtigste Einzelfall in Frankreich, der noch unabsehbare Folgen nach sich ziehen wird, ereignete sich in der Dordogne. Dort ist ein französischer Arzt im März 2007 wegen Sterbehilfe für eine schwer krebskranke Patientin zu einem Jahr Haft auf Bewährung verurteilt worden. Der 35-Jährige habe einer Seniorin 2003 in einem südfranzösischen Spital eine tödliche Giftdosis verordnet, erklärte das Gericht. Die Krankenschwester, die das Gift verabreichte, wurde freigesprochen. Der Fall der 65-Jährigen, die unter Bauchspeicheldrüsenkrebs im Endstadium litt, löste gemeinsam mit der Causa Humbert in Frankreich eine weitere Debatte über Sterbehilfe aus.

Der Fall ereignete sich im Krankenhaus von Saint-Astier. Die Patientin mit Pankreaskrebs hatte nur noch wenige Tage zu leben und litt trotz hoher Morphindosen unter starken Schmerzen.

Wie in vielen anderen Fällen ist auch diesmal die Patientin lange dem Leid nicht ausgewichen, hat sich mit ihrem Ende intensiv auseinandergesetzt und sich schließlich dazu entschlossen, diesem Leid zuallerletzt zu entsagen, indem sie ihren Sterbewunsch gegenüber ihrem Sohn und den Mitarbeitern in der Klinik äußerte. Diesem Sterbewunsch wurde entsprochen, und ich meine, dass hier eine legitime ärztlich assistierte Sterbehilfe vorgelegen hat, die auf einen Konsens zwischen Patient und Ärztin beruhte.

Patienten das Leben unerträglich machte, und der Tatsache, dass die Patienten ihr Leben zu beenden wünschten, haben wir ihnen im Einklang mit unserem Gewissen mit Medikamenten geholfen, in Würde zu sterben«, heißt es in einem Manifest, in dem sich 2.134 französische Ärzte, Krankenschwestern und Pfleger öffentlich dazu bekannten, aktive Sterbehilfe geleistet zu haben.

Im Herbst 2006 hatte Labayle die Initiative zu dem Aufruf ergriffen. Der Text zirkulierte in Kollegenkreisen, bis er die nötige Zahl von Unterschriften fand und im März 2007 als

»Appell der Zweitausend« von der Wochenzeitung »Le Nouvel Observateur« publiziert wurde. Neben der Aufhebung des Verbots der in Frankreich Euthanasie genannten aktiven Sterbehilfe fordern die Unterzeichner die Einstellung aller in diesem Zusammenhang laufenden Strafverfahren sowie die Bereitstellung von Mitteln, um Patienten das Sterben zu erleichtern.

Das Manifest sollte die Aufmerksamkeit auf die Causa Humbert, den Fall in Saint-Astier und andere Prozesse richten. »Was sie getan haben, haben wir doch alle getan«, sagte Labayle. Nach Meinung der Unterzeichner des Manifests spiegelt die »medizinische Realität« nicht die juristische wider. Dies werde an den aktuellen Strafverfahren gegen Ärzte, Krankenschwestern und Pflegern deutlich, da auch das vor zwei Jahren geänderte Gesetz »unverändert repressiv und ungerecht« sei.

Wie sehr seither das Thema Sterbehilfe die öffentliche Diskussion in Frankreich prägt, zeigten die Äußerungen der Präsidentschaftskandidaten. Nicolas Sarkozy, der Bewerber des bürgerlichen Lagers, begann die Debatte zur Überraschung vieler Beobachter während einer Wahlkampfrede im Frühjahr 2007 mit der Bemerkung: »Man kann nicht untätig bleiben, wenn einer unserer Mitbürger darum bittet, dass es für ihn aufhört, weil er nicht länger kann.« Sarkozy deutete an, dass er zu einer erneuten Gesetzesreform »nach einer breiten öffentlichen Aussprache« bereit ist.
Seine Gegenspielerin Ségolène Royal, die für die sozialistische Partei antrat, wünschte ebenfalls eine Debatte, »um eine Gesetzgebung zu ermöglichen, die hilft, die unerträglichsten Leiden zu beenden«. Im Parteiprogramm der PS wird ausdrücklich Bezug auf den Fall Vincent Humbert genommen. Seinen Namen soll das Gesetz tragen, das »den medizinischen Beistand regelt, um in Würde zu sterben«. Im Falle eines Wahlsieges hätte sie die Gesetzesänderung durchsetzen wollen.

Deutschland: Die von allen anerkannte Lüge

In Deutschland sind wir von einem »Manifest der Zweitausend« wie in Frankreich, von einer solchen Offenheit in der Ärzteschaft und einer solchen Bereitschaft in der Politik, sich intensiv damit zu beschäftigen, noch weit entfernt. Ich glaube, dass die hiesige Heuchelei verbunden ist mit der Heuchelei, die das Sterben seit der Aufklärung begleitet. Manchmal helfen Kunst und Literatur eher, einen Denkprozess in Gang zu setzen, als die Tagespolitik in Nachbarstaaten (siehe Kasten).

Die Ereignisse in Frankreich haben immerhin dazu geführt, dass einige sensibilisierte Ärzte auch hierzulande die Initiative ergriffen haben. Der in Berlin praktizierende Arzt und stellvertretende Vorsitzende von Dignitas Uwe Christian Arnold hat in Deutschland eine Unterschriftenaktion gestartet (siehe Seite 124ff.). Zwanzig Erstunterzeichnende aus verschiedenen Lebensbereichen, vor allem aus der Medizin, der Medizinethik

Die Heuchelei um das Sterben

Tolstoj schilderte das vorherrschende Problem in seiner Novelle »Der Tod des Iwan Iljitsch« mit den Worten: »Die Hauptqual für Iwan Iljitsch lag in der Lüge, in der von allen anerkannten Lüge, dass er nur krank und nicht ein Sterbender sei, dass er sich nur ruhig verhalten und die Medizin nehmen solle und alles dann wieder gut werde. Was immer sie ihm eingaben – er wusste, dass für ihn nichts anderes daraus folgen würde als noch quälendere Leiden und der Tod. Und ihn peinigte diese Lüge, ihn peinigte es, dass sie nicht offen bekennen wollten, was sie wussten und was er wusste, sondern ihn belogen und ihn selber zwangen, an dieser Lüge teilzuhaben.«
Meine Mutter hat mir manchmal erzählt, dass ihr beim Tod ihrer Mutter (meiner Großmutter) Ähnliches widerfahren sei. Alle hätten gewusst, dass sie sterben musste, aber niemand konnte es aussprechen. Ihr offenes Verhältnis zu Sterben und Tod hängt mit dieser Erfahrung zusammen.

und der Sterbebegleitung, haben sich entschlossen, sich mit einem »Solidaritätsaufruf Sterbehilfe« an die Öffentlichkeit zu wenden, um die Debatte in Deutschland zu befördern. Zu glauben, aktive Sterbehilfe finde in Deutschland nicht statt, weil sie verboten ist, wäre naiv. Hinter vorgehaltener Hand berichten Ärzte von eigenen Entscheidungen, die das Sterben schwer leidender Patienten über die Dosierung schmerzlindernder Medikamente verkürzen.

Die Unterzeichner solidarisieren sich mit dem Anliegen der französischen Ärztinnen und Ärzte. Sie wenden sich zugleich gegen die Kriminalisierung dieses Anliegens und fordern Reformen. Sie bekennen aber nicht – wie die Franzosen –, selbst illegal gehandelt zu haben. Und sie fordern nicht – wie die Franzosen – die Freigabe der Tötung auf Verlangen ähnlich dem niederländischen und belgischen Modell.

Die deutsche Unterschriftenaktion »Solidaritätsaufruf Sterbehilfe« im Wortlaut:

Solidaritätsaufruf Sterbehilfe

Liebe ärztliche Kolleginnen und Kollegen, liebe mögliche Unterstützer dieses Aufrufs!

Französische Ärztinnen und Ärzte haben sich – angesichts eines aktuellen Strafprozesses gegen eine Kollegin – in einer mutigen Unterschriftenaktion dazu bekannt, in einer Grauzone selbst schon so genannte aktive Sterbehilfe geleistet zu haben. Sie haben sich dagegen gewehrt, dass eine Haftstrafe wegen Mordes droht, wenn aus humanitären Gewissensgründen der Sterbeprozess eines schwerstleidenden, irreversibel todkranken Patienten auf dessen eindringlichen Wunsch hin ärztlicherseits auch nur geringfügig verkürzt wird.

In unserem Land, in welchem zwar die Freitodhilfe prinzipiell nicht verboten ist, herrschen vielerorts ähnliche unhaltbar gewordene und para-

doxe Verhältnisse. Funktionäre und Vertreter aus Politik, den Kirchen und der verfassten Ärzteschaft wollen wegen eines von ihnen befürchteten vermeintlichen »Dammbruchs« jede Form von Sterbehilfe rigoros verhindert, tabuisiert und bestraft sehen:

- *Rigorosen Sterbehilfe-Gegnern zufolge soll auch über einem heute schon möglichen assistierten Suizid, der ja die freiverantwortliche Tatherrschaft des Patienten voraussetzt, das strafrechtliche Damoklesschwert einer »Tötung durch Unterlassen« gemäß ärztlicher Garantenpflicht bestehen bleiben – statt eine ärztliche, ggf. palliative Begleitung bis zum Tod zu ermöglichen.*
- *Rigorosen Sterbehilfe-Gegnern zufolge soll die Reichweite von Patientenverfügungen auf ein Mindestmaß eingeschränkt werden – statt, wie es die überwältigende Mehrheit unserer Bevölkerung in Übereinstimmung mit allen namhaften juristischen Experten fordert, umgekehrt das Selbstbestimmungsrecht zumindest zum Behandlungsverzicht bzw. zur so genannten »passiven Sterbehilfe« zu garantieren.*

Wir fragen: Wo soll das noch enden? Sollen wir als Ärzte vom deutschen Staat genötigt werden, einen Patienten auch gegen seinen in einer Verfügung erklärten Willen oder sein nachvollziehbares Todesbegehren zwangsweise zu behandeln? Soll für uns als (potentielle) Patienten eine selbstverantwortliche Vorsorge für den Fall der eigenen Einwilligungsunfähigkeit ad absurdum geführt werden?

Wir fordern in Deutschland nicht die Freigabe der Tötung auf Verlangen bzw. der direkten aktiven Sterbehilfe. Wir bekennen uns jedoch zu der empirisch nachweisbaren Tatsache, dass Leidlinderung, Schmerztherapie, Sterbehilfe und -begleitung als ärztliche Aufgaben nicht schematisch voneinander abzugrenzen, sondern ineinander verwoben sind. Dabei ist Sterbehilfe nach Meinung von namhaften Ethikern, Ärzten (Klinikern und freiberuflich Tätigen), Juristen (Richtern, Bundesrichtern, Anwälten) und auch Theologen mit dem ärztlichen Ethos vereinbar und kann moralisch und ethisch darüber hinaus geboten sein.

- *Bitte unterstützen Sie, dass Sterbehilfe aus ärztlichen Gewissensgründen nicht länger verteufelt werden darf und soll.*
- *Sie können Ihre Solidarität bekunden und diesen Aufruf unterschreiben, wenn Sie seinen Inhalt im Grundsatz teilen.*
- *Ihre Solidarität ist ein Votum, dass wir unsere Patienten, die sich in verzweifelter Lage vertrauensvoll an uns wenden, am Ende nicht im Stich lassen dürfen – innerhalb und außerhalb palliativmedizinischer Versorgungsstrukturen.*
- *Lassen Sie uns ein Zeichen setzen gegen Kriminalisierung, staatlich verordnete Entmündigung und Überreglementierung, wenn es sich um einzelfallbezogenes, gemäß dem Patientenwillen ethisch verantwortbares ärztliches Tun oder Unterlassen handelt.*

Dieser Aufruf ist unabhängig von Verbänden, Organisationen oder sonstigen Zugehörigkeiten entstanden. Er richtet sich in erster Linie an Ärztinnen und Ärzte sowie an professionell Pflegende – aber da er jetzt öffentlich ist, auch an Einzelpersönlichkeiten und Vertreter aller Organisationen und Verbände, die ihn unterstützen möchten.

Unter den zwanzig Erstunterzeichnern befinden sich:
Uwe-Christian Arnold, Arzt, Urologe, Berlin,
Prof. Dr. phil. Dieter Birnbacher, Ethiker, Universitätsprofessor, Düsseldorf
Dr. phil. Edgar Dahl, Bioethiker, Universität Giessen,
Antje Fuhrmann-Simon, Deutschlandradio Kultur,
Prof. Dr. med. Bodo Hoffmeister, Universitätsprofessor, Berlin
Prof. Dr. med. Arne A. Kollwitz, Urologe, ehem. Chefarzt, Berlin

Irreversibel tödlich

In der Sterbehilfediskussion taucht immer öfter der Begriff »irreversibel tödlicher Krankheitsverlauf« auf. Dagegen protestieren viele Fachleute, denn schließlich verläuft das Leben selbst irreversibel tödlich. Auch das Alter – und sei es noch so hoch –

ist nicht als irreversibel zum Tode führende Krankheit anerkannt. Und an Altersschwäche darf offiziell heute keiner sterben. »Ableben« darf nicht als Todesursache auf dem Totenschein stehen. Der Palliativmediziner Gian Domenico Borasio sagt, dass sich Juristen diesen Begriff der irreversiblen tödlichen Krankheit ausgedacht hätten. Dessen einzig sinnvolle Definition wäre, dass damit eine Verkürzung der Lebenserwartung gemeint sei, »gegenüber einem gleichaltrigen Gesunden. Das trifft sowohl auf das Wachkoma wie auch auf die Demenz eindeutig zu: Viele Patienten leben aufgrund ihres Hirnzellverfalls deutlich kürzer als Patientinnen mit einem metastasierenden Brustkrebs. Das sollten Politiker wissen, bevor sie im Gesetz festlegen, welche Krankheiten zum Tode führen«, so Borasio.

Das letzte Lebensjahr

Es ist vor allem bei Betrachtung der Einzelfälle in der Bevölkerung auch hierzulande ein starker Wunsch nach Liberalisierung spürbar. Bei einer Diskussionsrunde 2006 in München meldete sich ein Mann, bekannte, dass er krank sei, und erklärte, dass er sein Leben in Würde zu Ende bringen wolle. Er beabsichtige, sich das Leben zu nehmen, wenn er dafür den Zeitpunkt für gekommen sieht, habe aber Angst, dass der Suizidversuch scheitern könnte. Deshalb forderte er, dass die assistierte Selbsttötung nach dem Vorbild der Schweizer Regelung auch in Deutschland legalisiert werde.

Hört man diesem Mann zu, kann sich kaum jemand seinem Wunsch widersetzen. Ihm persönlich sollte er ganz bestimmt erfüllt werden. Aber den vielen anderen, die nicht den Mut haben, sich zu Wort zu melden? Die es nicht einmal wagen, den Wunsch zu formulieren?

Die Bundesjustizministerin Brigitte Zypries begründete die Widerstände gegen die generelle Wunscherfüllung so: »In unserer Gesellschaft leben immer mehr alte Menschen. Sie dürfen nicht das Gefühl bekommen, dass wir sie loswerden wollen.«

Damit weist sie auf den Grundkonflikt zwischen Liberalisierungsbefürwortern und -gegnern hin: der anzuzweifelnde freie Wille der Betroffenen.
Die Autonomie solcher Wünsche am Lebensende sollte tatsächlich in Frage gestellt werden, wenn man sich vergegenwärtigt, dass der Mensch rund 40 Prozent der Kosten für medizinische Versorgung in seinem letzten Lebensjahr verursacht.

Zwanzig Juraprofessoren

Vor etwa 20 Jahren hat eine Gruppe schweizerischer, österreichischer und deutscher Strafrechtslehrer, die unter dem Namen »Alternativ-Professoren« bekannt wurde, einen »Alternativentwurf eines Gesetzes zur Sterbehilfe« vorgelegt, der unter bestimmten Bedingungen bei Tötung auf Verlangen Straffreiheit vorsah. Inzwischen hat sich die Gruppe verjüngt, und mit einem neuen Entwurf soll »jeder Ansatz zur Durchbrechung des Fremdtötungsverbots vermieden werden«. Gleichzeitig fordert das Gremium, das 2006 seinen Alternativ-Entwurf Sterbebegleitung (AE-StB) vorlegte, die Legalisierung von Sterbehilfe auch für Menschen, die nicht im Sterben liegen. Tödliche Behandlungsabbrüche, ausgeführt auf Verlangen von Patienten, sollen straffrei sein, unabhängig vom Stadium der Erkrankung. Auch die Sterbehilfe bei Menschen, die sich nicht (mehr) äußern können, wie Demenzkranke und Komapatienten, würden danach straffrei bleiben. Allein der angenommene, mutmaßliche Wille würde ausreichen, um die Behandlung und Ernährung einzustellen.

Die 20 Juraprofessoren, unter ihnen der als Berater der Bundesärztekammer tätige Professor Hans-Ludwig Schreiber, Professor Heinz Schöch (München) und Professor Torsten Verrel (Bonn) finden es außerdem legitim, dass Mediziner Hilfe bei Selbsttötungen leisten. Nicht rechtswidrig handelt gemäß AE-StB, wer es unterlässt, einen Erwachsenen an einer freiwilligen Selbsttötung zu hindern oder nach einem Suizidversuch zu retten. Würde diese Alternative ins Strafgesetzbuch aufgenommen, könnte ein Arzt einem Patienten ein tödlich wirkendes Medikament auch in Deutschland beschaffen. Nimmt der Lebensmüde das Präparat ein und wird bewusstlos, müsste der Mediziner nicht einschreiten, sondern könnte auf den Eintritt des Todes warten.

Es gibt sie also auch in Deutschland, die juristisch verlässliche und gut begründete Forderung, den assistierten Suizid zu legalisieren. Ob aber der Wunsch der 20 Professoren die Politiker erreicht und sie überzeugt, ist mehr als fraglich. Die brisante Frage nach der Legalisierung wird von der Politik durch hektische Betriebsamkeit rund um die Patientenverfügung überlagert und verdrängt.

Unerreichbares Medikament

In Diskussionsrunden versuchen Liberalisierungsgegner gerne en passant den Eindruck zu vermitteln, jeder könne sich doch das Leben nehmen. Abgesehen vom Zynismus, der sich in dieser Haltung manifestiert, versucht man damit zu verheimlichen, dass in Deutschland das Medikament, das einen sicheren und schmerzfreien Tod ermöglicht, nicht erreichbar ist.

Am 9. März 2006 entschied das Verwaltungsgericht Köln, dass das Bonner Bundesinstitut für Arzneimittel und Medizinprodukte nicht verpflichtet ist, auch schwerstkranken Patienten den Kauf von Betäubungsmitteln zur Sterbehilfe zu erlauben. Das Gericht machte darüber hinaus deutlich, dass die ablehnenden Bescheide des Bundesinstituts rechtmäßig sind. Das Betäubungsmittelgesetz sehe eine Ausnahmeerlaubnis nur bei einer medizinischen Notwendigkeit vor. Diese setze jedoch voraus, dass solche Betäubungsmittel nur zu therapeutischen Zwecken, also zur Linderung oder Heilung von Krankheiten, nicht aber zur Beendigung des Lebens eingesetzt werden. Diese Regelung des Betäubungsmittelgesetzes verstoße nicht gegen die Menschenwürde und stehe sowohl mit dem Grundgesetz als auch mit der Europäischen Menschenrechtskonvention im Einklang. Gegen dieses Urteil konnte binnen eines Monats Antrag auf Zulassung der Berufung beim Oberverwaltungsgericht Münster gestellt werden. Doch wer investiert Zeit und Geld, um dem Verwaltungsgericht Köln und dem Oberverwaltungsgericht Münster zu beweisen, dass die kriminalisierten Betäubungsmittel die einzigen sind, um sanft, sicher und schmerzlos zu sterben?

Weil diese Mittel vom Bonner Bundesinstitut nun auch mit juristischer Rückendeckung weiterhin für deutsche Bundesbürger unerreichbar gemacht werden, bleibt die Sterbe-Emigration in die Schweiz bestehen, wo ebendiese Betäubungsmittel zwar verschreibungspflichtig, aber für Ärzte und damit auch für Sterbehilfeorganisationen legal erhältlich sind. Barbiturate

Klage abgewiesen

Auslöser für die Kölner Entscheidung war ein Unfall einer Frau im Jahr 2002, die seither querschnittsgelähmt und weitgehend bewegungsunfähig war. Im November 2004 beantragte sie beim Bonner Bundesinstitut für Arzneimittel und Medizinprodukte den Erwerb einer tödlich wirkenden Dosis des Betäubungsmittels Natrium-Pentobarbital, das auch von Schweizer Sterbehilfeorganisationen eingesetzt wird. Doch das Bonner Bundesinstitut verweigerte dies. Die Frau musste in die Schweiz fahren, um dort mit Hilfe einer Sterbehilfeorganisation das ihr in Deutschland verwehrte Mittel zu bekommen. Dort konnte sie es dank Dignitas über einen Vertrauensarzt legal erwerben. Sie starb Anfang 2005 in einem anonymen Zimmer in Zürich statt wie von ihr gewünscht zu Hause in ihrem Schlafzimmer in Deutschland. Unmittelbar danach klagte ihr Ehemann vor dem Verwaltungsgericht, um feststellen zu lassen, dass der ablehnende Bescheid des Bonner Bundesinstituts rechtswidrig gewesen sei. Ohne Erfolg. So haben Schwerkranke in Deutschland weiterhin keinen Anspruch auf das bestmögliche Medikament zur Sterbehilfe.

sind als Schlafmittel sowohl in der Schweiz als auch in Deutschland nicht mehr auf dem Markt, und die modernen Schlafmittel wirken auch bei hoher Dosierung nicht mehr letal. Einer der Wege, um den assistierten Suizid in Deutschland zu ermöglichen, führt also via Bonner Bundesinstitut zur höchsten deutschen Rechtsprechung.

Irreführung der Öffentlichkeit

Es gehört zur bislang erfolgreichen Strategie der Sterbehilfegegner, so zu tun, als sei es im Grunde gar kein Problem, sich in Deutschland das Leben auf sanfte, selbstbestimmte und schmerzfreie Weise zu nehmen. Zu den Exponenten dieser Strategie gehört der Präsident der Bundesärztekammer Jörg-Dietrich Hoppe. In einem Gespräch für die Zeitschrift »Stern« mit Dignitas-Gründer Minelli sagte Hoppe auf die Frage, warum Menschen in die Schweiz fahren müssen, um assistiert sterben zu dürfen: »Menschen, die das wollen, finden auch in Deutschland einen Weg - nur nicht mit ärztlicher Begleitung. Es gehört nicht zum Arztberuf, den Tod herbeizuführen. Wir als Ärzte wollen den Tod zulassen, ihn aber nicht zuteilen.«

Diese Aussage ist in zweierlei Hinsicht nicht korrekt:

- Auch in der Schweiz sind es nicht Ärzte, die die Sterbewilligen begleiten. Die Ärzte stellen das Rezept aus, assistieren aber nicht beim Suizid.
- Der zweite Fehler Hoppes besteht darin zu behaupten, dass auch Menschen in Deutschland diese Möglichkeit zur Verfügung stehe. Wie oben geschildert gelingt es nicht einmal im Streit vor Gericht, das Recht zu erkämpfen, an Natrium-Pentobarbital zu gelangen.

Vermutlich ist diese Irreführung der Öffentlichkeit durch Sterbehilfegegner wie Hoppe kein Zufall, jedenfalls werden so faire Diskussionen verhindert. Der Verlauf der Grenze zwischen Befürwortern der Legalisierung des assistierten Suizids und den Gegnern zeichnet sich immer deutlicher ab. Der Konflikt lässt sich mit der Frage eines deutschen Bürgers in Deutschland bei einer Sterbehilfe-Diskussion zusammenfassend so definieren: »Wo bekomme ich das Rezept?«

Hoppe polemisiert gegen den assistierten Suizid und gegen Minelli mit den Worten: »Der Patient hat das Recht zu sterben. Er hat aber nicht das Recht, getötet zu werden. Schon gar nicht von Ärzten. Für mich gibt es zwischen Ihrer Beihilfe zum Suizid und aktiver Sterbehilfe keinen Unterschied.« Diese populistische weil simplifizierende Äußerung zeigt, wie wichtig es Hoppe zu sein scheint, die Legalisierung des assistierten Suizids in Deutschland zu verhindern. Denn selbstverständlich kennt Hoppe den Unterschied zwischen Selbsttötung und Tötung. Beim assistierten Suizid nimmt sich der Patient selbst das Leben. Der Patient schluckt selbst das Medikament. Bei aktiver Sterbehilfe wird es ihm verabreicht. Die Tatherrschaft liegt beim Arzt, nicht beim Patienten. Welten liegen zwischen diesen beiden Formen des Sterbens. Aber Hoppe setzt sie gleich. Damit verwischt er den Unterschied zwischen assistiertem Suizid und aktiver Sterbehilfe, und zu dem Schreckgespenst Euthanasie ist es dann auch nicht mehr weit. Immerhin erlaubt Hoppe – im Gegensatz beispielsweise zur Situation in Italien – die passive Sterbehilfe bei Patienten mit infauster Prognose, bei denen also eine Heilung nicht möglich ist: »Sie können alle künstlichen Lebenserhaltungsmaßnahmen entfernen. Jeder Patient hat das Recht, eine begonnene Behandlung abzubrechen. Wenn er keine künstliche Beatmung mehr will, ist der Arzt verpflichtet, sie zu beenden. Es ist keine Tötung, sondern Erfüllung des Patientenwillens. Es ist der Übergang ins Sterbenlassen, unterstützt durch eine Basispflege und zum Beispiel eine Schmerztherapie.«

Der Gesetzgeber ist gefragt

Aktive Sterbehilfe: nein. Ärztlich assistierter Suizid: ja.
Das sind Empfehlungen, die der Deutsche Juristentag 2006 in Stuttgart gegeben hat. Der Juristentag setzt keine verbindli-

chen Rechtsnormen. Es handelt sich um einen schon im Jahr 1860 gegründeten Verein, in dem heute etwa 7.500 Juristen zusammengeschlossen sind. Seine Empfehlungen werden aber meist aufmerksam verfolgt und können Impulse für das Rechtsempfinden und die Rechtspraxis geben. Mit Blick auf das ärztliche Standesrecht könnte das bedeuten, dass der juristische Druck größer wird. Denn das deutsche Standesrecht verbietet die Teilnahme von Ärzten an einem assistierten Suizid. Der Juristentag hat sich mit großer Mehrheit positioniert. Danach sollte toleriert werden, dass Ärzte beim Suizid eines Patienten mitwirken dürfen, nämlich dann, wenn dessen Leiden unerträglich, unheilbar und mit palliativmedizinischen Mitteln nicht ausreichend zu lindern seien. Die Mitwirkung, heißt es in dem Beschluss, sollte »als eine nicht nur strafrechtlich zulässige, sondern auch ethisch vertretbare Form der Sterbebegleitung« toleriert werden.

Hauptkritikpunkt der Juristen ist aber, dass das Strafgesetzbuch den Bereich zulässiger Sterbehilfe völlig ausklammert. Der Bonner Strafrechtler Torsten Verrel verweist beispielsweise auf die Schmerztherapie: In Einzelfällen können Schmerzmedikamente nämlich das Sterben beschleunigen. Diese »indirekte Sterbehilfe« ist nach der Rechtsprechung des Bundesgerichtshofs (BGH) erlaubt.
Manche Mediziner schrecken dennoch vor einer ausreichenden Schmerztherapie zurück, weil ihnen die Rechtslage nicht bekannt ist. »Wir wollen ausdrücklich festhalten, dass die optimale Behandlung des Sterbenden auch jede nach dem Stand der Medizin durchgeführte Schmerzlinderung umfasst, selbst wenn der Eintritt des Todes beschleunigt wird«, betont Verrel.

Problematisch ist, ob der Arzt mit seiner individuellen Gewissensentscheidung für den Fall eines möglichen ärztlich assistierten Suizids gehört werden wird. Vorbehaltlich einer gesetzlichen Regelung gilt, dass dem »Standes- und Berufsrecht«

durchaus enge verfassungsrechtliche Grenzen gesetzt sind, sodass weder die Bundesärztekammer noch die entsprechenden Landesärztekammern eine »Zwangsethik« einführen können. Sofern also der Gesetzgeber in eng begrenzten Fällen die Möglichkeit eines assistierten Suizids eröffnen sollte, obliegt die Entscheidung für eine Teilnahme hieran ausnahmslos den einzelnen Ärzten und nicht einer Berufsorganisation. Die Diskussion wird in jedem Falle weitergehen, bis irgendwann einmal das Bundesverfassungsgericht Stellung beziehen wird.

Stellungnahmen aus medizinischer Sicht

Oft steht in Todesanzeigen: » ... starb nach langer schwerer Krankheit«.

Die Medizin löst nicht, sondern erzeugt eher Probleme, wenn ihre lebensverlängernde Heilkunst zu chronischen Krankheiten führt. Das Sterben wird aufgehalten, die letzte Strecke zum Tod führt über weite, oft schmerzhafte und qualvolle Umwege. Kein Außenstehender hat in dieser Phase das Recht, das Leiden eines Patienten als erträglich zu definieren. Wenn der Kranke selbst sagt, dass der Zustand für ihn unerträglich ist, dann müssen wir die Aussage akzeptieren. Wir müssen versuchen, etwas daran zu ändern, den Zustand zu verbessern. Aber wenn der Kranke weiterhin trotz aufwändigster medizinischer und psychologischer Maßnahmen darauf besteht, dass er sein Leben unerträglich findet, dürfen wir ihm nicht widersprechen.

Es wäre eine Anmaßung zu glauben, dass es möglich ist, jegliches Leiden zu beheben oder auf ein tolerierbares Maß zu reduzieren. Ebenso problematisch ist es, »zur Hebung der allgemeinen Moral und zur Steigerung des Wertempfindens dem Leiden eine läuternde Funktion zuzuschreiben, die es nicht hat, und das Sterben zur volkspädagogisch wertvollen Erfahrung zu verklären«, wie der Publizist und Anwalt Oliver Tolmein es formuliert.

Wie wollen wir sterben? Was lohnt sich zu welchem Zeitpunkt an intensivmedizinischer Behandlung? Diese Fragen müssen in der Gesellschaft diskutiert werden. Bisher ist die Behandlung von Patienten in Krankenhäusern vor allem auf das Heilen ausgerichtet, das Sterben wird oft verdrängt. Der Tod eines Patienten bedeutet im Selbstverständnis der Ärzte, dass sie versagt haben. Muss man den Tod immer als Feind sehen? Ab wann darf der Tod zum Freund werden?

Supervision in Kliniken

Das Sterben wird von den Betroffenen meist als Katastrophe empfunden. Keine leichte Aufgabe steht den Medizinern in dieser letzten Phase bevor: Sie müssen sich an ein Recht halten, das nicht eindeutig ist; sie müssen versuchen, menschlich verantwortungsvoll zu agieren vor dem Hintergrund einer Technik, dank der Organfunktionen immer länger aufrechterhalten werden können.

- Aber muss ein Arzt das Leben eines Menschen verlängern, der den Tod sucht? Darf er bereits eingeleitete lebensverlängernde Maßnahmen (künstliche Beatmung oder Ernährung) abbrechen, wenn eine Patientenverfügung dies ausdrücklich vorsieht?
- Muss er andererseits das Leben eines Sterbenden unter großem Aufwand verlängern, wenn dieser es wünscht, obwohl es sich nur um eine kurze und qualvolle Zeitspanne handelt?

Die Situation in den Kliniken wird zunehmend problematisch: Sie werden weniger an ihrer Menschlichkeit, eher an ihrer Wirtschaftlichkeit gemessen. »Humanes Sterben ist in vielen Bereichen eine Illusion. Auch Ärzte und Krankenschwestern werden zu Verschleißartikeln«, sagt der Präsident der Berliner Ärztekammer Günther Jonitz. Sie würden schlecht verdienen, die Arbeitsbedingungen seien miserabel, länger als sechs, sieben Jahre hielten dies wenige durch.

Ausgerechnet dort, wo sich der Tod am häufigsten ereignet, wird er gerne verdrängt. Ärzte werden nicht in Sterbehilfe ausgebildet. Sie wollen nicht in Sterbehäusern arbeiten, sondern in Kliniken, in denen geheilt wird. Und doch geschieht es immer wieder, dass Patienten stumm, einsam und verzweifelt und den Apparaten ausgeliefert sterben.

Muss sich die Krankenhauskultur in Deutschland grundsätzlich ändern? Dorothea Becker, Geschäftsführerin des Neuköllner Ricam-Sterbehospizes, fordert einen hierarchiefreien

Austausch und eine verbesserte Kommunikation zwischen Ärzten, Krankenschwestern und Angehörigen. »Schwestern haben oft eine ganz andere Sicht auf den Zustand der Patienten als Ärzte.« Oft würden Krankenschwestern die Intensivmedizin als gewaltsam erleben. Ärzte würden in der Regel alles medizinisch Machbare versuchen, um sich nicht dem Vorwurf der Angehörigen auszusetzen, sie hätten etwas versäumt. Die Schwestern hingegen seien oft der Meinung, dass es unwürdig sei, einen Patienten weiterzubehandeln, wenn er schon im Sterben liege. »Wo nicht geredet wird, handelt jeder in eigener Regie.« Viele Schwestern würden dann auch eingreifen, indem sie Medikamente weniger oder stärker dosierten. Studien hätten allerdings gezeigt, dass dies weniger aus Mitleid mit den Patienten geschehe als aus Mitleid mit sich selbst. Deshalb fordert Becker: »Wo dauernd Entscheidungen über Leben und Tod getroffen werden, muss es eine Supervision von außen geben.«

Angst, beim Suizid zu assistieren

Die Sterbehilfeterminologie ist verwirrend: Aktive, passive, aktiv-indirekte, aktiv-direkte Sterbehilfe (siehe Glossar auf Seite 16ff.). Aussagen des Präsidenten der Bundesärztekammer Jörg-Dietrich Hoppe beeinflussen nicht nur den juristischen Diskurs (siehe Seite 131f.), sondern noch stärker den medizinischen. Er sprach sich 2006 wiederholt gegen aktive Sterbehilfe und gegen ärztlich unterstützte Selbsttötung aus:
»Das ist mit der ärztlichen Ethik nicht zu vereinbaren«, sagt Hoppe. Es gebe keinen nennenswerten Unterschied zwischen der Tötung eines Patienten auf dessen Verlangen und der so genannten assistierten Selbsttötung. Die Zielsetzung sei dieselbe, betont Hoppe und nimmt damit eine andere Position ein als seine Kollegen in der Schweiz. Eine Lockerung des Sterbehilfeverbots lehnt der Ärztepräsident strikt ab. Das festgeschriebene Verbot im Strafgesetz sei richtig, weil »Tötung keine Probleme

Distanz zu Deutschland

Die Schweizerische Akademie der Medizinischen Wissenschaften veröffentlichte 1976 Richtlinien, die festlegen, dass Ärzte die Behandlungen abbrechen dürfen, wenn die Patienten dauerhaft »kein bewusstes und umweltbezogenes Leben mit eigener Persönlichkeitsgestaltung« mehr führen können. Die deutsche Bundesärztekammer übernahm diese Richtlinien aus dem neutralen und vom Zweiten Weltkrieg weitgehend verschonten Nachbarland fast wörtlich für ihre deutschen Ärzte. Seither geht aber die Schweiz in Fragen der Sterbehilfe in vielen Bereichen einen Schritt vorwärts, der danach von anderen europäischen Ländern überprüft und nicht selten übernommen wird. Die Distanz zu Deutschland wird dabei immer größer. Eine Entscheidung wie die von 2007 des Schweizer Bundesgerichts, wonach das Recht auf begleiteten Suizid als Grundrecht, selbst für psychisch Kranke, anerkannt wird, wäre in Deutschland heute undenkbar.

löst und Euthanasie in Deutschland keine Zukunft haben darf«. Dafür weist Hoppe auf die Fortschritte der modernen Medizin bei der Schmerzbehandlung hin. Menschen aus einer von Schmerzen und Angst bestimmten Lage zu befreien sei mit diesen Fortschritten möglich. Ebenso sei es möglich, im Sterben ein menschenwürdiges Leben zu gewähren. »Das geht so weit, dass der Patient seine Schmerzen und seine Angst nicht mehr empfinden muss«, sagt Hoppe.
Diese Meinung teilt er nicht mit all seinen Kollegen. Ein kurzer historischer Rückblick zeigt, wie sich von den 1970er Jahren bis heute die Ansichten der schweizerischen und der deutschen Ärzte immer weiter voneinander entfernten (siehe Kasten).

Gebote

Sterbehilfe im ärztlichen Sinn meint in Deutschland in erster Linie, todkranke Patienten palliativ zu versorgen, um das Sterben erträglich zu machen. Gian Domenico Borasio, Leiter des interdisziplinären Zentrums für Palliativmedizin der Universität München, sieht ungenutzte Chancen bei der Begleitung Sterbender. Palliativmedizin bedeute nicht nur Linderung der Schmerzen, sondern unter anderem auch die spirituelle und psychosoziale Begleitung Sterbender und ihrer Angehörigen. Dem Sterbenden sei es oft wichtiger, wie es seiner Familie ergehe, als wie er selbst sterbe. Trotzdem sei vor allem in der Forschung noch viel zu tun. So wisse man zu wenig über die Atemnot, die bei vielen Sterbenden Panik auslöst. Eine unbegründete Angst der Ärzte vor Morphium sei noch weit verbreitet. Das Legen einer Magensonde bei Patienten mit weit fortgeschrittener Demenz bedeute weder eine Verbesserung der Lebensqualität, noch werde dadurch das Leben verlängert. Manchmal erreiche eine Behandlung, die eigentlich Leiden lindern will, ihr Gegenteil, beispielsweise wenn Sterbenden viel Wasser in die Venen gepumpt wird (das sich dann in der Lunge sammeln und Atemnot auslösen kann), obwohl der Körper in der Sterbephase kaum Wasser braucht.

Gian Domenico Borasio spricht von der Kultur des Handelns in der Medizin. Wenn aber ein Arzt einer Krankheit im letzten Stadium ihren natürlichen Lauf lasse, anstatt die Sterbephase zu verlängern, sei dies nicht falsch oder gar strafbar, sondern geboten. Trotzdem hätten heute noch bis zu 60 Prozent der Ärzte Angst vor rechtlichen Konsequenzen, wenn sie lebensverlängernde Therapien abbrechen. Noch größer und zugleich begründeter ist die Angst, beim Suizid zu assistieren.

Gereiftheit des Wunsches

Von Seiten der Medizin wird immer wieder der Verdacht aufgebracht, dass die Schweizer Sterbehilfeorganisationen das Ziel hätten, die Menschen zum Selbstmord zu überreden. So auch Dietrich Kettler, Vizepräsident der Deutschen Gesellschaft für Palliativmedizin. »Die Vereine haben eher das Ziel, zum Suizid zu führen.« Alle Hinweise von Exit, Dignitas und Ex International, dass ihre Organisationen einen wichtigen Beitrag zur

Rezeptausstellung

Der assistierte Suizid kann als eine Form medizinischer Entscheidungen am Lebensende betrachtet werden. Hauptkriterium dafür ist die verschärfte medizinische Rezeptpflicht für die tödliche Dosis der Barbiturate. Die dafür fast ausschließlich verwendeten Substanzen sind Natrium-Pentobarbital und Secobarbital. Die ärztliche Beihilfe besteht in der Rezeptausstellung. Die jeweiligen Dosierungen von zehn, zwölf oder 15 Gramm bedeuten die Beendigung des Lebens. Der rezeptierende Arzt darf dies in der Schweiz ihm Rahmen seiner ärztlichen Aufgaben tun. Nicht so in Deutschland.

Suizidprophylaxe leisten oder dass nur eine verschwindend kleine Minderheit ihrer Mitglieder am Ende tatsächlich den begleiteten Freitod wählt, können die Bedenken nicht zerstreuen und den Verdächtigungen nicht Einhalt gebieten.

»Wir müssen zuerst überlegen, wie wir verhindern können, dass sich jemand umbringen will«, sagt Kettler und ist hiermit einer Meinung mit Schweizer Sterbehelfern. Diese berichten aber auch darüber, wie beeindruckt sie von der Sicherheit und Gereiftheit des Wunsches mancher Sterbewilliger sind und wie grenzenlos dankbar diese für die dann zugesagte Hilfe sind.

Lebensqualität

Die Deutsche Gesellschaft zum Studium des Schmerzes (DGSS) begrüßte im Sommer 2006 eine niedersächsische Bundesratsinitiative, Palliativmedizin als verbindliches Pflichtfach für Ärzte festzuschreiben. »Allerdings ist das sinnlos, wenn nicht gleichzeitig die Schmerztherapie in die Liste der Pflicht- und Prüfungsfächer aufgenommen wird«, erklärte DGSS-Präsident Michael Zenz in Boppard. Denn nur wer die Grundlagen der Schmerztherapie kenne, besitze die wesentlichen Voraussetzungen zur Palliativmedizin. Der Bochumer Schmerzspezialist bezeichnete eine flächendeckende schmerz-

und palliativmedizinische Versorgung als einzig richtige Antwort auf die Ängste vor Leid am Lebensende und damit auf die Debatte um aktive Sterbehilfe und assistierten Suizid. »Wenn jeder sicher sein kann, im Falle einer schweren Krankheit ausreichend und umfassend versorgt zu werden, sodass er frei von Schmerz, Atemnot, Angst und anderen Symptomen leben und in Würde sterben kann, dann käme der Ruf nach aktiver Sterbehilfe gar nicht erst auf.«
Diese apodiktischen Aussagen überraschen immer wieder, gibt es doch viele Menschen - und es werden offensichtlich immer mehr -, die sich bewusst anders äußern, obwohl ihnen alle Möglichkeiten der Palliativmedizin zur Verfügung stehen.

Die Intensivmedizin bringt Probleme mit sich: Die Zahl der Wachkomapatienten hat stark zugenommen. Manchmal rettet die Medizin Menschen, ohne sie ins Leben zurückzuholen. Es besteht die Gefahr, dass die Medizin in solchen und ähnlichen Fällen den Menschen Leid zufügt und das Leid noch verlängert. Der Nationale Ethikrat fordert, Ärzten müsse es möglich sein, »Aspekte der Lebensqualität des Patienten über die der maximalen Lebensverlängerung« zu stellen. Wenn keine Rettung, keine Genesung mehr möglich ist, sondern nur noch Betreuung, sollte die Möglichkeit bestehen, frühzeitig zu sterben, falls der Patient dies wünscht.
Aber wie kann das geschehen?

Konsens zwischen Suizidbeihilfe und Sterbehilfe

Das Lebensende aus Sicht der Medizin trennt sich in zwei fatale Möglichkeiten, von denen die gesamte Sterbehilfediskussion abhängt: Einerseits die Übertherapie aufgrund sich stetig entwickelnder technischer Möglichkeiten. Andererseits Untertherapie aufgrund von Sparmaßnahmen oder falsch formulierter Patientenverfügungen.

- Die Übertherapie verlängert unnötigerweise das Sterben und Leiden der Patienten. Das ruft Sterbehilfebefürworter auf den Plan, die für solche Fälle, in denen die Patienten dies ausdrücklich wünschen, den Abbruch von Behandlungsmaßnahmen fordern.
- Die Untertherapie reduziert mögliche Behandlungsmaßnahmen wie Wiederbelebung oder Dialyse sowie künstliche Beatmung oder Ernährung und ruft Sterbehilfegegner auf den Plan, die sich um ihre bestmögliche Versorgung am Lebensende sorgen.

Diese zwei diametral entgegengesetzten Möglichkeiten führen – weil es eben Fehltherapien sind – zu polemischen Auseinandersetzungen in der Sterbehilfediskussion, weshalb eine Mittel- bzw. Zwischentherapie gefragt ist. Sie existiert in den meisten Kliniken ohnehin schon, jedoch fehlt dafür oft eine den Betroffenen leicht zu vermittelnde Kriterienliste. Wären die gemäßigten klinischen Positionen besser kommunizierbar, könnte das der Ärzteschaft helfen, sich konstruktiver an wesentlichen Punkten der Sterbehilfediskussion zu beteiligen.

Mindestens ebenso polarisierend wirkt sich der Streit zwischen Sterbehelfern und Sterbebegleitern aus.

- Sterbehelfer pflegen und begleiten in den meisten Fällen ihre Patienten, bieten jedoch als Ultima ratio den Sterbenden die Möglichkeit an, sich selbst den Qualen endgültig zu entziehen.
- Sterbebegleiter wenden sich gegen jeglichen Wunsch, das Leben frühzeitig zu beenden.

Werden nicht beide von derselben Motivation gelenkt? Wünschen sich nicht beide das Wohl des Patienten? Wollen nicht beide dem Sterbenden einfühlsam nahe sein? Wollen nicht beide ihm sinnlosen Schmerz ersparen? Wollen nicht beide dem Sterbenden seine Würde erhalten? Sind es nicht sehr viele Gemeinsamkeiten, die Sterbehelfer und Sterbebegleiter einigen könnten? Und warum sollte dann nicht die Ultima ratio der Sterbehelfer auch zur Ultima ratio der Sterbebegleiter werden können, vorausgesetzt, der Sterbende wünscht sie sich?

Fest steht, dass Patienten mit einer schweren Krankheit, die starkes Leiden auslöst, auch bei bester palliativmedizinischer Betreuung oft an aktive Sterbehilfe oder an den assistierten Suizid denken. Mehrere Untersuchungen haben festgestellt, dass der Todeswunsch auch sehr oft ausgesprochen wird.
In dieser Phase grundsätzlicher Überlegungen zum Umgang mit Sterbehilfe stellt sich nicht nur für Ärzte, sondern für alle Beteiligten die Frage, wann und unter welchen Bedingungen und schließlich in welcher Art der Todeswunsch zu respektieren ist.

Wenn sich Sterbehelfer und Sterbebegleiter in ihrer gemeinsamen Absicht, den Sterbenden zu verstehen und ihm beizustehen, ernsthaft einigen wollen, sollten die Sterbebegleiter diejenigen Sterbewilligen loslassen, die zum Sterben längst bereit sind, und die Sterbehelfer sollten die Förderung aktiver Sterbehilfe und des assistierten Suizids auf genau definierte Lebenslagen beschränken. So könnten beide Seiten, die Helfer zum Sterben und die Helfer beim Sterben, wieder in ein konstruktives Gespräch einsteigen. Sollte mein Buch dies auch nur ansatzweise erreichen, sollten Verbindungen und teilweise Konsens zwischen Suizidbeihilfe und Sterbehilfe möglich werden, wäre das ein Erfolg.

Sprachliche Kapriolen – ethisches Empfinden

Eine wesentliche Unterscheidung besteht darin, ob ich jemanden töte oder ihn sterben lasse. Bei einem Sterbenden auf die Weiterbehandlung zu verzichten bedeutet, dass der Arzt den unabwendbaren oder gar unmittelbar bevorstehenden Tod nicht weiter hinauszögert, sich ihm nicht weiterhin in den Weg stellt. Töten dagegen bedeutet, den Tod zu antizipieren, ihm zuvorzukommen.
Diese sprachlichen Kapriolen können helfen, die feinen Unterschiede besser zu verstehen. Auf dem 66. Deutschen Juristentag

mahnte der Palliativmediziner Gian Domenico Borasio die Experten zur Vorsicht bei ihren Formulierungen. Wenn das Abschalten von Geräten als Tötung bezeichnet werde, auch wenn diese legal sei, betrachtet er diese Formulierung für Ärzte als Katastrophe. Seiner Ansicht nach sollte die Formulierung lauten, dass ein Arzt »aufhört, das Leben künstlich zu verlängern«.
Man könnte auch sagen, dass die Beendigung künstlicher Beatmung oder Ernährung das Sterben zulässt. Das gilt bei einem Patienten, der früher diesen artifiziellen medizinischen Maßnahmen zugestimmt, inzwischen aber seine Meinung geändert hat und nun den Ärzten seine Zustimmung entzieht, um sterben zu dürfen. Eine Fortsetzung der Ernährung oder

Wortwahl

Die Wahl der Worte wirkt sich auf das moralische Urteil aus. Sprachliche Differenzierung bestimmt ethisches Empfinden. Hier geht es um Aktivität oder Passivität. Beim Abschalten handelt man zwar, aber meistens nur zu dem Zwecke, etwas Natürliches, den nahen Tod, geschehen zu lassen. So betrachtet könnte man dies als einen passiven Vorgang definieren. Beschriebe man diesen Vorgang mit dem Wort »herbeiführen«, haftete dem Vorgang eher der Charakter einer Aktion an. Deshalb gibt es schon Überlegungen, die Patienten und ihre Angehörigen zu zwingen, anhand von Zeitschaltuhren die lebenserhaltenden Apparate in Gang zu halten. Den Betroffenen würde dadurch deutlich werden, welcher Vorgang aktiv, welcher passiv ist.
Problematisch sind solche Situationen besonders bei Patienten, die bei Bewusstsein sind und künstlich am Leben erhalten werden und so noch eine gesunden Menschen vergleichbar hohe Lebenserwartung haben. Wenn solche Menschen irgendwann ihre Lebensqualität für zu niedrig halten, um weiterleben zu können, ließe sich der oben geschilderte passive Vorgang kaum noch vom Anschließen des Patienten an eine selbst zu betätigende Suizidapparatur (»Death-Delivery-System«) unterscheiden.

eine Weiterbeatmung gegen den Willen des Kranken wäre eine Körperverletzung.
Wird nun der Tod durch das Abschalten der Maschinen herbeigeführt oder zugelassen?

Auch beim assistierten Suizid gilt es sprachlich exakt umzugehen: Den letzten Schritt der zum Tode führenden Handlung muss der Patient selbst ausführen. Wenn Schluckbeschwerden das Trinken der tödlichen Substanz verhindern, kann diese via Infusion oder Magensonde – Geräte, die meist zuvor schon aus medizinischen Gründen angelegt wurden – verabreicht werden, wobei der sterbende Mensch den Infusionshahn öffnet.

Die Abschaffung des Todes

Der Medizinjurist und Buchautor Oliver Tomein befürchtet, dass legale Sterbehilfe dazu führen könnte, »sich für einen schnellen Tod zu entscheiden, weil bessere Möglichkeiten aus Kostengründen nicht zu verwirklichen sind«. Eine Studie des Deutschen Instituts für Menschenrechte besagt, dass zurzeit fast die Hälfte der 600.000 Bewohner von Pflegeheimen mangelhaft versorgt werden. Das Geschäft mit der Pflege boomt, und Altern in Luxus wird in der Tat immer teurer. Kein Wunder, dass alte Menschen stärker suizidgefährdet sind als junge. Armin Schmidtke, Vorstandsmitglied der Gesellschaft für Suizidprävention (DGS), bestätigt, dass jede zweite Frau, die sich das Leben nimmt, über 60 Jahre alt ist. Das spiegelt seiner Meinung nach den Umgang der Gesellschaft mit alten Menschen wider. Depressionen, finanzielle Probleme und der Verlust an Ansehen zählen zu den Ursachen.

Wenn man das Sterben medizinisch betrachtet, muss man auch die ärztliche Fantasie der Abschaffung des Todes bedenken. Es gibt ernst zu nehmende Stimmen, die das Geheimnis des

Alterungsprozesses erforschen, die auf der Suche nach dem lebensverlängernden Gen sind und aufgrund bisheriger Erkenntnisse den Menschen für potenziell unsterblich halten; Stimmen also, die den Tod als etwas Unnatürliches definieren und vom biologisch-medizinischen Standpunkt aus jedes Menschenleben als unbegrenzt betrachten. An der Ausdehnung der Lebensspanne, die in das Unendliche reichen könnte, wird fieberhaft gearbeitet. Das Altern konnte bei Pflanzen- und Tierexperimenten noch nicht gestoppt, aber mit Erfolg schon stark verlangsamt werden. Ob jemals ein Mensch des 21. Jahrhunderts dank neuer Erfolge heutiger Wissenschaft Abrahams biblisches Alter von 175 Jahren erreichen wird (exakt hundert Jahre mehr als mein Vater), ist zu bezweifeln.

Dass sich »Lebenssattheit« immer erst im biblischen Sinn mit über 100 Jahren einstellt, ist zu bezweifeln. Fest steht hingegen, dass es das Schwinden der Lebenskraft, die Erschöpfung, den Verschleiß und damit den Alterstod gibt. Weil die Vitalität verbraucht ist, wird am Ende der Kampf gegen Krankheiten aufgegeben. Immer mehr Menschen sterben an Altersschwäche, ohne an einer besonderen Krankheit zu leiden. Manche hochbetagte Menschen sparen sich jedoch den letzten Zeitabschnitt, der oft mit Vergreisung einhergeht, und die damit verbundene Gefahr, bei eintretenden Komplikationen mit Hilfe der Apparatemedizin zu Tode geheilt zu werden.

Stellungnahmen aus politischer Sicht

Im April 2006 wurde folgende Agenturmeldung von Zeitungen und Zeitschriften übernommen: »Berlin. Mehrere Landesregierungen wollen die geschäftsmäßige Förderung der Selbsttötung bestrafen. Einen entsprechenden Gesetzentwurf haben am vergangenen Freitag das Saarland, Hessen und Thüringen im Bundesrat eingebracht. In einem neuen Paragraph 217 Strafgesetzbuch sind Geldstrafen oder Haft bis zu fünf Jahren dann vorgesehen, wenn jemand die Selbsttötung eines anderen ›fördert, diesem hierzu geschäftsmäßig die Gelegenheit vermittelt oder verschafft.‹ Die ›nicht geschäftsmäßige individuelle Unterstützung von Selbsttötungsvorhaben‹ soll dagegen ›im bisherigen Umfang zulässig bleiben‹, heißt es in dem Antrag.«
Die drei CDU-regierten Länder reagierten damit auf die Eröffnung der Dignitas-Dependance in Hannover im September 2005. Der thüringische Justizminister Harald Schliemann will die Dinge nicht laufen lassen und sieht wie seine Kollegen aus Hessen und dem Saarland gute Chancen, den Gesetzentwurf im Bundesrat durchzubringen. Erst in fünf bis sechs Jahren erwarte er eine umfassende gesetzliche Lösung zur Sterbehilfe, die auch Themen wie Sterbebegleitung und Hospizmedizin einschließe. Bis dahin wolle er verhindern, dass assistierter Suizid nach dem Schweizer Vorbild in Deutschland möglich werde.

Von der Wiederholung eines legalen Einzelvorgangs

Der Göttinger Rechtswissenschaftler Prof. Dr. Gunnar Duttge befürchtet eine »Lex Dignitas« und plädiert für eine Beibehaltung der Straflosigkeit für Suizidhelfer, sofern es sich um bloße Beihilfe zu einer freiverantwortlichen Selbsttötung handelt. »Mit dieser Straffreistellung ist allerdings kaum vereinbar, dass die ›organisierte Sterbehilfevermittlung‹ wie im Falle des Vereins Dignitas eigens bestraft werden soll«, sagt der Rechtsexperte. »Für ein zweifelhaftes Vorgehen von Vereinen oder Vereinigungen benennt das Vereinsgesetz Aufsichtsrechte des Staates und erlaubt äußerstenfalls ein Vereinsverbot. Erst wer für einen verbotenen Verein weiterhin tätig ist, macht sich strafbar.« Mit einer strafgesetzlichen »Lex Dignitas« werde die »Zweistufigkeit« des geltenden Rechts ausgehebelt und der Verein einer terroristischen oder kriminellen Vereinigung gleichgestellt, kritisiert Duttge die aktuellen Bestrebungen, die unter anderem von der niedersächsischen Justizministerin Elisabeth Heister-Neumann (CDU) unterstützt werden. Auch sie will den Verein in Hannover verbieten.

Die Absurdität dieser Begehren liegt darin, dass ein legaler Einzelvorgang nicht dadurch illegal werden kann, dass er öfter durchgeführt wird. Unter Juristen bedeutet »geschäftsmäßige Hilfe« eine Hilfe, die häufig wiederholt wird.

Manchmal frage ich mich, woher diese Aufregung kommt, wenn es um das Organisieren und um die Geschäftsmäßigkeit im Umgang mit dem Tod geht. Schließlich arbeiten Tausende deutscher Bestattungsunternehmen nach harten betriebswirtschaftlichen Kriterien. Das geht so weit, dass oft Missbräuche in den besonderen Trauersituationen moniert werden. Auch die Sterbeversicherungen werden immer wieder kritisiert.

Gesetzesschutz

Sterbehilfe ist ein ideales Betätigungsfeld für politischen Aktionismus. Im Januar 2007 forderte der schleswig-holsteinische Justizminister Uwe Döring eine rasche Legalisierung der passiven Sterbehilfe. »Wir brauchen dringend eine gesetzliche Regelung für Patientenverfügungen, damit Patienten, Angehörige, Betreuer und Ärzte die nötige Rechtssicherheit bekommen«, sagt der SPD-Politiker. Döring möchte den Verzicht auf medizinische Maßnahmen unter Gesetzesschutz stellen, mit denen das Leben Schwerstkranker oder bereits Sterbender verlängert oder erhalten würde.

Vermengung von Sterbe- und Suizidbeihilfe

Einer der schärfsten Gegner einer Legalisierung der ärztlichen Suizidbeihilfe in Deutschland ist Michael Wunder, Psychologe und Mitglied der früheren Enquête-Kommission des Bundestages zu »Ethik und Recht der modernen Medizin«. Wunder leitet das Zentrum für Beratung, Diagnostik und Psychotherapie der Evangelischen Stiftung Alsterdorf in Hamburg, eine Einrichtung für Menschen mit geistiger Behinderung. Zudem führt er ein Projekt der Behindertenhilfe in Rumänien. Er veröffentlichte unter anderem zur Medizin im Nationalsozialismus, zur Behindertenhilfe, Biomedizin und Bioethik. Im September 2006 nannte er im Rahmen einer Rede auf dem 6. Kongress der Deutschen Gesellschaft für Palliativ-Medizin in Hamburg ausgehend von der Situation in den Niederlanden Gründe gegen die Legalisierung des assistierten Suizids: » ... Warum sollten Menschen, die ihre Lebenssituation nicht aufgrund einer körperlichen Erkrankung, sondern einer psychischen Erkrankung als nicht mehr lebenswert ansehen, keine Tötung auf Verlangen erhalten? Es ist eine schiefe Ebene, auf der es kein Halten mehr gibt. Aber nicht, weil die Akteure schlechte Menschen wären oder kein Gewissen hätten, sondern weil sie die Sachlogik dazu treibt, das vernünftige, schlussfolgernde Denken. Angesichts dieser erdrückenden Entwicklung in den Niederlanden fällt es in der Debatte in Deutschland zunehmend leichter, dazu nein zu sagen. Umso wichtiger ist es, sich mit dem ärztlich assistierten Suizid zu beschäftigen, da dieser durch die Empfehlungen des Deutschen Juristentages als vermeintliche Alternative erscheint.«

Schon einleitend argumentiert Michael Wunder auf maliziöse Weise fehlerhaft: Er vermengt aktive Sterbehilfe mit begleitetem Freitod. Letzterer könne eine Alternative für Euthanasie sein. Er ignoriert, dass es hier um zwei voneinander vollkommen verschiedene Arten des Sterbens geht.

Wunder fährt fort: »Empfohlen wird vom Deutschen Juristentag zweierlei: zum einen die gesetzliche Rücknahme der Garantenpflicht des Arztes für das Leben so weit, dass die teilweise in der Rechtsprechung angenommene nachträgliche Rettungspflicht bei einem ›freiverantwortlichen und ernsthaften‹ Suizid nicht mehr angenommen werden kann, und zum anderen die Streichung aller berufsrechtlichen Regelungen der Ärzte, mit denen die ärztliche Suizidbeihilfe sanktioniert wird. Damit soll die Verschreibung tödlicher Medikamente für Suizidenten im Falle ›unerträglicher, unheilbarer und mit palliativmedizinischen Mitteln nicht ausreichend zu lindernder Leiden‹ möglich werden. Damit würde, auch wenn es sich nur – oder besser zunächst – auf Ausnahmefälle konzentrieren soll, ein grundsätzlicher Wandel im ärztlichen Verhalten eingeleitet. Was strafrechtlich logisch erscheint, muss noch nicht berufsrechtlich vernünftig oder ethisch vertretbar sein.«

Staatliche Kontrolle

Wunder spricht von »allen berufsrechtlichen Regelungen«. In Wirklichkeit ist es nur eine. Von einem »grundsätzlichen Wandel im ärztlichen Verhalten« kann keine Rede sein. Ich kenne viele Ärzte sowohl in der Schweiz als auch in Deutschland. Sie unterscheiden sich nicht in ihrem Verhalten. Aber einige wenige Schweizer Ärzte machen von der Möglichkeit Gebrauch, Menschen zu helfen, die in ihrer Verzweiflung Deutschland verlassen müssen.
Zudem ist der Vorwurf Wunders, der Deutsche Juristentag habe ethische und moralische Aspekte ausgeblendet, nicht gerechtfertigt. Das zeigt auch die Empfehlung des Nationalen Ethikrates, die der des Juristentages entspricht. Im Anschluss greift Wunder erneut das obige Missverständnis auf: »Ein Blick in die Schweiz, wo ebenfalls die aktive Sterbehilfe verboten ist, die ärztliche Suizidassistenz aber strafrechtlich und berufsrecht-

lich erlaubt ist, zeigt, die vermeintliche Alternative der ärztlichen Suizidbeihilfe ist keine Alternative.« Dies ist unschwer zu zeigen, denn niemand – außer Wunder selbst – behauptet, das eine sei eine Alternative für das andere.

Wunder weiter: »Argument 1: Das Autonomieversprechen wird nicht eingelöst. Angewiesen ist die ärztliche Suizidhilfe eben auf die ärztliche Verordnung der tödlichen Medikamente, was in der Schweiz derzeit entgegen der ärztlichen Selbstverpflichtungsregeln meist anonym passiert, während die direkte Begleitung dann von medizinischen Laien erbracht wird. Sobald aber die Ärzte, wie es ihre Berufspflicht vorschreibt, den Patienten persönlich sehen, brauchen sie Indikationen, nach denen sie handeln, wie Todesnähe, Schwere der Krankheit oder Ernsthaftigkeit des Wunsches. Solche sind 2003 gerade von der Schweizerischen Akademie für Medizinische Wissenschaften verabschiedet worden, und Ähnliches hat jetzt der Deutsche Juristentag vorgeschlagen. Solche Indikationen stehen im Widerspruch zum Autonomieanspruch der Befürworter der Suizidbeihilfe, die diese auch folgerichtig als unzulässige Freiheitseingrenzung und Eindringen in das letzte Refugium der vollen Autonomie, nämlich dem des Suizidenten, zurückweisen.«

Falsch: Solche Indikationen stehen nicht im Widerspruch zum Autonomieanspruch. Alle Schweizer Sterbehilfeorganisationen haben diese Indikationen in ihre Statuten aufgenommen. Exit beispielsweise befürwortet auch eine staatliche Kontrolle. Worüber weiter debattiert werden wird, sind die Indikationen selbst und die Art der Sorgfaltskriterien, die strengstens befolgt werden müssen. Die Freiheit, die der verzweifelte und suizidwillige Patient hat, ist auch bei Berücksichtigung der Indikationen unvergleichlich viel größer als beim unmündigen Patienten, wie Wunder ihn sich wünscht beziehungsweise in Deutschland bewahren will: Sterbenskranke Menschen, die ihren Tod nicht selbst bestimmen dürfen, weil Psychologen wie Wunder den assistierten Suizid mit aktiver Sterbehilfe und letztlich mit dem traumatischen Erlebnis der Euthanasie unter den Nationalsozialisten gleichsetzen.

Wunder: »Argument 2: Die Eskalation ist vorprogrammiert. Führt man keine Indikationen ein, hat man keinerlei Kontrolle und Transparenz. Führt man Indikationen ein, hat man die gleichen Fragen wie in der niederländischen Debatte: Sollen auch Menschen, die lebensmüde sind, in den Genuss der ärztlichen Suizidbeihilfe gelangen? Sollen es auch Minderjährige sein? Sollen es auch Demente durch Vorverfügung sein? Wie soll bei gelähmten Menschen vorgegangen werden? Ist ein am Ellenbogen unterstützter Arm noch tatsächlich in der Tatherrschaft des Patienten, oder ist dies eine aktive Tötungshandlung des Unterstützers? Alles Fragen, die auch in Deutschland auf uns zukommen würden.«

Also überlässt Wunder die Fragen lieber der Schweiz. Sollen sich doch dort die Behörden um eine Regelung kümmern, die Wunders Vorstellungsvermögen zu übersteigen scheint.
In der Schweiz hat man längst die Indikationen eingefügt. Dass sie immer wieder neu überprüft werden, ist nur selbstverständlich. Dass bestehende Grenzen kontrolliert werden, ist Pflicht. Ob der kontinuierliche und ausführliche Meinungsaustausch (auch in der Schweiz arbeitet eine Ethikkommission) zu einer restriktiveren Handhabung der Regelungen oder zu einer Liberalisierung führt, hängt von vielen Faktoren ab. Aber eine ständig wachsende Liberalisierung zu prophezeien (unaufhaltsam bis zu welchem helvetisch-anarchischem Zustand?) und diese Liberalisierung »Eskalation« zu nennen ist polemisch und nicht zu rechtfertigen.
Zudem stellt sich grundsätzlich die Frage, ob es beim begleiteten Freitod nur um die Frage der Liberalität geht, also um Verständnis, Respekt, Toleranz und Freiheit in der Schweiz, im Gegensatz zu Unverständnis, Respektlosigkeit, Intoleranz und

Verbote in Deutschland. Diese Dialektik versperrt oft den Blick auf das Wesentliche, auf den betroffenen Menschen nämlich, der am Ende seines Lebens nicht nur auf die oben genannten Tugenden angewiesen ist, sondern vor allem auf Hilfe.

Legitimes Bedürfnis am Lebensende

Wunder fuhr fort: »Argument 3: Die Übergänge von der Suizidassistenz zur aktiven Sterbehilfe sind fließend. Das zeigen Fälle unvollständig eingenommener oder wirkender Medikamente. Hilft der Suizidassistent in diesen Fällen nach, handelt er eindeutig im Bereich der aktiven Sterbehilfe, aktiviert er den Rettungseinsatz, handelt er sicher nicht im Interesse des Betroffenen und produziert in der Folge schwierige neue ethische Fragestellungen, wenn der Patient mit starken Schädigungen aus der Situation hervorgeht.«

Gäbe es solche Fälle, wäre Wunders Ankündigung neuer ethischer Fragestellung gerechtfertigt. Nach einer aktuellen Umfrage gibt es aber keine Fälle, in denen Natrium-Pentobarbital nicht wirkt. Auch ist nicht bekannt, dass jemand nur einen Teil des Deziliters eingenommen hätte.

Wunder: »Argument 4: Die Risiken des Mentalitätswandels im ärztlichen Handeln. Wenn das Verhindern, Lindern oder Heilen von Krankheit und das Lindern von Schmerzen nicht mehr die unumstößliche und nicht ergänzungsbedürftige Aufgabe der Medizin ist, sondern auch die Bereitstellung von Tötungsmedikamenten zur ärztlichen Aufgabe erklärt wird, dann kann sich auch und dann wird sich auch im übrigen ärztlichen Verhalten und in Fragen des Lebensschutzes Grundsätzliches ändern. Ein Beleg hierfür ist die Entwicklung in der Schweiz. Laut der Europavergleichsstudie Eureld von 2003 gibt es in der Schweiz nicht nur 200 Fälle des assistierten Suizids pro Jahr, sondern gleichzeitig auch 400 Fälle der verbotenen aktiven Sterbehilfe. Es ist etwas fundamental anderes, ein unausweichliches Sterben durch Unterlassung medizinischer Maßnahmen nicht unnötig zu verlängern, als ein Leben, weil es von dem Betroffenen oder von anderen für nicht mehr lebenswert gehalten wird, aktiv zu beenden. Weder die persönliche Einwilligung noch die Tatherrschaft des Suizidenten sind stabile Grenzen vor Ausweitungen und Werteerosionen.«

Der von Wunder genannte Beleg ist falsch. Die Eureld-Studie hat nicht »verbotene aktive Sterbehilfe« untersucht, sondern in ihrer Umfrage nach erlaubter passiver Sterbehilfe gefragt. Ärzte in der Schweiz, den Niederlanden, Dänemark, Belgien, Schweden und Italien wurden befragt und die Daten von 20.480 Todesfällen ausgewertet. Für Deutschland gibt es keine vergleichbaren Zahlen, weil nicht nur die Patientenverfügung, sondern auch die passive Sterbehilfe juristisch immer noch klar geregelt ist. Nach dieser Studie ist passive Sterbehilfe in der Schweiz am häufigsten, gefolgt von den Niederlanden und Italien.

Wunder beendete seine Rede mit einem Plädoyer: »Das Recht auf Selbstbestimmung kann nicht bestritten werden, wohl aber die Behauptung, dies umfasse auch das Recht auf die Tötung auf Verlangen oder auf die Unterstützung beim Suizid. Selbstbestimmung hat da ihre Grenze, wo sie ihre eigene Grundlage vernichtet. Zum anderen kann sie da, wo sie auf Handlungen Dritter angewiesen ist, nicht ihre Handlungen legitimieren.«

Deutsche Behörden machen das Medikament, das einen sicheren, sanften und schmerzfreien Tod ermöglicht, ihren Bürgern unerreichbar. Das ist die Handlung, die deutsche Bürger zwingt, in die Schweiz zu fahren. Dieses Verbot deutscher Behörden soll aufgegeben werden. Selbstbestimmung beim Sterben vernichtet nicht seine eigene Grundlagen, sondern ist ein legitimes Bedürfnis am Lebensende.

Wunder: »Was strafrechtlich logisch erscheint, wie die Straffreiheit des Suizidassistenten, muss noch nicht berufsrechtlich vernünftig oder ethisch vertretbar sein. Statt aktiver Sterbehilfe und ärztlicher Suizidbeihilfe brauchen wir eine Verbesserung der palliativmedizinischen Versorgung, sodass sie für alle erreichbar wird und sodass die Angst und der Schrecken vor einem Sterben mit Schmerzen und in Einsamkeit, die nachvollziehbar und berechtigt sind und die Ursache für viele Forderungen nach Sterbehilfe und Suizidbeihilfe sind, nachhaltig und praktisch positiv beantwortet werden. (...) Wir brauchen keine Legalisierung der aktiven Sterbehilfe. Wir brauchen keine gesetzliche Ermöglichung der ärztlichen Suizidbeihilfe. Beides sind Irrwege, die wir nur durch den konsequenten Ausbau der Palliativmedizin und Palliativpflege verhindern können.«

Einerseits ist es fraglich, ob aufgrund der demografischen Entwicklung und der Probleme im Gesundheitswesen die Palliativpflege jemals auch nur annähernd flächendeckend sein wird. Fraglich ist auch, inwieweit Lebensverlängerung um jeden Preis wünschenswert ist. Fraglich ist, ob die sozialen Probleme, die von der rasch steigenden Zahl von Menschen verursacht werden, die über ihre natürliche Lebensspanne hinaus leben wollen, unsere Gesellschaft nicht überfordern. Die sich anbahnenden sozialen Konflikte sind inzwischen hinlänglich bekannt. Andererseits steht ohne Zweifel fest, dass es Menschen gibt, die durchaus Zugang zu idealer medizinischer Versorgung haben, die entsprechenden Möglichkeiten kennen, diese bis zu einem gewissen Alter und Krankheitsstadium auch nutzen und trotzdem vor der Endphase den begleiteten Freitod vorziehen. Dies weiterhin moralisch zu verurteilen und gesetzlich zu verbieten ist nicht nachvollziehbar.

Stellungnahmen aus religiöser Sicht

»Lehre uns bedenken, dass wir sterben müssen, auf dass wir klug werden«, steht im 90. Psalm. Das ist ein eindringliches und selten zitiertes Memento mori aus der Heiligen Schrift. Sowohl das Alte als auch das Neue Testament lassen verschiedene Interpretationsmöglichkeiten zum Thema Sterben und begleiteter Freitod zu. Wichtig ist zunächst, dass der Sündenfall der Stammeltern in der Bibel als Ursache für die Sterblichkeit geschildert wird. Das Sterbenmüssen wird wegen der Schwäche von Adam und Eva deshalb gemeinhin als Strafe gedeutet. Der Tod ist demnach der Vollzug des Sühneopfers. Das Lebensende als größtmögliche Buße, der dann vielleicht das ewige Leben, die Unsterblichkeit als Geschenk Jesu und damit die Versöhnung mit Gott folgt.

Viele Theologen betonen im Gegensatz dazu, dass der Mensch nicht nur sterben muss, sondern auch sterben darf. Eine viel schwerwiegendere Strafe wäre die Unsterblichkeit, der Zwang also, das irdische Leben endlos weiterleben zu müssen. Der positive Tod, der wohltuend das Geschöpf vor grenzenloser Wiederholung verschont, steht aber trotzdem meist im Schatten der Angst vor dem Ende der physischen Existenz.

Die Sterbehilfedebatte kann vor diesem Hintergrund auch als religiöses, insbesondere als christliches Problem betrachtet werden. Gegner der Sterbehilfe berufen sich auf das Christentum, in dem nur Gott über das Sterben entscheiden darf. Nach christlicher Überzeugung steht der Lebensschutz vor dem Recht des Menschen auf Selbstbestimmung.

Befürworter der Sterbehilfe argumentieren, sie sei human. Der Schweizer Schriftsteller Ludwig Hohl regte diesbezüglich zum Nachdenken an, indem er schrieb, »Gott anheimzufallen« sei »an sich eine Art Selbstmord«. Die Aufhebung der eigenen

Identität durch tiefe Religiosität verhindere demnach die Möglichkeit, aus eigenem Willen die eigene Identität auch physisch auszulöschen.

Grundsätzliche Grenze

Ich finde es wichtig und beachtenswert, das Leid und den Schmerz am Ende des Lebens als eine Prüfung zu verstehen. Ein Leben ist vielleicht nur dann satt, wenn im Fall einer Krankheit auch sein Ende ganz und gar durchlitten worden ist. Kardinal Karl Lehmann spricht sich in diesem Zusammenhang immer wieder gegen die aktive Sterbehilfe aus und weist auf die »gottgewollte Prüfung« hin. Er mahnt: »Wir haben nicht das Recht, unser Leben selbstmächtig zu beenden oder unser Menschsein durch völlige Ausschaltung unserer Sinne und unseres Denkens und Wollens zu betäuben oder geradezu auszuschalten.« Hospizarbeit und Palliativmedizin setzen laut Lehmann diese schwierige Aufgabe in eindrucksvoller Weise um. Allerdings müssten »diese Hilfen, Wege und Mittel in ethisch zuverlässiger Weise« eingesetzt werden, da man sonst den »Druck in Richtung aktiver Sterbehilfe« kaum aufhalten könne.
»Wir dürfen mit vielen Mitteln die Schmerzen lindern, aber nicht aktiv das Leben beenden. Hier verläuft bei allen differenzierten Erfahrungen im Raum von Leben und Tod zwischen Sterbenlassen und Töten doch eine grundsätzliche Grenze. ›Du sollst nicht töten‹ ist ein unbedingtes Gebot«, sagte Lehmann beim ersten Mainzer Hospiz- und Palliativtag im März 2007. Aber diese »grundsätzliche Grenze« verläuft je nach christlichem Standpunkt woanders.

Uneinigkeit der Kirchen

Die Kirchen sind sich bei der Beurteilung der Sterbehilfe nicht einig. Die Beispiele aus Spanien (Seite 100ff.) oder auch die Causa Welby, auf die ich später eingehen werde (Seite 182ff.), haben gezeigt, dass die Kirche in südeuropäischen Ländern das »Sterbenlassen« nicht toleriert. Demgegenüber sagt unter anderem der Leiter des Kommissariats der deutschen Bischöfe Prälat Karl Jüsten, es gelte, die abzulehnende aktive von der zu befürwortenden passiven Sterbehilfe zu unterscheiden. Die passive sei nach Überzeugung der Kirchen zulässig. Wenn ein sterbender Mensch wünsche, dass Ärzte an ihm keine lebenserhaltenden Maßnahmen mehr vornehmen sollten, sei dies zu respektieren und religiös, ethisch und juristisch erlaubt.

Verantwortung für die letzte Phase

Ohne religiösen Bezug kann die letzte Prüfung als eine fundamentale existenzielle Erfahrung verstanden werden: Bis zuletzt den Qualen nicht ausweichen, um den Tod hinauszuzögern – mit oder ohne technische und medizinische Hilfsmittel. Aber wie schon mein agnostischer Vater am Ende seines Lebens im Streitgespräch mit religiösen Menschen zu sagen pflegte: Falls tatsächlich nicht seine Eltern ihm das Leben geschenkt haben sollten, sondern Gott, dann hätte Er ihm auch den Blasenkrebs geschenkt. Man möge es ihm, meinem Vater, also nicht verdenken, wenn er nun selbst entscheide, wie er mit diesen beiden Geschenken umgehe. Er wolle lieber kürzer leben, als inkontinent und impotent zu werden. Er wolle sich deshalb nicht operieren lassen. Und er entschied sich dafür, den Tod nicht unnötig hinauszuzögern, keine Komplikationen abzuwarten, sondern die letzten Qualen zu vermeiden. Er war der Ansicht, dass Kirche und Religion aus ihrer durchaus bewundernswerten Haltung keinen zu verallgemeinernden moralischen Anspruch erheben dürften. Der Theologe Hans Küng formulierte es so: »Wenn das ganze Leben von Gott in die Verantwortung eines Menschen gestellt ist, dann gilt diese Verantwortung auch für die letzte Phase seines Lebens, ja, sie gilt erst recht für den eigentlichen Ernstfall seines Lebens: wenn es ans Sterben geht. Warum sollte gerade diese letzte Phase des Lebens von der Verantwortung ausgenommen sein?«

Um Gottes Willen

Da beide Lager, das religiöse und das säkularisierte, überzeugt sind, human zu denken und zu handeln, wird es schwierig sein, eine Kompromisslösung zu finden.
Religiöse Menschen sehen das Sterben nicht als Punkt, sondern als Doppelpunkt. Die Aussicht auf ein Leben nach dem Tod verändert die Perspektiven.
Wer an ein Leben im Jenseits nicht glaubt, betont die individuelle Freiheit im Gegensatz zum Zwang, um Gottes Willen weiter und weiter zu leben. Manch ein Agnostiker versteht die Freiheit auch als Freiheit, sich selbst zu schaden, und fordert ein eigenständiges Denken und ungebundene Entscheidungen auch im Hinblick auf den Tod. Er will selbstverantwortlich auf eine ihm gemäße Weise sterben. Dazu gehört die Bestimmung des Zeitpunkts.

Sterbepillen im Internet

Bei einer Podiumsdiskussion 2006 sagte der Hamburger Strafrechtler Reinhard Merkel, schon heute gebe es eine allgemein anerkannte Form der indirekten aktiven Sterbehilfe. Die Schmerzminderung um den Preis der Lebensverkürzung werde »bis zum Papst in Rom« gutgeheißen. Die katholische Kirche halte es für legitim, wenn eine Schmerzbehandlung zur Eindämmung unerträglicher Leiden im Nebeneffekt zu einer Verkürzung des Lebens führe. Diese dürfe aber nicht beabsichtigt sein. *Sind hier dem Missbrauch nicht auch seitens der Kirche Tür und Tor geöffnet? Sollte man überhaupt von Missbrauch sprechen, falls die Doktrin sanft unterlaufen wird, indem Sterbender und Arzt sich einigen, die Eindämmung so zu dosieren, dass wahrscheinlich damit das unerträgliche Leben verkürzt wird? Außer den beiden braucht dies ja niemand zu erfahren.*
Was damit behauptet wird: Missbrauch findet heute schon statt. Findet er im kleinen familiären Rahmen statt, erfährt die Öffentlichkeit nie davon. Hingegen steigt die Zahl der so

genannten Todesengel, die in Kliniken aktive Sterbehilfe durchführen, und dies oftmals ohne den Wunsch der Patienten.

Missbrauch gibt es heute aber auch schon vielfach, beispielsweise beim Handel mit Sterbepillen im Internet. Die Dunkelziffer ist hoch, aber manchmal kommen die Behörden in so genannten »Suizid-Foren« Straftätern auf die Spur, wie der folgende dpa-Bericht vom 24. Januar 2007 zeigt:

»Ein 23 Jahre alter Mann muss für den Handel mit Selbstmord-Pillen im Internet drei Jahre und neun Monate ins Gefängnis. Zwei Menschen kamen durch die Medikamente ums Leben.

Das Landgericht Wuppertal sah es als erwiesen an, dass Kejdi S. in insgesamt 16 Fällen gegen das Arzneimittelgesetz verstoßen hat. Der junge Mann hatte verschreibungspflichtige Medikamente über das Internet zum Verkauf angeboten. Durch die Einnahme der Pillen waren zwei Menschen gestorben und sieben ins Koma gefallen. ›Der Angeklagte hat mit besonderer Skrupellosigkeit und krimineller Energie gehandelt‹, sagte der Vorsitzende Richter Ralph von Bargen. Als Motiv für die Taten sah das Gericht ausschließlich persönliche Bereicherung. S. hatte in seinen Aussagen vor Gericht den Tablettenverkauf als ›Hilfestellung‹ beschrieben. Die 6.880 Euro, die er mit dem Verkauf der Tabletten verdient hatte, wurden vom Gericht im Rahmen des Urteils eingezogen.

In einschlägigen Internetforen hatte sich der Wuppertaler unter seinen Pseudonymen ›Buddha‹ und ›Paul de Vitt‹ als Fachmann für Gifte und einen ›sauberen Abgang‹ ausgegeben. Die Richter verurteilten den Mann wegen unerlaubten Handels mit Arzneimitteln in 16 Fällen. Der Angeklagte verkaufte das Antiepileptikum ›Luminal‹ und das Antipsychotikum ›Truxal‹ und stoppte den Verkauf auch nicht, als er von den Folgeschäden der Überlebenden erfuhr. Drei Fälle, in denen die Kunden des Angeklagten die Einnahme eines Tablettencocktails mit schweren körperlichen Folgen überlebten, sah das Gericht als besonders schwerwiegend an. Die Betroffenen lagen zum Teil mehrere Tage im Koma. Bei einem 21-Jährigen war das Fleisch an den Beinen bereits teilweise abgestorben, als er gefunden wurde. Mindestens zwei der 16 Personen, an die der Angeklagte verkauft hatte, starben dem Gericht zufolge an den Folgen des tödlichen Pillencocktails. Den Tod dieser Menschen legte das Gericht dem 23-Jährigen aber nicht zur Last, weil die Beihilfe zum Selbstmord in Deutschland nicht strafbar ist. Doch habe der Angeklagte ›in hohem Maße‹ fahrlässig gehandelt. Mit dem Urteil blieb das Gericht unter dem Antrag der Staatsanwaltschaft, die fünf Jahre Haft gefordert hatte.«

Gespräch mit Elisabeth Freifrau von Spies

Ich will kein Argument gegen eine Legalisierung des assistierten Suizids auslassen und fand in Elisabeth Freifrau von Spies, der zweiten Vorsitzenden des Beirats der Malteser Hospizarbeit und Palliativmedizin, eine erfahrene und eloquente Spezialistin. Das Interview ist meines Erachtens so wichtig und differenziert, dass ich es ungekürzt wiedergebe.

»Frau von Spies, Sie haben selbst ein Hospiz aufgebaut und geleitet. Wie kann man in Deutschland den Bedarf an Hospizbetten und palliativmedizinischer Betreuung den Bedürfnissen entsprechend abdecken?«

Freifrau von Spies: »Der Bedarf richtet sich meiner Meinung nach an verschiedenen Indikatoren aus:

1. Der besondere Pflege- und Betreuungsaufwand am Lebensende: Dies bedeutet eine Ausrichtung auf Krankheitsbilder, wie zum Beispiel Tumorerkrankungen, wo ein besonderer Bedarf an Schmerztherapie und Symptombetreuung notwendig ist.
2. Die Lebenssituation des unheilbar Erkrankten: Dies bedeutet eine Prüfung, inwieweit der sterbende Mensch in der Lage ist, bei entsprechenden Unterstützungsangeboten zu Hause zu bleiben bzw. ab wann eine stationäre Aufnahme unumgänglich ist.

3. Liegt ländliche oder städtische Infrastruktur vor? Dies bedeutet, wie sind die Hilfesysteme auf die regionalen Eigenheiten ausgerichtet, und geben diese ausreichend Sicherheit, bis zuletzt im eigenen Zuhause zu bleiben?
4. Das Alter des sterbenden Menschen und wie seine Lebenserwartung prognostiziert ist: Dies bedeutet, wir haben neben dem klassischen krebserkrankten Hospizpatienten auch Kinder mit einer lebensbegrenzenden Erkrankung und alte Menschen (zum Beispiel mit einer fortgeschrittenen Demenzerkrankung) in den Blick zu nehmen, die auf palliative und hospizliche Begleitung angewiesene Adressaten sind.

Die bisherigen Berechnungen, den Bedarf an Hospiz- und Palliativpatienten zu ermitteln, haben weitgehend nur die Anzahl der Tumorerkrankten zugrunde gelegt. Die Bedarfszahlen für stationäre Einrichtungen folgten fast ausschließlich Empfehlungen aus dem Mutterland der Hospizbewegung, England. Aufgrund der oben genannten Indikatoren, die längst nicht alle Facetten berücksichtigt haben, fällt es mir schwer, den vorliegenden Zahlen, zum Beispiel einer Deutschen Gesellschaft für Palliativmedizin, zu folgen. Dies gilt sowohl für den ambulanten Bereich, der bei einer spezialisierten Palliativversorgung von einem Palliative Care Team (8 Pflegefachkräfte/qualifizierter Palliativarzt) auf 250.000 Einwohner ausgeht, als auch für die Zahlen im stationären Bereich von 50 Hospiz- und Palliativbetten auf 1 Million Einwohner. Das Schwierige an dieser Berechnungsform ist, dass die infrastrukturellen Gegebenheiten ebenso wenig berücksichtigt sind wie der von mir oben beschriebene Adressatenkreis, der über die tumorerkrankten Menschen hinausgeht. Demzufolge ist meines Erachtens der Bedarf an hospizlicher und palliativer Versorgung weitaus höher zu veranschlagen.

Wir müssen jedoch aufpassen, dass sich der Bedarf an hospizlicher und palliativer Zuwendung nicht auf die ärztlich-pflegerischen Leistungen am Lebensende allein beschränkt, sondern dass der sterbende Mensch und seine Angehörigen

einer multidisziplinären Aufmerksamkeit bedürfen, in die Ehrenamtlichkeit eingebunden ist.
Ziel müsste daher sein, eine selbstverständliche hospizliche-palliative Versorgung als Regelversorgung in den Leistungskatalogen der Pflege und ärztlichen Leistungen nicht nur zu beschreiben, sondern auch zu vergüten. Nur dann kann meines Erachtens die oben erwähnte spezialisierte Palliativversorgung, die im Rahmen der Gesundheitsreform auf den Weg gebracht wurde, greifen. Darüber hinaus müssen alle Anstrengungen unternommen werden, die ehrenamtlich geprägten Hospizdienste und -gruppen in entsprechende Netzwerke zu integrieren und deren Aufbau noch mehr als bisher zu fördern. Gerade über das ehrenamtliche bürgerschaftliche Engagement wird der für uns wichtige Beitrag zu einer Haltungsänderung in der Gesellschaft für eine Kultur des Lebens, auch im Angesicht des Todes, gefördert.
Der Bedarf an Hospiz- und Palliativbetten ist meines Erachtens nur regional über eine entsprechende Umfeldanalyse zu eruieren (aus den oben genannten Gründen). Weiter sollte zu einer bedarfsgerechten Versorgung über Wege nachgedacht werden der Implementierung hospizlichen und palliativen Denkens und Handelns in den stationären Einrichtungen und Wohnformen, in denen heute nach wie vor die meisten Menschen sterben, im Krankenhaus und in den Altenhilfeeinrichtungen, aber auch Behinderteneinrichtungen.«

»Warum gibt es Menschen wie den Bruder des Zeit-Journalisten Bartholomäus Grill, die es trotz bester Betreuungsmöglichkeiten vorziehen, in die Schweiz zu fahren, um dort Suizidhilfe zu bekommen?«
Freifrau von Spies: »Nicht zur Last fallen wollen, nicht hinfällig sein wollen, bis zum Ende selbst zu bestimmen, aber auch die Angst vor Schmerzen, Verlust der Persönlichkeit, eine Haltung, das Leben bis zuletzt in eigener Regie und Kontrolle zu behalten, mögen einige der Gründe sein. Es ist immer schwer, ein innerpsychisches Geschehen von außen zu bewerten, und es

widerstrebt mir, dieses auf eine Person hin zu tun, die ich nicht kenne und über deren Erleben ich nur von Dritten weiß. Für mich ist dieser Schritt, sich selbst das Leben zu nehmen, unabhängig von der Unterstützung einer Organisation, mit meiner christlichen Überzeugung nicht in Übereinstimmung zu bringen. Das Leben und damit auch das Leben in seiner letzten Phase ist für mich ein unverfügbares Geschenk Gottes. Mir ist aus eigenem Erleben bewusst, dass dies nicht ohne eine Haltung zum Leiden möglich ist. Leiden – in diesem Sinne – jenseits dessen, was wir auch in der hospizlich-palliativen Betreuung leisten können, bleibt Teil des menschlichen Lebens und zugleich die härteste Herausforderung an unsere Existenz. Das heißt, alle mitmenschliche Begleitung kann das Leiden des Einzelnen nicht nehmen, wohl aber habe ich die Erfahrung gemacht, dass der Umgang des Einzelnen mit seinem persönlichen Schicksal und eine damit verbundene Annahme des Leidvollen auch für Angehörige besondere Erfahrungen von Nähe und Lebenshilfe für die Zukunft waren. Der sterbende Mensch selbst, so habe ich es in meiner Tätigkeit immer wieder erfahren, entnimmt im Rückblick auf sein gelebtes Leben gerade den schweren Zeiten, den existenziellen Krisen, häufig einen Sinn, der ihn versöhnt, auch mit der jetzigen Situation, sterben lässt.«

»Der so genannte Sterbetourismus in die Schweiz nimmt auch bei Patienten zu, die keine weitere palliativmedizinische Betreuung wünschen. Was kann Deutschland dagegen unternehmen?«

Freifrau von Spies: »Wenn jemand trotz der palliativmedizinischen Betreuung zum Sterben in die Schweiz fährt, dann müssen wir uns zunächst selbstkritisch fragen, was haben wir falsch gemacht, und damit verbunden die Frage an die von uns betreute Person, was können wir noch tun oder was hätten wir anders tun können.

Darüber hinaus brauchen wir in Deutschland einen Paradigmenwechsel, eine Bewusstseinsänderung, die den Menschen auch in seiner Hinfälligkeit, Krankheit und Beeinträchtigung als wertvoll und lebenswürdig sieht. Diese christliche Überzeugung ist in unserer Zeit der vielen konkurrierenden Werte und Wertvorstellungen verloren gegangen. Nur wenn die Achtung jeglichen menschlichen Lebens, unabhängig von der Leistungsfähigkeit und -bereitschaft, als unumstößlicher Grundwert unserer Kultur die Gesellschaft prägt, kann es vielleicht gelingen bei schwachen, kranken und behinderten Menschen, dem Gefühl der Zumutung für andere und damit verbundenen Last entgegenzutreten.«

»Warum kommt für Sie eine Legalisierung des assistierten Suizids in Deutschland nicht in Frage?«

Freifrau von Spies: »Aus meinem christlich-ethischen Selbstverständnis ist für mich grundsätzlich eine Legalisierung nicht denkbar. Als ich vor zwanzig Jahren mit Hospizarbeit begonnen habe, war die größte Sorge der Menschen, Schmerzen zu haben und allein gelassen zu werden. Heute ist die größte Sorge, zur Last zu fallen. Gesetze, wie sie die Legalisierung des assistierten Suizids darstellen, passen in ein gesellschaftliches Klima, das um den kranken Menschen herum den psychischen Druck verstärkt. Was passiert, wenn ein Mensch sich zunehmend unter Rechtfertigungsdruck sieht, die gesetzlichen Möglichkeiten wahrnehmen zu müssen, und das, obwohl er trotz seiner Krankheit und/oder Behinderung bei schlimmster Diagnose dem Leben Sinn abgewinnen kann?

Wir kommen in eine Diskussion, wo sich diejenigen rechtfertigen müssen, die dem Leben auch mit seinen Schattenseiten Qualität und Sinn abgewinnen.

Angesichts auch familiärer Situationen, zum Beispiel bei Demenz, merke ich selbst die Schwere der Herausforderung für Angehörige.

Gleichzeitig erlebe ich meinen Glauben als eine Hilfe, die mir Kraft und Richtung gibt und über den ich mich Gott anvertrauen kann. Ich stelle es mir schwer vor, mit anderen Erfahrungen und ohne diese tragende Glaubenshilfe in solchen Situationen zu bestehen. Die individuellen Krisenbewältigungsstrategien von betroffenen Menschen und Angehörigen werden in bisher nicht bekanntem Maße und vor allem nicht eingeübten Formen herausgefordert. Hier dürfen der Staat, die Kirche und die Gesellschaft die Angehörigen und Betroffenen nicht alleine lassen. Keine Hilfe ist aus meinem Verständnis hierbei die Legalisierung des assistierten Suizids, weil dadurch der gesellschaftlichen Diskussion ausgewichen wird.«

»Aktive Sterbehilfe macht heute schon vermutlich ein Prozent aller Todesfälle in Deutschland aus. Strafrechtler vermuten, dass die Dunkelziffer viel höher liegt. Wie schätzen Sie die Situation ein?«

Freifrau von Spies: »Dazu kann ich keine direkten Aussagen machen. Vermutlich wird es Fälle dieser Art geben, aber hier gilt es, die Erfahrungen aus den Niederlanden kritisch zu betrachten. Dort gibt es bei Einhaltung entsprechender Regeln eine Straffreiheit bei aktiver Sterbehilfe, und dennoch bleibt eine Zahl von nicht gemeldeten Fällen der aktiven Sterbehilfe. Geht man den Motiven auf den Grund, dann findet sich bei 30 Prozent der Ärzte und 38 Prozent der Angehörigen die Auffassung (zuletzt genannte Zahlen in ›hart aber fair‹, WDR 3, am 7. Februar 2007), dass das Leben für den Betroffenen nicht mehr lebenswert gewesen sei, ohne allerdings diesen mit dieser Einschätzung zu konfrontieren. Mit anderen Worten: Niederländische Untersuchungen belegen, dass nicht der Autonomiegedanke des Sterbenden, sondern das ›Mitleid‹ der Außenstehenden häufig die Grundlage der Entscheidung ist.

Bei vielen Ärzten erlebe ich eine Unsicherheit: ›Was ist rechtlich erlaubt und was nicht?‹. Häufig fällt es Ärzten schwer, aktive Sterbehilfe von der erlaubten indirekten bzw. passiven Sterbehilfe zu unterscheiden. In der ethischen Entscheidung sind sie ebenfalls oft auf sich allein gestellt.

In unseren Malteser Krankenhäusern und in der Hospizarbeit und Palliativmedizin setzen wir uns für ethische Fallbesprechungen ein, in denen zusammen mit den Angehörigen,

Betreuern und Mitarbeitern nach ethisch vertretbaren Wegen gesucht wird. Im Zusammenspiel von guter hospizlich-palliativer Behandlung und gemeinsamer ethischer Entscheidungsfindung liegt meines Erachtens eine Chance, die Verantwortung des Arztes einerseits ernst zu nehmen und andererseits ihm bei der Entscheidungsfindung zur Seite zu stehen. Hierzu müssen allerdings auch die institutionellen Voraussetzungen geschaffen werden, und dies ist auch auf die Altenheime zu übertragen.«

»›Ich habe aktiver Sterbehilfe beigewohnt, sie ermöglicht und gebilligt. Ich spreche von meiner Frau‹, sagt Ralph Giordano und berichtet von einem durch Darmkrebs ausgelösten Leidensweg, der 1984 auf seinen Wunsch durch Sterbehilfe endete. Im Gespräch mit Giordano erklärte der Hamburger Weihbischof Hans-Jochen Jaschke, er werde im Einzelfall die persönliche Entscheidung für aktive Sterbehilfe respektieren. Tun Sie das auch?«

Freifrau von Spies: »Ich respektiere grundsätzlich die Entscheidung des Einzelnen. Mir ist bewusst, dass alle Beteiligten in große Gewissenskonflikte kommen. Da mir die Situation im Einzelnen nicht bekannt ist, fällt mir in Ihrer Frage nur auf, dass es Ralph Giordano selbst war, der die Entscheidung getroffen hat. Unklar bleibt hier, inwieweit seine Frau noch in der Lage war, dies mitzuentscheiden.

Immer wieder wird die Frage bzw. der Ruf nach aktiver Sterbehilfe am Einzelfall festgemacht. Der Respekt vor der individuellen Entscheidung des Einzelnen, die, unter Umständen in Bezug auf die Situation selbst, auch ethisch nachvollziehbar sein kann, ist nicht gleichzusetzen mit einer grundsätzlichen Akzeptanz und Befürwortung einer entsprechenden Legalisierung. Unsere Möglichkeiten im Rechtssystem stellen sicher, dass auch eine ethisch begründete Tat sich vor Gericht verantworten muss. Das heißt, in jedem Fall, unabhängig davon, ob es zu einer Verurteilung kommt, ist die Tat rechtlich zu bewerten und damit einer wie auch immer gearteten Willkür entzogen.«

»Schon heute gibt es eine allgemein anerkannte Form der indirekten aktiven Sterbehilfe. Die Schmerzminderung um den Preis der Lebensverkürzung wird bis zum Papst in Rom gutgeheißen. Die katholische Kirche hält es für legitim, wenn eine Schmerzbehandlung zur Eindämmung unerträglicher Leiden im Nebeneffekt zu einer Verkürzung des Lebens führt. Diese dürfe aber nicht beabsichtigt sein. Ist das in der Praxis durchführbar?«

Freifrau von Spies: »Ja, es ist möglich und setzt, wie die Frage schon beinhaltet, eine klare Position und Haltung des Arztes voraus, der alle Maßnahmen der Linderung mit dem Ziel und der Absicht bestmöglicher Lebensqualität verbindet. In der Palliativmedizin hat sich darüber hinaus die so genannte palliative (terminale) Sedierung etabliert, die in den Fällen greift, wo nur über die Herstellung eines reversiblen künstlichen Schlafzustandes den Schmerzen beziehungsweise dem Leiden begegnet werden kann. Dieser Vorgang ist jederzeit rückgängig zu machen und orientiert sich an dem Patientenwillen.

Palliativmediziner selbst halten eine indirekte Sterbehilfe, das heißt ein in Kauf genommenes lebensverkürzendes Sterben aufgrund von Medikamentengaben zur Schmerzlinderung, für eher unwahrscheinlich, da in aller Regel mit einer erfolgreichen Schmerzbehandlung und Symptomkontrolle eine Stabilisierung und damit keine Lebensverkürzung einhergeht.

Wie oben erwähnt, wissen meines Erachtens zu wenig Ärzte um die auch christlich begründete erlaubte indirekte und passive Sterbehilfe und damit um die Möglichkeiten des Sterbenlassens, ohne dass sich der ärztlichen Verantwortung, dem sterbenden Menschen beizustehen, entzogen werden kann.«

»Es gibt bundesweit viele verschiedene Initiativen, die Hospizarbeit und Palliativmedizin stärken wollen. Wie kann man diesen zu größerer Wirkung verhelfen?«

Freifrau von Spies: »Es ist unverzichtbar, nicht nachzulassen, durch Vorträge und Informationen zu den Möglichkeiten der Hospizarbeit und Palliativmedizin in der Öffentlichkeit für eine Kultur des Lebens zu werben, die Sterben, Tod und Trauer als Teil des Lebens und die Zuwendung zu schwachen und schwerkranken Menschen als wichtige unverzichtbare menschliche Aufgabe sieht.

Die Malteser Hospizdienste und Palliativeinrichtungen nehmen diese Aufgabe vor Ort wahr, sie bemühen sich, Beispiel zu geben und über Hilfen und das Wissen über Sterbe- und Trauerprozesse aufzuklären. Mit unserer Kampagne ›Würde ist für mich …‹ haben die Malteser bewusst den Begriff Würde mit positiven menschlichen Erfahrungen aus der Hospizarbeit und Palliativmedizin verknüpft. Dadurch haben wir deutlich gemacht, dass Menschenwürde eng mit der menschlichen Zuwendung und der Bereitschaft, Nähe zu geben, verbunden ist. Wir sind überzeugt, dass, indem wir die Angehörigenperspektive widergespiegelt haben, wir deutlich machen, wie solche Erfahrungen unsere Gesellschaft prägen und damit verändern können. Wir müssen aus dem Leben der Sterbenden erzählen, um die Chancen begreifbar zu machen, die für die Sterbenden und Angehörigen in einem solchen Prozess liegen können, ohne dabei dem Leid auszuweichen.

Als christlicher Träger der Hospizarbeit und Palliativmedizin sehen wir unsere Aufgabe auch darin, darauf zu achten, dass die spirituelle Dimension, die sich vielfach als Sehnsucht nach sinnerfülltem Leben zeigt, im besonderen Maße wahr- und ernst genommen wird. Dies weist uns aus der Sterbesituation zurück ins Leben. Denn am Ende des Lebens der Frage nach Sinn nachzugehen bedeutet, diesem im Leben bereits einen Raum gegeben zu haben. So zeigt die Hospizbewegung, dass die Einbeziehung der letzten Lebensphase der Schlüssel zum Leben überhaupt ist. Deshalb müssen unsere Maßnahmen bereits dort ansetzen, wo Menschen die ersten Erfahrungen mit Verlust, Sterben, Tod und Trauer machen, das sind also Kindergärten und Schulen.

Nur wo ein selbstverständlicher Umgang mit diesen Themen erfolgt und der Mensch nicht durch Schwäche, Krankheit und

Behinderung als weniger lebenswert definiert wird, werden wir einer Kultur begegnen können, in der der Mensch sich nicht als Last empfinden muss.
Für mich persönlich gilt auch, dass in einer immer mehr säkularisierten Welt wir als Christen den Mut haben dürfen, von der Liebe Gottes und von der Hoffnung, aus der wir leben, zu erzählen. Dazu gehört auch die Hoffnung auf ein Leben nach dem Tod. Ich bin tief überzeugt, dass jeder Mensch ohne Ansehen seiner Leistungen und seiner Verdienste von Gott her die Würde zu seinem Menschsein verliehen bekommen hat. In dieser christlich geprägten Haltung begegne ich so dem sterbenden Menschen im Respekt vor seiner eigenen Weltanschauung und seinem Leben.«

Selten habe ich eine so klare und überzeugende Argumentation – in Teilen gegen meine eigenen Überzeugungen – gehört wie die von Elisabeth Freifrau von Spies. Kernpunkt unserer Meinungsverschiedenheit ist die Frage nach der Legalisierung des assistierten Suizids. Das Problem stellt sich ja in verschärfter Form deshalb, weil er im Nachbarland Schweiz möglich ist.

Antworten von Ludwig A. Minelli

Dieses Buch beinhaltet schon viele Kommentare zu den Ausführungen von Frau von Spies. Ich möchte ihre Sichtweisen deshalb in einen zwar imaginären, aber dennoch fast direkten Dialog mit Ludwig Minelli, dem Gründer von Dignitas, eintreten lassen.

Ich traf Ludwig Minelli zum ersten Mal im Rahmen der TV-Sendung »Nachtcafé« des Südwestfernsehens im Dezember 2005. Er gehört zu den prominentesten Befürwortern der Legalisierung des assistierten Suizids. Die Eröffnung einer Dignitas-Dependance in Hannover im Herbst jenes Jahres hatte eine Diskussion in Deutschland entfacht, die bis heute andauert. Leider ist seine Sterbehilfeorganisation wiederholt ins Gerede gekommen. Dementsprechend offensiv und manchmal harsch reagiert Minelli im Gespräch. Sein Verdienst ist es allerdings, die Diskussion um den assistierten Suizid vorangebracht zu haben.

Zur Geschichte um Bartholomäus Grills Bruder erklärt Minelli: »Man muss hier sehen, dass ein ALS-Patient – ähnlich wie ein MS-Patient – einer oft stark progredienten Krankheit ausgesetzt ist, die ihm zunehmend die Autonomie raubt (ALS: Amyotrophe Lateralsklerose, MS: Multiple Sklerose; Anm. d. Red.). MS war bei einer Studie des Instituts für Rechtsmedizin der Universität Zürich über die Exit-Suizide 1990 bis 2000 mit 4,5 Prozent der an MS Verstorbenen jene Krankheit, welche die höchste Rate an Exit-Verstorbenen aufwies. Im Gegensatz dazu war die Rate am geringsten bei an Herz-, Kreislauf- oder Atemwegserkrankungen Verstorbenen: 67 auf 100.000 (also 0,067 Promille).

Es gibt eben Menschen, die ertragen es nur schon nicht, in ein Heim eintreten zu müssen; bei anderen wird die Grenze erreicht, wenn sie ihre eigene Verdauungstoilette nicht mehr vollziehen können, etc. Generell muss man aus den geringen Minderheiten, welche diesen Weg wählen, eben auch schließen, dass es nicht in erster Linie an Mängeln am System, der Betreuung etc. liegt, dass sie diesen Weg wählen, sondern an ihrem eigenen Freiheits- und Selbstständigkeitsverständnis. Mittlerweile hat ja das Schweizerische Bundesgericht mit Urteil vom 3. November 2006 entschieden, das Recht eines Menschen, über Art und Zeitpunkt seines eigenen Todes zu entscheiden, sei Bestandteil des Selbstbestimmungsrechts, wie es durch Art. 8 Abs. 1 der Europäischen Menschenrechtskonvention gewährleistet sei. Dies müsste dann letztlich auch in allen anderen Europaratsstaaten gelten, und wir werden versuchen, das dort auch durchzusetzen.«

»Verstehen Sie die Gründe, warum Exit den Deutschen keine Hilfe gewährt?«

Minelli: »Es gibt wohl sachliche und vorgeschobene Gründe. Sachlich ist die Distanzbetreuung und -abklärung meist wohl sehr viel aufwändiger als die persönliche Betreuung in relativer Nähe (im Sinne schweizerischer Distanzen). Dies erfordert einen hohen Aufwand im Büro und den Einsatz gut qualifizierter Personen für die Telefon- und Korrespondenzberatung. Diese Beratung bewirkt, dass – nach einer bei Dignitas erfolgten Studie – 70 Prozent der Menschen, welche von der Organisation das ›grüne Licht‹ erhalten haben (was bedeutet, ein Arzt ist bereit, für sie das Rezept zu schreiben, sofern er sie vorher sieht und sprechen kann), sich nie mehr melden. Dies erfordert, dass diese Dienstleistung separat bezahlt werden muss. Wir mussten deshalb Sondermitgliederbeiträge einführen, um wirtschaftlich diese Dienstleistung erbringen zu können. Das ist der sachliche Grund. Vorgeschoben ist der Grund, auf Distanz sei keine derart intensive Abklärung möglich, wie sie bei persönlichen Gesprächen möglich sei.«

»Der so genannte Sterbetourismus in die Schweiz nimmt auch bei Patienten zu, die keine weitere palliativmedizinische Betreuung wünschen. Was kann Deutschland dagegen unternehmen?«

Minelli: »Deutschland sollte erkennen, dass seine Haltung seine Bürgerinnen und Bürger dazu zwingt, mit den Füßen abzustimmen. Die BRD nähert sich in dieser Hinsicht der DDR an, unter gnädiger Vormundschaft der christlichen Großkirchen. Zudem: Es gibt keine palliativmedizinische Betreuung für Menschen, die nicht terminal krank sind, sondern etwa an ALS oder MS leiden. Da auch hier das Freiheitsverständnis des Einzelnen, oft auch das Verantwortungsgefühl des Einzelnen für sich selbst und seine Familie ins Spiel kommen, ist eine Palliativmedizin – die in Deutschland über weite Strecken ohnehin nicht stattfindet und auch nicht finanziert werden kann – kein Mittel der Wahl.

Das großmäulige Versprechen der Ulla Schmidt mit den 250 oder 500 Millionen Euro ist genauso fassbar wie das 1.-August-Feuerwerk über der Schweizer Botschaft, nachdem der 2. August angebrochen ist.«

»Wie könnte eine Legalisierung des assistierten Suizids in Deutschland zustande kommen?«

Minelli: »Grundsätzlich ist assistierter Suizid in Deutschland heute schon möglich, aber nur unter menschenunwürdigen Bedingungen. Nach wie vor besteht ein Urteil des Bundesgerichtshofs, das davon ausgeht, in jedem Fall eines Suizidversuchs könne ja nicht ausgeschlossen werden, dass der Suizident nach Vornahme seiner intendierten letzten Handlung doch noch einmal umkehren möchte zum Leben hin und dass deshalb das In-Ohnmacht-fallen als Unglücksfall zu betrachten sei, der bei fehlendem Herbeiruf der Rettung für Nichtgaranten die Gefahr der Verfolgung wegen unterlassener Hilfeleistung, bei Garanten die Gefahr der Verfolgung wegen Totschlags durch Unterlassen auslösen kann.

Solange nicht der Gesetzgeber das positive Recht so ordnet, dass dieser hanebüchene Unsinn der Karlsruher Richter beseitigt wird, oder solange nicht durch einen weiteren Gerichtsfall das Gericht selbst endlich Vernunft annimmt, bleibt Deutschland ein nur halbwegs aufgeklärter Staat unter Vormundschaft der Großkirchen.

Der Deutsche Juristentag vom September 2003 hat in dieser Richtung Anregungen gemacht; es wäre Zeit, dass sie ernst genommen werden. Doch man wird in Kürze bei den Beratungen im Bundestag über die Frage der Verbindlichkeit von Patientenverfügungen erleben, dass vor allem seitens der CDU, aber auch gewisser Kreise der Grünen und der SPD, der Trend zur Einschränkung der Beachtung des rechtzeitig schriftlich erklärten Willens des später äußerungsunfähig gewordenen Patienten besteht. Der freie, mündige Mensch ist für diese Personen alleweil eine existenzielle Bedrohung.«

»Aktive Sterbehilfe macht heute schon vermutlich ein Prozent aller Todesfälle in Deutschland aus. Strafrechtler vermuten, dass die Dunkelziffer viel höher liegt. Wie schätzen Sie die Situation in der Schweiz ein?«

Minelli: »Es ist etwas schwierig, Ihre Frage so zu beantworten, wie sie gestellt worden ist. Aktive Sterbehilfe heißt für mich immer im strafrechtlichen Kontext Tötung auf Verlangen. Für aktive Sterbehilfe in der Schweiz werden 0,3 Prozent angegeben. Das sind bei rund 60.000 Sterbefällen im Jahr rund 180 Fälle. Auf Deutschland extrapoliert ergibt das rund 2.000 Fälle im Jahr. Diese Zahlen beruhen auf Selbstangaben der anonym befragten Ärzte. Man darf schon annehmen, dass es dazu noch eine Grauzone gibt.

Das Problem ist allerdings, dass man schon äußerst genau fragen müsste, um genaue Antworten zu erhalten, denn die meisten Mediziner haben schon heute Mühe zu unterscheiden, was aktive oder passive Sterbehilfe ist. So ordnen sie etwa das Abstellen einer Beatmungsmaschine oft als aktive Sterbehilfe ein und halten sie für verboten, obwohl das lediglich der vom Patienten erteilte Befehl ist, eine therapeutische Maßnahme einzustellen. Auch wenn dies letztlich zum Tode führt, ist es nicht das Abstellen, das zum Tode führt, sondern der natürliche Verlauf der bestehenden Krankheit. Die Forderung ist also: Denkapparat einstellen und genau differenzieren.«

»Schon heute gibt es eine allgemein anerkannte Form der indirekten aktiven Sterbehilfe. Schmerzminderung um den Preis der Lebensverkürzung wird bis zum Papst in Rom gutgeheißen. Die katholische Kirche hält es für legitim, wenn eine Schmerzbehandlung zur Eindämmung unerträglicher Leiden im Nebeneffekt zu einer Verkürzung des Lebens führt. Dies dürfe aber nicht beabsichtigt sein. Ist das in der Praxis durchführbar? Wie schätzen Sie die Grauzone ein?«

Minelli: »Das ist unaufgeklärtes akademisches und ekklesiastisches Geschwätz von Wolkenschiebern, die sich über die Realitäten nie haben informieren lassen. Einerseits hat eine

hervorragende Schmerzbekämpfung mit geeigneten Morphinen oder Opioiden in aller Regel lebensverlängernde Wirkung und nicht lebensverkürzende; dazu muss man die Schmerzmediziner im Einzelnen befragen.
Andererseits ginge es bei der Unterscheidung der inneren Motivation des Arztes um etwas, was niemand von außen je wird feststellen können. Also ist die Unterscheidung sinnlos und überflüssig. Die Grauzone ergibt sich aus dem grauenhaft weit verbreiteten Unwissen deutscher Ärzte im Bereich Schmerzmedizin. Das ist bislang kaum je an einer Universität Unterrichts- oder gar Prüfungsfach, und erst langsam entstehen an Universitäten überhaupt erst Lehrstühle für Palliativmedizin, interessanterweise gerade drei in NRW (Aachen, Köln, Bonn).«

»Gegner der Legalisierung des assistierten Suizids sagen, es sei heute die größte Sorge alter und kranker Menschen, anderen zur Last zu fallen. Eine Legalisierung würde den psychischen Druck zweifelnder Menschen verstärken. Diejenigen müssten sich dann rechtfertigen, die auch einem zu Ende gehenden Leben in Schmerzen noch Qualität und Sinn abgewinnen. Was entgegnen Sie diesen Einwänden?«
Minelli: »Dieses Argument wird vor allen von kirchlichen Kreisen immer wieder vorgebracht; Schlagwort ist Slippery Slope oder Dammbruch. Der Hamburger Rechtsphilosoph und Strafrechtler Prof. Dr. Reinhard Merkel hat vor kurzem in Zürich auf einer Tagung ein absolut bemerkenswertes Referat dazu gehalten und gezeigt, dass das Argument haltlos ist. Es entspringt einem utilitaristischen Denken, das sonst gerade von kirchlichen Kreisen als Teufelszeug abgelehnt wird, und funktioniert nach dem Motto: Weil ich für mich nicht die Gefahr heraufbeschwören will, dass man mich dereinst möglicherweise so unter Druck setzt, verlange ich von den heutigen Menschen, dass sie ihr Leiden geduldig tragen, sodass ich mich nicht fürchten muss. Das ist die eine Seite.
Die andere Seite: Wir erleben es ab und zu, dass Menschen ihr Leiden beenden wollen, weil sie ihr Vermögen, das sie sich

redlich durch Einsatz und Arbeit erworben haben, nicht in den letzten teuren Jahren verbraten wollen, sondern es lieber ihren Nachkommen erhalten wollen, sodass diese davon beispielsweise die Ausbildung ihrer Kinder finanzieren können. Das entspricht letztlich der Haltung des alten Inuits, der eines Abends in die Kälte der Nacht verschwindet. Dahinter steht ein nicht hoch genug einzuschätzendes Ethos; man muss aber gleichzeitig sagen, dass die Gesellschaft dies nicht fordern darf, sondern

Dammbruch

Im Gespräch erwähnt Minelli die Slippery-Slope-Argumente der Sterbehilfegegner. Diese gelten in ethischen Fragen allgemein als wenig überzeugend. Möglichkeiten katastrophaler Entwicklungen werden aufgezeigt. Dammbrüche werden vorhergesagt. Bevorstehender Missbrauch wird vermutet. Der Versuch des Einsatzes dieser Slippery-Slope-Argumente in der Vergangenheit hat gezeigt, dass sie aus heutiger Sicht betrachtet künstlich evozierte und vorgeschobene Gegenargumente waren, um triftige und dominierende Ansichten meist von Bevölkerungsmehrheiten vergeblich zu entkräften.

Klaus Peter Rippe, Dozent an der Universität Zürich und seit 2002 Präsident der Eidgenössischen Ethikkommission (EKAH), schrieb dazu in einem Aufsatz: »Der vermutete Dammbruch, dass eine allgemeine Erwartungshaltung entstehen könnte, welche Personen dazu drängt, Suizidbeihilfe zu erbeten, müsste empirisch erhärtet werden. Dies ist insbesondere erforderlich, weil mit dem Recht auf Selbstbestimmung einer der wichtigsten moralischen Grundsätze freiheitlicher Gesellschaften involviert ist. Dieses Recht darf nur dann eingeschränkt werden, wenn eine Gefahr für das Leben anderer wirklich wahrscheinlich ist.«

Weil diese Gefahr ganz unwahrscheinlich ist, bleibt die Schweiz bei der Frage des assistierten Suizids liberal. Rippe folgert, dass bei Zweifeln an der Autonomie eines Sterbewunsches die Sterbehilfeorganisation ihre Pflicht wahrnimmt, suizidpräventiv tätig zu werden. Bestehen keine Zweifel, so gilt es den Suizidwunsch zu tolerieren.

dies der Entscheidung der Einzelnen überlassen muss. Sie wird das auch so tun – in ihrer Mehrheit. Wer heute seine Alten beseitigt wissen will, der entzieht ihnen die Liebe, besucht sie nicht mehr, lässt sie sozial vereinsamen, sodass sie sich im Altenheim den Tod wünschen. Das aber ist eine verschwindende Minderheit.«

Antworten von Andreas Blum

Andreas Blum war in den 1970er Jahren Mitglied des Schweizer Parlaments und später in verantwortlichen Positionen des Schweizer Rundfunks tätig. Heute ist er unter anderem Vorstandsmitglied und Sprecher von Exit. Nur wenigen Fachleuten gelingt es auf Podiumsdiskussionen, die zentralen Anliegen liberaler Schweizer Positionen zum Thema Sterbehilfe so knapp und doch differenziert darzustellen. Ich konfrontierte ihn mit ähnlichen Situationen und Fragen wie meine anderen Gesprächspartner.

»Wie erinnern Sie sich an die Anfänge des begleiteten Freitods in der Schweiz?«

Blum: »Persönlich kann ich mich an ein eigentliches Schlüsselerlebnis noch sehr genau erinnern: Mitte der 70er Jahre machte der so genannte ›Fall Hämmerli‹ in Zürich – und weit darüber hinaus – Schlagzeilen. Dr. Urs Hämmerli, der damalige Chefarzt am Zürcher Stadtspital Triemli, war der erste prominente Mediziner, der öffentlich bekannte, dass er in einem Fall, wo ihn ein urteilsfähiger, schwer leidender Mensch bitte, ihn zu erlösen, dazu bereit sei. Das war ein unerhörter Tabubruch.

Ich war damals ein junger Redakteur beim Schweizer Rundfunk. Mich packte das Thema, ich recherchierte und gestaltete eine Sendung mit dem Titel: ›Vom Recht des Menschen auf einen humanen Tod‹. Darauf bekam ich mehr als 400 Briefe – ein eindrückliches Indiz, wie sehr dieses Thema die Menschen bewegte. Sieben Jahre später wurde Exit gegründet. Ohne es beweisen zu können: Ich bin mir sicher, dass das eine etwas mit dem anderen zu tun hatte.«

»Wie hat sich die Situation und Akzeptanz seither verändert?«
Blum: »Im Vergleich zu Deutschland kennt die Schweiz schon lange eine sehr liberale strafrechtliche Regelung: Beihilfe zum Suizid ist gemäß Art. 115 StGB straflos, wenn sie ›ohne selbstsüchtige Beweggründe‹ erfolgt. Diese Regelung stammt aus dem Jahre 1941. Bis zur Gründung von Exit im Jahre 1982 gab es in der Schweiz aber meines Wissens keine Sterbehilfeorganisationen. Nach dem ›Fall Hämmerli‹ musste sich die Gesellschaft dem lange tabuisierten Thema stellen. Heute gilt die Schweiz europaweit als Modell. Das ist nicht zuletzt der Grund, warum in den letzten Jahren der so genannte ›Sterbetourismus‹ zum medial skandalisierten Dauerbrenner wurde. Was in der Schweiz straffrei bleibt, ist praktisch in allen europäischen Ländern verboten.«

»Wo liegen heute die gravierendsten Unterschiede zwischen Deutschland und der Schweiz? Und sehen Sie Chancen, dass sich die Situation in Zukunft verändern könnte? Was müsste sich in Deutschland Ihrer Ansicht nach ändern?«
Blum: »Zunächst eine persönliche Fußnote: Ich habe Geschichte studiert und fünf Jahre in Deutschland gelebt. Wenn ich in Deutschland bin und, privat oder öffentlich, über dieses Thema diskutiere, fühle ich mich jeweils um Jahrzehnte zurückversetzt. Es bestätigt sich immer wieder der Eindruck, dass in kaum einem anderen europäischen Land – von Italien, Spanien und Portugal einmal abgesehen – die Politik, in einer unheiligen Allianz mit der (katholischen) Kirche und der Ärzteschaft, einen so extrem konservativen, autonomiefeindlichen Kurs steuert. Natürlich kann man einiges mit dem nachwirkenden Trauma der nationalsozialistischen Herrschaft erklären, das jeden Schritt Richtung Liberalisierung blockiert. Es ist ein

geschichtlich einzigartiges Phänomen, dass ein an sich sehr schöner Begriff wie Euthanasie (griech. der gute, der sanfte Tod; Anm. d. Red.) in jener dunklen Zeit derart diskreditiert worden ist, dass man ihn noch heute kaum in den Mund zu nehmen wagt.

Aber sechzig Jahre nach Kriegsende, meine ich, wird es allmählich Zeit, die Diskrepanz zwischen Recht und Rechtswirklichkeit zu überbrücken. Es darf doch nicht sein, dass in Deutschland noch immer gesetzliche Regelungen in Kraft sind, die von der großen Mehrheit der Bevölkerung abgelehnt werden. Die gesetzliche Regelung ist nicht nur weltfremd, sondern auch nicht konsistent; sie ist widersprüchlich, um nicht zu sagen schizophren.

Was meine ich damit? Auf der einen Seite ist Beihilfe zum Suizid formaljuristisch nicht strafbar. Wenn aber der Suizid nicht strafbar ist, kann es auch die Beihilfe nicht sein, wenn sie nicht aus fragwürdigen Motiven erfolgt. Hier nun aber wird es fragwürdig. Konkret: Ich kann – wenn es mir gelingt, die notwendige Dosis des Natrium-Pentobarbital, wie auch immer, zu beschaffen – einem suizidwilligen Menschen in Deutschland helfen, in Würde aus dieser Welt zu gehen, indem ich ihm das Barbiturat überbringe. Ich mache mich dabei nicht strafbar, sofern ich mich nach der Übergabe wieder entferne. Bleibe ich aber bei diesem Menschen bis zum Moment seines Todes, riskiere ich, wegen unterlassener Hilfeleistung mit dem Gesetz in Konflikt zu kommen. Man muss sich das vorstellen – eine absurde Situation.

Und das ist auch der Grund, warum die Deutsche Gesellschaft für Humanes Sterben (DGHS) suizidwillige Menschen nicht begleitet. So erweist sich bei genauerem Hinsehen die Straflosigkeit der Beihilfe zum Suizid als reine Theorie. Wie denn sonst kämen so viele Menschen aus Deutschland in die Schweiz, um dort Hilfe zu bekommen?

Wenn diese unhaltbare Situation überwunden werden soll, wird das meines Erachtens nur über den Weg einer nicht nur rechtstheoretischen Legalisierung der Beihilfe zum Suizid gehen können. Dabei ist es nicht nur das Recht, sondern auch die Pflicht des Staates, gesetzliche Schranken zu definieren, um den in diesem äußerst sensiblen Bereich immer möglichen Missbrauch zu minimalisieren.«

»Aktive Sterbehilfe macht heute schon vermutlich ein Prozent aller Todesfälle in Deutschland aus. Wie schätzen Sie die Situation in der Schweiz ein?«

Blum: »Wir bewegen uns hier im Bereich von Spekulationen, aber meines Erachtens korreliert diese Schätzung recht gut mit der Realität – auch in unserem Land. In diesem Zusammenhang: Grundsätzlich sehe ich aus ethischer Sicht kein Argument für eine radikale Ablehnung der aktiven Sterbehilfe. Als Frage formuliert: Wie können wir es gegenüber unserem Gewissen rechtfertigen, schwerstleidenden Menschen, die nicht einmal mehr in der Lage sind, den bei der Beihilfe geforderten letzten Schritt selber zu tun, auf deren ausdrücklichen Wunsch und unter der Voraussetzung, dass sie urteilsfähig sind, die Hilfe zu verweigern? Wie immer wir darüber denken: Solange – wie in Deutschland – nicht einmal die Beihilfe zum Suizid faktisch legal ist, bleibt dieses Postulat Utopie.

Was die Schweiz betrifft: In einer repräsentativen Meinungsumfrage haben sich 95 Prozent der Bevölkerung zum Prinzip des selbstbestimmten Sterbens bekannt. Und von der Hälfte der Befragten, die mit der heutigen gesetzlichen Regelung in unserem Lande nicht einverstanden sind, weil sie ihnen zu wenig weit geht, sind nicht weniger als drei Viertel der Meinung, dass auch die aktive Sterbehilfe in Ausnahmefällen gesetzlich toleriert werden sollte – ein erstaunliches Faktum. Aber selbst in unserem Land ist diese Meinung im (repräsentativen?) Parlament einstweilen noch nicht mehrheitsfähig.«

»Heute gibt es eine allgemein anerkannte Form indirekter aktiver Sterbehilfe. Schmerzminderung um den Preis der Lebensverkürzung

wird bis zum Papst in Rom akzeptiert; die Lebensverkürzung dürfe aber nicht beabsichtigt sein. Was halten Sie davon?«

Blum: »Das ist wieder ein Beispiel für die verquere Logik der Gegner einer Liberalisierung. Wie kann man denn Schmerzminderung um den Preis der Lebensverkürzung gutheißen und sie gleichzeitig ablehnen für den Fall, dass sie beabsichtigt ist? Das geht doch nicht zusammen. Wer die indirekte aktive Sterbehilfe befürwortet, kann sich nicht aus der Verantwortung stehlen: Indirekte aktive Sterbehilfe, zum Beispiel durch eine Ad-libitum-Dosierung von Morphin, nimmt die Lebensverkürzung immer in Kauf. Und wo ist da, wo ich etwas in Kauf nehme, noch der Unterschied zur Intention, zur Absicht? Seien wir ehrlich: Diese Argumentation ist unredlich, reine Spiegelfechterei.«

»Gegner der Legalisierung des assistierten Suizids sagen, dass es heute die größte Sorge alter und kranker Menschen sei, den anderen nicht zur Last fallen zu wollen. Eine Legalisierung würde den psychischen Druck verzweifelter Menschen nur noch verstärken. Es müssten sich dann jene rechtfertigen, die auch einem zu Ende gehenden Leben in Schmerzen noch Qualität und Sinn abgewinnen können. Was sagen Sie dazu?«

Blum: »Von Gegnern einer Liberalisierung der Sterbe- und Freitodhilfe wird bekanntlich immer davor gewarnt, mit einem solchen Schritt gerate die Entwicklung über kurz oder lang zwangsläufig auf eine schiefe Ebene – ein Dammbruch des ethischen Normensystems, der Verlust des Respekts vor dem menschlichen Leben sei die unausweichliche Konsequenz.

Ich halte diese Argumentation für ideologisch motivierte Stimmungsmache. Sehr viel ernster zu nehmen ist meines Erachtens die Sorge, die Beihilfe zum Suizid fördere eine gesellschaftliche Grundstimmung, die alte, pflegebedürftige Menschen immer mehr an den Rand dränge. Tatsache ist, und zwar in Deutschland genauso wie in der Schweiz: Ausgerechnet jene Menschen, die am meisten auf mitmenschliche Zuwendung und Fürsorge

angewiesen sind - Alte, Kranke, Gebrechliche am Ende ihres Lebens -, empfinden sich zunehmend als Belastung für ihre Umwelt und die Gesellschaft.
In ihrer Not glauben sie häufig sogar, sich dafür entschuldigen zu müssen, dass sie überhaupt noch am Leben sind. Dieses Problem hat sich in den letzten Jahren massiv verschärft - einerseits durch die demografische Entwicklung (die Menschen werden immer älter), andererseits durch die dadurch bedingte Zunahme von Pflegefällen. Im Zeichen rigoroser Sparmaßnahmen hat das in vielen Alters- und Pflegeheimen zu teilweise dramatischen Engpässen und Defiziten geführt. Die Überforderung des Pflegepersonals einerseits, die Angst der Patienten vor einem einsamen, unwürdigen Tod andererseits sind in diesen Institutionen traurige Realität - eine Bankrotterklärung für eine Gesellschaft, die sich so gern als eine humane definiert.
Lassen Sie es mich zum Abschluss klar und deutlich sagen: Es trifft zwar - leider - zu, dass immer mehr Menschen nicht mehr leben wollen, weil sie das Gefühl haben, nicht mehr leben zu dürfen. Dafür aber sind die zunehmende Desolidarisierung in der Gesellschaft und eine falsche Prioritätensetzung in der Politik verantwortlich - und nicht die Organisationen, die Menschen in ihrer Not und Verlassenheit zur Seite stehen.«

Das Gesetz Gottes

Spätestens seit der Causa Welby im Dezember 2006 ist Sterbehilfe ein wichtiges Thema in der italienischen Öffentlichkeit, in der vor allem die religiösen Zusammenhänge diskutiert werden. Piergiorgio Welby hatte sich nach jahrelangem Leiden an progressiver Muskeldystrophie, die ihn nur mit der Unterstützung eines Beatmungsgerätes überleben ließ, an den Präsidenten der italienischen Republik und an die italienische Öffentlichkeit gewandt. Welby forderte, dass unter ärztlicher Aufsicht und narkotisierenden Mitteln das Beatmungsgerät abgeschaltet

werde, was nach italienischem Gesetz nicht möglich ist, in Deutschland jedoch - wie gesehen - schon an der Tagesordnung ist.
Das italienische Gesetz sieht zurzeit weder eine aktive noch eine passive Form von Sterbehilfe vor. Ein italienischer Arzt fand sich jedoch, der die Erwartungen Welbys erfüllte. Er gab ihm starke Beruhigungsmittel und stellte das Beatmungsgerät ab. Welby starb am 20. Dezember 2006. Das Obduktionsergebnis über die Ursachen des Todes Welbys steht noch aus. Die italienische Justiz fragt sich nun, ob die verabreichten Mittel den Tod verursacht haben oder ob Welby an Erstickung gestorben ist. Ist er durch die Narkotika umgekommen, würde der Arzt des vorsätzlichen Mordes angeklagt werden.
Aber die Staatsanwaltschaft erhob wegen des Todes Welbys keine Vorwürfe gegen den Arzt Mario Riccio, der das Beatmungsgerät des Gelähmten abgeschaltet hatte. Die Entscheidung des Mediziners stehe im Einklang mit dem Recht von Piergiorgio Welby, die Behandlung zu verweigern, teilte der Verband mit, der Welby unterstützt hatte.

Kardinal Camillo Ruini, Vorsitzender der Italienischen Bischofskonferenz, und das römische Vikariat verweigerten nach der Tat Piergiorgio Welby eine kirchliche Bestattung, da er den klaren Willen zum Sterben geäußert habe, um seinem Leiden ein Ende zu setzen. Die Entscheidung der katholischen Kirche erregte Aufsehen und führte zu einer weitergehenden Diskussion über die Art der Hilfe, die einem an einer unheilbaren und zum Tode führenden Krankheit leidenden Menschen geleistet werden darf, wenn der Patient selbst diese Hilfe ablehnt.
Im Verlauf der Debatte warnte Kardinal Ruini vor den Gesetzesvorhaben des italienischen Parlaments zu einem »biologischen Testament«, also zu einer »vorweggenommenen Erklärung hinsichtlich künftiger Behandlungsmaßnahmen«, wie Ruini die Patientenverfügung nennt. Die Kirche lehne jede Form der

Sterbehilfe ab, unabhängig von den möglichen Gründen, den Mitteln, Handlungen und Unterlassungen, die diesem Ziel dienten. Der Kardinal erklärte, dass es berechtigt sei, eine Übertherapierung abzulehnen, das heißt: den Rückgriff auf außerordentliche ärztliche Praktiken, die für den Patienten zu schwer und zu gefährlich sind und in keiner Proportion zu den erwarteten Ergebnissen stehen. Gleichzeitig müsse es allerdings vermieden werden, dass der Verzicht auf eine ärztliche Übertherapierung zu einer Legitimierung von mehr oder weniger getarnten Formen von Euthanasie werde.
Diesbezüglich verurteilte der Kardinal vor allem den Verzicht auf eine Therapie, die den Patienten die notwendige vitale Unterstützung durch künstliche Ernährung nimmt. Somit sei es nicht möglich, dass der Wille des Kranken, der im Moment oder im Vorhinein zum Ausdruck komme, die Entscheidung zum Gegenstand habe, sich selbst das Leben zu nehmen.

Zum »Fall Welby« sagte Kardinal Ruini, dass es sich dabei um eine »schmerzhafte menschliche Angelegenheit« gehandelt habe. Zur »erlittenen Entscheidung« Ruinis, Welby eine katholische Beerdigung zu verweigern, sei es aufgrund der Tatsache gekommen, »dass der Verstorbene bis zum Schluss klar und bewusst auf dem Willen bestanden hat, seinem Leben ein Ende zu setzen: Unter diesen Umständen wäre eine andere Entscheidung für die Kirche unmöglich und widersprüchlich gewesen, denn das hätte eine Haltung legitimiert, die gegen das Gesetz Gottes gerichtet ist.« Kardinal Ruini erklärte, dass er sich darüber im Klaren gewesen sei, mit dieser Entscheidung den Familienangehörigen und vielen anderen Menschen, die von Gefühlen menschlichen Erbarmens und der Solidarität zum Leidenden bewegt waren, Schmerz zuzufügen. Diese Menschen seien sich aber vielleicht weniger über den Wert jedes menschlichen Lebens bewusst gewesen, über das auch der Kranke selbst nicht verfügen könne. Wie lange lässt sich diese Doktrin eines »Göttlichen Gesetzes« in diesem Zusammenhang noch aufrechterhalten? Führt die Forderung nach Legalisierung des assistierten Suizids zu einem Kulturkampf mit den Kirchen? Der Tod ist nicht immer gnädig. Das Sterben kann lange und schmerzvoll sein. Wenn unheilbar Kranke in einer solchen Situation den Wunsch nach Erlösung äußern, werden künftig auch die Kirchen überlegen müssen, ob Qualen, die nur dank moderner Technik möglich geworden sind, in jedem Fall bis zuletzt erduldet werden müssen. Heute erlebt man wegen der modernen Medizin Endstadien, die es früher nicht gegeben hätte. Die Änderung der Umstände beim Sterben muss auch eine Änderung der Beurteilung des Wie, Wann und Wo des Sterbens herbeiführen.

Die Ärztekammer der norditalienischen Stadt Cremona hatte im Februar 2007 einstimmig beschlossen, den Anästhesiearzt Mario Riccio freizusprechen, der im Dezember Piergiorgio

Widerspruch gegen Patientenverfügungen

Trotz des Freispruchs durch die Ärztekammer drohen Riccio weitere Probleme mit der Justiz. Auch die römische Staatsanwaltschaft hatte nach Welbys Tod Ermittlungen gegen den Arzt aus Cremona in die Wege geleitet. Zudem hat sich der Verband italienischer Klinik-Anästhesisten gegen lebensverkürzende Maßnahmen gewandt. Für die Ärzte sei »keine medizinische Handlung zumutbar, die willentlich das Leben unterdrückt«, erklärt die Organisation vor dem Hintergrund der Causa Welby. Der Vorsitzende des Anästhesisten-Verbands, Vincenzo Carpino, sagte, der Wunsch, dem Leben ein Ende zu setzen, gründe oft lediglich in unzureichenden Maßnahmen gegen die Leiden. Auch Patientenverfügungen müsse der Arzt aus Gewissensgründen widersprechen dürfen. Man könne von spezialisierten Medizinern »nicht zur gleichen Zeit verlangen, alles Mögliche für die Rettung menschlicher Leben zu tun, und sie zu beenden, indem man die Geräte abschalte«.

Welby das Beatmungsgerät abgeschaltet hatte. Andrea Bianchi, der Präsident der Ärztekammer von Cremona, hatte Riccio ausführlich zum Fall befragt. »Wir haben die ärztlichen Befunde zum Fall Welby genau überprüft. Wir sind zum Schluss gekommen, dass Riccio einwandfrei gehandelt hat«, erklärte Bianchi. Der Freispruch Riccios werfe neue Fragen auf. »Es ist absolut notwendig, dass das Parlament ein Gesetz über die Sterbehilfe verabschiedet. Die Ärzte können nicht allein gelassen werden«, sagte Bianchi.

Die Heiligkeit menschlichen Lebens

Gibt es ein Recht auf einen sanften und schmerzfreien Tod? Oder gibt es eine Pflicht, qualvoll zu sterben?
Wer Todesnähe erlebte und reanimiert wurde, fühlt und denkt danach meistens anders. Die erinnerten Gefahrenszenen bewirken oft positive mentale Veränderungen. Vermutlich hängen diese mit der Ausschüttung körpereigener Opiate, den Endorphinen, zusammen, deren Bekanntschaft ich gerne bei jedem Marathonlauf mache. Verstärkt werden können dadurch die Intensität der Alltagswahrnehmungen und das Bewusstsein für die Befristung des Lebens, also für »die gestundete Zeit« wie Ingeborg Bachmann es nannte, ebenso wie der (konfessionell und kirchlich ungebundene) Glaube. Sowohl das barocke Erlebnis irdischer Nichtigkeit angesichts der Ewigkeit als auch der heute säkularisierte und daher ungeborgene Übergang vom Leben zum Tod verlieren nach Aussagen Betroffener weitgehend ihren Schrecken.

Aber man muss nicht Todesnähe erfahren, um die Angst vor dem Ende zu mindern. Allein die Auseinandersetzung mit dem Sterben und die Überlegung, wie man sprachlich damit umgeht, kann hilfreich sein. Der Mediziner und Theologe Kurt W. Schmidt, der das Zentrum für Ethik der Medizin am

Frankfurter Markus-Krankenhaus leitet, schlägt vor, auf die Unterscheidung zwischen aktiver und passiver Sterbehilfe zu verzichten. Auch ein Arzt, der sich entscheidet, lebensverlängernde Maßnahmen abzubrechen, muss die entsprechenden Apparate aktiv abschalten. Schmidt weist auf den hohen Stellenwert des Lebensschutzes hin, über den sich Kirchen, Ärzte und Justiz einig seien. Eine der Lehren der Geschichte sei es, das Leben nicht von außen mit Wertmaßstäben zu beurteilen: »Es ist unsere gesellschaftliche Herausforderung, dass jeder Mensch seine Entscheidung frei treffen kann.«

Schon der Theologe Hans Küng hat ausführlich dargelegt, dass aus religiöser Sicht Sterbehilfe als Akt der Nächstenliebe verstanden werden kann, der christlich zu begründen ist und eine Befreiung von Leid bedeuten kann. Küng schrieb vor über zehn Jahren, dass Gott dem Menschen die Gewissensentscheidung »für Art und Zeitpunkt seines Todes« überlassen hat. In der Praxis sieht es aber mehrheitlich so aus, das der betroffene Mensch nicht selbst die Art und den Zeitpunkt bestimmt, sondern dies im ärztlichen Ermessen liegt. Dagegen wehrt sich nicht nur Küng und schreibt: »Ich bin für Regelungen nicht zuletzt wegen der Ärzte selber. Habe ich doch festgestellt, dass die Ärzte Angst haben müssen – und das ist eine begründete Angst, wenn sie bezüglich der aktiven Sterbehilfe öffentlich die Wahrheit sagen.«

Im März 2007 referierte Eugen Drewermann, der 1966 zum Priester geweiht wurde und 2005 aus der Kirche austrat, in St. Gallen, auf Einladung des Instituts für Rechtswissenschaften und Rechtspraxis auf der Tagung »Sicherheitsaspekte der Sterbehilfe«, zur Frage, ob es eine christliche Position zum assistierten Suizid gibt. In einem Interview mit dem Züricher Tages-Anzeiger sagte er, dass die katholische Kirche nicht das Recht habe, organisierte Suizidbeihilfe abzulehnen. Er sprach sich für die straffreie Beihilfe zum Selbstmord auch in Deutschland aus: »In Deutschland gibt es in diesen Fragen einen sehr starken Einfluss der katholischen Kirche via die CDU. Die protestantische Theologie ist demgegenüber viel flexibler auf die einzelne Situation ausgerichtet. Katholischerseits ist die Situationsethik untersagt, dank direkten Eingriffen des Vatikans, der seine Lehre im Vorherwissen, was in jedem Fall zu sein hat, monolithisch von oben nach unten in die Wirklichkeit schiebt. Dieser Denkansatz ist grausam und machtbesessen.« Auf das gegen Selbstmord stehende Argument, dass der Mensch nicht das Recht habe, über von Gott gegebenes Leben zu verfügen, führte Drewermann aus, dass dies der »psychischen Wirklichkeit« der Selbstmordwilligen nicht standhalte.

Freiheit zur Selbstbestimmung wird in unserer Gesellschaft immer wichtiger. Auch für das Lebensende wird die Möglichkeit der Selbstbestimmung erwartet. In unserer gegenwärtigen säkularisierten Gesellschaft hat die Mehrheit der Bevölkerung im Sinne der Selbstbestimmung Verständnis für den Suizid, wenn jemand an schwerer, nicht heilbarer Krankheit leidet. Nur zwölf Prozent pochen auch in diesem Fall auf die Heiligkeit menschlichen Lebens und halten daran fest, dass dieses keinesfalls vorzeitig beendet werden darf, »auch wenn der Patient das ausdrücklich verlangt«. Dagegen finden 70 Prozent, ein schwerkranker Mensch sollte »selbst entscheiden können, ob er leben oder sterben möchte«. Diese Einschätzung teilt auch die große Mehrheit der kirchlich gebundenen Menschen: 60 Prozent der Protestanten, 68 Prozent der Katholiken.

VIERTES KAPITEL

Suizidbeihilfe in Kunst und Kultur

Der gewählte Tod – Suizidbeihilfe im Film

In Kunst und Kultur wird nach wie vor variantenreich und oft gestorben. Eine Geschichte ist bekanntlich dann gut erzählt, wenn sie die schlimmstmögliche Wendung genommen hat, wenn also der eine oder andere Protagonist stirbt. Tragödien und Dramen in Büchern, auf der Bühne oder auf der Leinwand kommen ohne den Tod nicht aus. Er verleiht dem Leben mehr Gültigkeit, mehr Tiefe, mehr Bedeutung. Jedes Leben kann dadurch als einmalig, als schicksalhaft begriffen werden.

Es ist erstaunlich, wie verschieden in Europa die Moralvorstellungen und auch die Gesetzeslagen bezüglich des assistierten Suizids sind. Vor allem in Frankreich, Italien und Spanien wird neuerdings intensiv über Sterbehilfe nachgedacht. Wenn sich die Kunst dieser Themen annimmt, schwappt die durch Kreativität angestoßene Reflexion auch in andere Länder über, wie die Verfilmung der Leidensgeschichte Ramón Sampedros zeigt (»Mar Adentro«/»Das Meer in mir«, 2005 mit dem Oscar für die beste ausländische Produktion ausgezeichnet). Sätze Sampedros wie »Ich weigere mich, dieses Schicksal weiter zu ertragen« oder »Das Leben ist ein Recht, aber keine Pflicht« gingen um die Welt. Sampedro hatte jahrelang dafür gekämpft, sein Leben beenden zu dürfen. Eine Freundin stellte ihm 1998 eine tödliche Zyankalilösung bereit, die er trank. Als sie sich 2005 zu erkennen gab, konnte sie strafrechtlich nicht mehr verfolgt werden, da der Vorwurf der Sterbehilfe verjährt war.

Ein spanisches Beispiel

Entstehungsgeschichte und Inhalt des Films sind hinlänglich bekannt. Deshalb möchte ich nur darauf hinweisen, dass Sampedro eines von vielen Beispielen für einen egoistischen assistierten Suizid darstellt. In diesem Zusammenhang ist das Wort Egoismus wichtig. Denn auch der begleitete Freitod meiner Eltern war egoistisch motiviert, und das sind vermutlich alle assistierten Suizide, die in der Schweiz durchgeführt werden.

Das Gegenteil zum egoistischen assistierten Suizid gibt es meines Wissens in der Praxis nicht, wird jedoch von Gegnern einer Legalisierung und vor allem Gegnern der aktiven Sterbehilfe als mögliche Gefahr propagiert. Das wäre dann also der »altruistische assistierte Suizid«. Da er denkbar ist und bei der Legalisierung ein mögliches Risiko für Missbrauch darstellt, muss er ernst genommen werden, obwohl ein psychologisch geschulter Sterbehelfer auf Anhieb den Unterschied erkennen würde.

Der altruistisch motivierte assistierte Suizid

Der sterbewillige Patient würde hier freiwillig auf weitere medizinische Behandlungen verzichten oder die Behandlungszeit abkürzen, um das Gesundheitswesen nicht zu belasten, um die limitierten Ressourcen im Gesundheitswesen anderen, jüngeren Patienten zukommen zu lassen und um eigene Schuldgefühle zu vermeiden. Sollte ein derart motivierter Wunsch nach assistiertem Suizid bestehen, müsste er konsequent abgewiesen werden. Es sei denn, dieses Verlangen nach altruistisch assistiertem Suizid bleibt nach gründlichster Aufklärungsarbeit bestehen. Dann stellt sich die Frage, ob es der Respekt vor der Entscheidung des Einzelnen nicht verbietet, diesen altruistisch denkenden und fühlenden Menschen zum Weiterleben zu zwingen.

Schrecksekunden und Sterbesequenzen

Nicht nur engagierte Autorenfilme, auch Hollywood hat keine Berührungsängste, wenn es darum geht, ungewöhnliche Formen des Sterbens darzustellen. Über 30 Jahre vor der Verfilmung von Sampedros Schicksal ließ ein Film erahnen, wie konkret später eine bestimmte Sterbeform werden könnte. Auf futuristische Weise und mit abschreckend kannibalistischer Science-Fiction-Handlung gelang dem Regisseur Richard Fleischer in »Soylent Green« im Jahr 1973 eine bis heute künstlerisch unübertroffene Darstellung eines begleiteten Freitods. Protagonisten des Films sind Charlton Heston und Edward G. Robinson, der in seiner letzten Rolle (er starb kurz nach Beendigung der Dreharbeiten an Krebs) als Polizist Sol Roth in einem Einschläferungshospiz sein Leben beendet. Die schreckliche Wahrheit, die Roth im New York des Jahres 2022 erfahren hat, treibt ihn in eine moderne Klinik, ein rege genutztes »Suizidzentrum«, wo dem Todeswilligen Roth während des friedlichen und schmerzfreien Sterbens Bilder und Filme der Erde gezeigt werden, wie sie vor der ökologischen Katastrophe war. Diese etwa zehnminütige Sterbesequenz ist in die Filmgeschichte eingegangen.

Zwei Jahre vor »Soylent Green« entstand ein Kultfilm, der bis heute die Einstellung über Sterben und Tod einer Generation prägt, die sich inzwischen ernste Gedanken über das Wie des Lebensendes macht. »Harold and Maude« erhielt zwei Golden-Globe-Nominierungen und zahlreiche weitere Auszeichnungen. Untermalt von der Musik Cat Stevens' erzählt der zwischen Satire und Komödie changierende Film vom depressiven Teenager Harold, der zusammen mit seiner wohlhabenden Mutter in einer Villa wohnt und sich intensiv mit dem Tod beschäftigt. Seine Mutter versucht ihn über eine Heiratsagentur mit jungen Frauen zu verkuppeln. Harold vergrault die Interessentinnen mit schockierend realistisch wirkenden Suizidversuchen. Bei Friedhofsbesuchen und Beerdigungen lernt er die 79-jährige Maude kennen. Von der lebenslustigen, impulsiven und energischen Maude fühlt sich Harold immer stärker angezogen. Gemeinsam feiern sie ihren 80. Geburtstag, an dem Maude beschlossen hat zu sterben. Der gewählte Tod, ihre Entscheidung ist eine einsame, aber durch das Bekenntnis, die tödlichen Tabletten geschluckt zu haben, wird sie von Harold in den letzten Stunden begleitet, und eine Schrecksekunde lang glaubt der Zuschauer gar, dass auch Harold mit ihr Suizid begangen hat. Es ist dies eine gelungene cineastische Darstellung des selbstbestimmten Todes nicht als Tragödie, sondern als schmerzhaftes Glück, das gut überlegt von der lebenssatten Maude in die Wege geleitet wird.

Auffassung von Barmherzigkeit

Ein drittes Beispiel für die Offenheit Hollywoods für das schwierige Thema ist ein Film, der Sterbehilfe auf einprägsame und überraschend erfolgreiche Weise darstellt. In »Million Dollar Baby« spielt Clint Eastwood (hier als Produzent, Regisseur und Hauptdarsteller in einem) den alternden Boxtrainer Frankie Dunn. Ein wenig wie in seinen alten Western gibt Eastwood als Frankie den einsamen Wolf, der niemanden an sich heranlässt, seit seine Tochter sich von ihm abgewandt hat. Als die Boxerin Maggie sich ihm aufdrängt, die um jeden Preis von dem einstigen Erfolgstrainer ausgebildet werden will, willigt Frankie ein – widerwillig zunächst, doch schließlich führt er sie voller Hingabe von Erfolg zu Erfolg im Ring. Doch die Boxerkarriere ist nicht mehr als die Kulisse für ein anderes Stück: Maggie, die aus zerrütteten Verhältnissen kommt und die nur das Boxen hat, wird für den einsamen Frankie ein Tochterersatz. Im Duell um den Weltmeistertitel wird Maggie lebensbedrohlich am Genick verletzt, ist fortan vom Hals abwärts gelähmt. Bis zu dieser dramatischen Wendung ist der Film eine

Beziehungsgeschichte, doch nun kommt das Thema Sterbehilfe hinzu. Die bettlägerige Maggie wird Tag für Tag künstlich ernährt und beatmet. Sie erfährt, dass sie bis an ihr Lebensende gelähmt bleiben wird. In der Folge verschlechtert sich ihr Zustand. Noch hofft der Zuschauer auf eine Wendung. Doch nach Durchblutungsstörungen muss ihr ein Bein amputiert werden. Schließlich bittet sie Frankie, die lebenserhaltenden Geräte abzuschalten. Sie möchte nicht in diesem Zustand bleiben und sieht den Tod als einzigen Ausweg. Ihre größte Angst besteht darin zu vergessen, dass sie einmal vor einem großen Publikum geboxt hat. Frankie lehnt diese Bitte jedoch ab, und so unternimmt sie einen Selbstmordversuch, indem sie versucht, sich die Zunge abzubeißen. Kurz vor dem Verbluten wird sie jedoch von den Ärzten gerettet. Frankie erkennt dadurch, wie ernst ihr Wunsch ist.

Für »Die Zeit« schrieb Katja Nicodemus: »Was bleibt, ist ein alter Mann, der zärtlich und verzweifelt auf einen gelähmten Körper blickt. Und ein Gewissenskonflikt. Um gottgewolltes Schicksal und würdeloses Leiden. Um das Recht auf Sterbehilfe. ›Million Dollar Baby‹ ist ein Film über die letzten Dinge. Er erzählt von moralisch richtigen Entscheidungen, die sich manchmal gegen Staat und Kirche stellen müssen. Eastwood, der dafür von amerikanischen Rechten kritisiert wurde, erweist sich im Grunde als der letzte Konservative – weil seine vorchristliche Sicht, seine Auffassung von Barmherzigkeit humaner und ethischer sind als alles, was sich in Amerika konservativ nennt.«

Am Ende schleicht sich Frankie nachts in das Krankenhaus und stellt nach einem letzten Gespräch mit Maggie die Geräte ab. »Also gut. Ich nehme dich zuerst von der Sauerstoffmaschine. Dann wirst du einschlafen. Danach gebe ich dir eine Injektion. Und du schläfst ein«, sagt Frankie leise und hantiert am Infusionsschlauch. Im Off spricht der Erzähler: »Er gab ihr eine einzige Spritze. Etwa fünfmal so viel Adrenalin, wie nötig gewesen wäre. Er wollte nicht, dass sie noch einmal leiden muss.«

Abkürzung in den Himmel – Suizidbeihilfe im Schweizer Film

Nur im Nachtprogramm

Zwei neue Schweizer Dokumentarfilme thematisieren gezielt den Tod und die Sterbebegleitung. In »Exit – Le droit de mourir« (»Exit – Das Recht auf Sterben«) von Fernand Melgar wird die Tätigkeit von freiwilligen Mitarbeitern bei Exit in der Westschweiz gezeigt. Der Film gibt Einblick in Gespräche mit Sterbewilligen und Sterbebegleitern. Minutiös werden Gedanken und Handlungen bis hin zum Tod von der Kamera eingefangen. Es gibt zurzeit wohl keine ausführlichere und exaktere filmische Darstellung des assistierten Suizids. In der Schweiz war Melgars beeindruckende Arbeit in Kinos zu sehen, in Deutschland nur im Nachtprogramm auf 3sat. Inzwischen ist der Film auf DVD erhältlich.

Der eigene Tod

In »Zeit des Abschieds« wird der begleitete Freitod stärker personalisiert. Es ist der schwerkranke Giuseppe Tommasi, der in Zürich seine letzten Monate verbringt. Der Film des mit ihm befreundeten Regisseurs Mehdi Sahebi will einen filmischen Abschiedsbrief formulieren. Der Iraner Sahebi lebt seit über 30 Jahren in der Schweiz und arbeitet seit der Beendigung seines Studiums als Filmemacher. Er lernte Tommasi in den 1980er Jahren kennen, verlor ihn dann aus den Augen und erfuhr im Dezember 2002 von dessen Erkrankung. Ab Januar 2003 begleitete Sahebi seinen Freund neun Monate lang bis hin zu dessen Tod.

»Für einen Filmemacher, der sich mit dem Thema Sterben auseinandersetzt, bedeutet die Begegnung mit dem Tod eines anderen Menschen zugleich auch die Begegnung mit dem eigenen Tod«, sagt Sahebi. Vom trotzigen Humor des vom Krebs zerfressenen Tommasi bis zu seinem Tod mit Sterbehilfe vor der Kamera ist es ein intensiver Weg. Schon zu Beginn des

Familien-TV

Das Thema dient aber inzwischen nicht nur Dokumentarfilmern oder in der anspruchsvollen Film- und Bühnenkunst als herausforderndes Motiv. Auch an einem gewöhnlichen Familien-TV-Abend hatte beispielsweise das Team um Dr. Daniel Koch (alias Hannes Jaenicke) in der Krimi-Serie »Post Mortem« (auf RTL im März 2007) zu untersuchen, ob eine junge Frau, die wegen Multipler Sklerose in Behandlung war, mit Sterbehilfe zu Tode kam.

Films verliest Tommasi seine Patientenverfügung; eine Auflistung seiner letzten Wünsche und jener Krebs- und Schmerzmittel, Barbiturate und Morphine, die ihm verabreicht werden sollen. Es ist dies eine dezidierte Anleitung zur Sterbehilfe. Sahebis Dokumentarfilm konfrontiert auf ungewohnt direkte Art mit dem Sterben und zeigt zugleich einen Menschen, der die ihm verbleibende Zeit nutzen will, um mit sich, seinem Leben und seinen Lieben ins Reine zu kommen. Der Film zeigt auch die Problematik von lebensverlängernden Maßnahmen.
Sahebi wurde beim Filmfestival Locarno 2006 mit dem Preis SSR SRG der Kritikerwoche ausgezeichnet.

Grenzgänge – Suizidbeihilfe auf der Bühne

Kindsmord

Besonders Schweizer Künstler gehen an die Grenzen des Themas Sterbehilfe. Marianne Freidig, mehrfach ausgezeichnete Dramatikerin und in den Jahren 2005 und 2006 Hausautorin des Schauspiels Stuttgart, stellt grundsätzliche Fragen zu Leben und Tod. In ihrem Theaterstück »Gift«, das in der Inszenierung von Regisseurin Anina La Roche 2006 in Bern uraufgeführt wurde, geht es um das Thema Sterbehilfe für Kinder. Kuno und Betty sind Eltern eines manisch-depressiven Kindes: Die Krankheit lässt die Strukturen eines normalen Familienlebens kollabieren. Allmählich scheint dem Paar der Gedanke, der Tochter den Tod zu ermöglichen, den sie sich selbst wünscht, gar nicht mehr so abwegig.
Was die Berner Autorin in der Fiktion verhandelt, hat seinen Ursprung im richtigen Leben. In den Niederlanden ermöglicht es ein Gesetz Kindern ab 12 Jahren, Sterbehilfe in Anspruch zu nehmen. Marianne Freidig hat im Rahmen der Recherchen für ihr Stück mit jenem Politiker gesprochen, der die Idee für das Gesetz einbrachte, und Zugang zu anonymisierten Tagebuchaufzeichnungen von Eltern erhalten, die die Sterbehilfe für ihr Kind in Anspruch nahmen. »Mit 18 Jahren darf man in Holland Auto fahren, mit 12 darf man entscheiden, ob man sich umbringen will«, sagt Marianne Freidig, für die das niederländische Gesetz Zeichen einer neuen gesellschaftlichen Entwicklung und eines Denkens ist, welches das Leben nicht einmal mehr Zwölfjährigen zumuten will: »Wenn Weiterleben nur eine von zwei Optionen ist, dann wird jeder Pflegefall rechenschaftspflichtig«, sagt Freidig.
Doch das Stück will nicht Partei für oder wider die Sterbehilfe für Kinder ergreifen. »Gift« soll es dem Publikum ermöglichen, sich in die Protagonisten einzufühlen. Und gleichzeitig hat das

Federführende Schweizer

Beim Betreten von Neuland rund um das Thema Sterben und Tod waren auffallend oft Schweizer federführend: Lukas Bärfuss, Peter Noll, Elisabeth Kübler-Ross oder Emil Manser, ein Luzerner Stadtoriginal, der im August 2004 freiwillig aus dem Leben schied. »Krebs – wählte Abkürzung in Himmel« stand auf dem Plakat, das er auf dem Steg der Reuß zurückließ. Eine Initiativgruppe hat ein Buch über den Straßenphilosophen Manser veröffentlicht, das dessen Lebensart in Wort und Bild weiterspinnt.

Stück eine zeitlose Dimension: »In den griechischen Tragödien etwa ist der Kindsmord ja schon ein Thema. Und auch wenn ich diese große Thematik auf eine kleine Konstellation eindampfe, so wirft ›Gift‹ doch Fragen auf, denen niemand ausweichen kann.«

Der moderne Tod

Auf realsatirische und radikale Weise hat der schwedische Autor Carl-Henning Wijkmark in seinem Theaterstück »Der moderne Tod. Vom Ende der Humanität« schon Ende der 1970er Jahre gezeigt, wie eine »möglichst ökonomische Beseitigung alter Menschen« aussehen könnte. Dieser Text wurde erst vor wenigen Jahren in Deutschland wieder entdeckt und dient inzwischen als Grundlage für Kriminalfilme, Sciencefiction und Satiren, in denen Altenpflege- und Todeshilfedebatten einem breiten Publikum näher gebracht werden.

Abschied nehmen – Suizidbeihilfe in der bildenden Kunst und Literatur

In der bildenden Kunst gibt es viele Versuche, den eigenen Tod und den Vorgang des Sterbens bis zur letztmöglichen Sekunde darzustellen. Manche – vor allem zeitgenössische – Künstler machen daraus ein definitives und im Wortsinn dekonstruktives Kunstwerk. Früher stand öfter die Frage nach der Bedeutung des Todes im Vordergrund, wie bei Adolph Spangenbergs »Zug des Todes« von 1876. Ähnliches gilt für die Literatur. Deutschen Autoren gelingt es, dem existenziellen Thema immer wieder neue Facetten abzugewinnen. Von Johannes von Saatz' »Der Ackermann aus Böhmen«, das aus dem unmittelbaren Erleben des Todes seiner Frau im Jahr 1400 entstand und im stilbildenden Streitgespräch Herausforderung und Anklage des Autors gegen den Tod thematisiert, über Ulrich von Braunschweigs im 17. Jahrhundert geschriebenes »Sterbelied« (siehe Seite 235), in dem sich der Autor den Tod wünscht und das mit der Zeile endet: »Es ist genug! Es sei also gestorben!«, bis hin zu Daniel Kehlmanns »Vermessung der Welt«: also vom aussichtslosen Kampf gegen den Tod über den Überdruss im Leben bis hin zum Hinwegaltern über einen erwünschten kreatürlichen Tod. Kehlmann sagte in einem Interview: »Das Altern ist insofern tatsächlich das zweite Hauptthema der ›Vermessung‹ und damit verbunden der traurige Umstand, dass man, wenn man lange genug da ist, sich selbst überlebt, sich selbst historisch wird.
Es gibt den schönen lateinischen Spruch als Aufschrift auf Sonnenuhren ›omnia vulnerant, ultima necat‹: Jede verwundet, die letzte bricht. Gemeint sind die Stunden. Ich finde, der große existenzielle Skandal ist nicht, dass wir sterben, sondern dass wir alt werden müssen.«
Auch unter diesem Gesichtspunkt gilt es den assistierten Suizid zu entdramatisieren und zu entkriminalisieren.

Kultur geht vom Tod aus

Lassen wir Goethes »Werther« oder Wedekinds »Frühlingserwachen« beiseite, und blicken wir über den Tellerrand: Zu den gelungensten Sterbehilfe-Romanen der Gegenwart zählt Linn Ullmanns »Gnade«, worin meisterhaft das Dilemma eines Mannes geschildert wird, der um Sterbehilfe bittet und diese von seiner Frau zu früh bekommt, sich jedoch zu jenem Zeitpunkt nicht mehr artikulieren kann.
Ullmann wagt sich in Bereiche vor, in denen wir zu den Gefühlen und Gedanken Kranker nur Vermutungen anstellen können. Das gelingt ihr auf unnachahmliche Weise, und damit zeigt sie, wie wichtig es ist, sich literarisch mit solchen Fragestellungen zu beschäftigen, zumal alle anderen Disziplinen hier scheitern oder zumindest weniger geeignet sind, Menschen zu sensibilisieren.

Über Literatur zum Tod schreibt meisterhaft Robert Harrison in »Die Herrschaft des Todes«. Der amerikanische Literaturwissenschaftler sucht nach einer Ästhetik des Todes und nach dem Schönen im Sterben selbst und lehnt daher den Tod als Feind ab. In der Analyse literarischer Texte wie »Die Toten« aus den »Dubliners« von James Joyce entdeckt er Metaphern (hier das fallende Laub), die sich traditionsstiftend über Jahrtausende durch Kunst und Kultur ziehen und Harrisons These festigen, Kultur gehe vom Tode aus. Harrison spricht von der »Nachtsehkraft« der Toten, die sich die Lebenden nicht aneignen können.

Ein unbeschwertes Kinderspiel

Der Tod hat insbesondere in der Kinder- und Jugendliteratur Hochkonjunktur. Aber nicht immer gelingt es so gut wie im Bilderbuch »Die besten Beerdigungen der Welt« von Eva Eriksson (Illustrationen) und Ulf Nilsson (Text, aus dem Schwedischen von Ole Könnecke), die allerkleinsten Leser einfühlsam anzusprechen: An einem langweiligen Sommertag findet die unternehmungslustige Ester eine tote Hummel und freut sich über den traurigen Fund. »›Kleine Hummel‹, sagte sie mit belegter Stimme, ›ich liebe dich.‹« Wie schon der Titel machen auch die ersten Sätze deutlich, dass dies ein ungewöhnliches Buch über den Tod ist.

Esther und der Ich-Erzähler gehen auf einem geheimen Pfad, der zu einer idyllischen Lichtung führt, die sonst keiner kennt, und begraben die Hummel. Die forsche Ester findet Gefallen an diesem ersten Begräbnis und stellt fest, dass die Welt voll von Toten ist und dass jemand sich opfern und sie beerdigen muss. Feldmaus, Amsel, Igel oder Hase: Die vitale Ester, der deutlich jüngere und schreibbegabte Ich-Erzähler sowie später Esters Brüderchen Putte, der kleinste im Bunde der selbst ernannten Bestatter, graben Gräber für immer mehr tote Tiere, um die sich sonst niemand kümmern würde. Rasch ist die Beerdigungen AG gegründet mit dem Ziel, die besten Begräbnisse der Welt zu machen und allen armen herumliegenden Tieren zu helfen. Die Arbeitsteilung: Ester gräbt, Putte weint, und der Ich-Erzähler schreibt Trauergedichte. Singen können sie allemal und verdienen sich damit bei der Bestattung des Hamsters einer Nachbarin auch gutes Geld. So kommt Spaß auf an einem traurigen Sommertag: Schaufel, Blumensamen, Blütenblätter, Zigarrenkisten, Holzkreuzchen, Grabsteinchen sowie Pinsel und Farben zur Beschriftung werden im Firmenkoffer aufbewahrt.
Im Lauf der Geschichte wird die Optik als narratives Stilmittel eingesetzt, indem kaum merklich die Kleidung der Kinder den Anlässen angepasst wird, sich die romantische Lichtung in einen schönen Friedhof verwandelt und die zu Beginn dominierenden Grün- und Gelbtöne in harmonisch abgestuften Bildern während der Abendstimmung einer dunklen Farbgebung weichen.

Die Kinder üben das Abschiednehmen, üben die Trauer und die Sehnsucht, üben das Bestatten in vielen Varianten, sodass wie in wohl keinem anderen Bilderbuch all das Unausweichliche am Ende des Lebens zu einem unbeschwerten Kinderspiel wird, bei dem man als Leser und Betrachter von Herzen lachen kann, das aber zugleich ernste Einblicke in die tatsächlich bestürzende Begrenzung des Daseins und deren Folgen für die Zurückgebliebenen bietet.

Das Bilderbuch-Kindertrio demonstriert das Einüben des Abschiednehmens. Es könnte später zu einer abschiedlichen Vita führen, zu einem Leben also, bei dem man sich darüber im Klaren ist, dass Veränderungen und Trennungen zum Leben gehören und bewusst, mutig und zuversichtlich vollzogen werden sollen. Die Vita als Addition von Abschieden – gewollten, aber auch aufgezwungenen, erlösenden und fördernden ebenso wie paralysierenden und tragischen. Das Sich-Loslösen von Bewährtem, das Verwerfen von Gewohntem, das Definieren von Vergangenheit beginnt nicht erst mit dem ersten Schultag, rückblickend auf den Kindergarten. Es beginnt mit der Geburt, der ersten Trennung in einem Menschenleben, und es prägt den Lebenslauf bis zuletzt: Rückblickend auf die Kindheit in der Pubertät, rückblickend auf die Jugend in der Adoleszenz, rückblickend auf die Tochter- oder Sohnexistenz im Verhältnis zu den eigenen Eltern in der Mitte des Lebens, rückblickend auf Beruf und eigene Kinder im frühen Alter, rückblickend auf die gesamte eigene Vita im späten Alter. Jede Trennung und jeder damit verbundene Rückblick ist ein kleiner Tod.
Nicht am Leben zu kleben am Ende, das Leben loszulassen als letzte Aufgabe, als Ziel könnte so leichter fallen. Es begänne mit dem frühen Üben des Abschiednehmens, mit einer Pädagogik des Sterbens, bis hin zur frühen Planung für das Ende des Lebensweges; dies als Teil einer zeitgenössischen Ars bene moriendi: der Kunst, sich von allem zu verabschieden und zuletzt auch von sich selbst.

Der Verlag empfiehlt das Buch ab 5 Jahren, aber Putte ist jünger, hat anfänglich nicht die geringste Vorstellung vom Tod und auch noch am Ende des Buches Schwierigkeiten, ihn vom Schlaf zu unterscheiden und seine Unabwendbarkeit und Endgültigkeit zu akzeptieren. Es ist ein tragikomisches und philosophisch-kluges Buch mit vielen originellen Gedanken am Rande, das dem Interesse der Kinder für Sterberituale auf federleicht-heitere Weise entgegenkommt. Und danach nimmt das Leben wieder seinen Lauf.

Nachwort

Begonnen habe ich das Buch mit dem größten Wunsch eines Künstlers, dem Wunsch nach dem Sekundentod. Er steht im Kontrast zur mittelalterlichen Ars bene moriendi, die keinen plötzlichen, sondern einen sich ankündigenden Tod wünscht, der einem Zeit lässt, sich darauf vorzubereiten. Den Tod betreffend hat sich vieles im Laufe der Geschichte verändert, auch die Einstellung zum assistierten Suizid wird sich weiter ändern.

Die Möglichkeit, sich das Leben zu nehmen, ist eines der Fundamente der menschlichen Freiheit. Ohne diesen Ausweg ist vernunftbegabtes Handeln nicht vorstellbar. In der Schweiz darf ein Mensch, der ein Weiterleben unwürdig oder unerträglich findet, die Hilfe von Organisationen für einen assistierten Suizid beanspruchen. Dieser Mensch will nicht Selbstmord verüben, sondern akzeptiert es, die tödliche Tat selbst zu vollbringen, weil dies legal ist. Er will am Lebensende einen schmerzfreien, ruhigen und friedlichen Tod.

Immer noch herrscht aber Verblüffung, Ratlosigkeit und Staunen vor, wenn ich über den Tod meiner Eltern Auskunft gebe. Manchmal prägen Gesichtszüge die Zuhörer, so als hörten sie eine tragische Geschichte. Aber ich empfinde sie nicht als tragisch. Ich empfinde auch den begleiteten Freitod am Lebensende nicht als tragisch. Jedenfalls nicht als tragischer als jeden anderen Tod. Ich möchte aber im Gegenzug vermeiden, dass das Sterben und der Tod – egal wo und in welcher Form – zu einem Ideal oder gar zu einer Idylle stilisiert werden. Sterben ist meist verbunden mit Hilflosigkeit, Einsamkeit, Verzweiflung und Zorn. Falls es eine Form des Sterbens gibt, die zu einer Art eigenen, individuellen und unverwechselbaren Tod führen kann, dann ist es der selbstbestimmte Tod.

Wahrhaft tragisch wäre es aber, würden alte Menschen von der Gesellschaft nach der Legalisierung des assistierten Suizids mehr oder minder unfreiwillig in den vereinbarten Selbstmord geschickt. Strengste Sorgfaltskriterien können solche Schreckensvisionen verhindern, sollten sie sich auch nur andeutungsweise als realistische Gefahr abzeichnen, was ich nicht glaube.

Die Lust am Leben ist eine Evidenzerfahrung. Davon handelt unser so kurzes - verglichen mit der Zeit vor der Geburt und der Zeit nach dem Tod - irdisches Dasein. Kämpfe, Mühsal und Qualen werden aufgewogen von Zufriedenheit und Glück. Doch die Lust am Leben nimmt gegen Ende der Lebensspanne meistens ab. Manchmal wandelt sie sich in ihr Gegenteil, was für das Abschiednehmen hilfreich sein kann. 80 Prozent der Deutschen wollen über ihren Tod selbst bestimmen. Sie ahnen, die Lust zu leben ist etwas anderes als der Zwang zu leben. Vielleicht steht bald auch Deutschland am Anfang einer Entwicklung, in deren Verlauf der mündige Bürger nicht nur wie heute seine individuelle Würde und Freiheit behauptet, sondern auch die Hoheit über sein Sterben und seinen Tod nicht abgeben will an Ärzte, Juristen, Kirchenvertreter oder Politiker.

Bei einer ablehnenden Haltung dem assistierten Suizid gegenüber habe ich oft festgestellt, dass der tiefer liegende Grund hierfür das moralische Tabu der Selbsttötung ist. Vor allem religiösen Menschen fällt es schwer, die Differenz zwischen dem allgemeinen und dem besonderen Selbstmord im Rahmen der Suizidbeihilfe zu erkennen. Dabei sind die Beweggründe grundsätzlich verschieden. Bei Letzterem geht es nicht um die Selbsttötung an sich, also um den Willen, sich das Leben zu nehmen und Selbstmord zu begehen. Es geht vielmehr um leidende Menschen, die sich vor dem Hintergrund tödlich verlaufender Krankheiten hilfesuchend an Sterbehilfeorganisationen wenden. Menschen, die sich also in letzter Konsequenz für den assistierten Suizid entscheiden, wollen nicht den Selbstmord, sondern sie wollen sich von einem eingetretenen oder in Kürze bevorstehenden würdelosen Zustand befreien. Da Tötung auf Verlangen verboten ist, wählen sie den legalen begleiteten Freitod. Diese Differenz gilt es zu beachten. Menschen, die den begleiteten Freitod wählen, sind auf Hilfe angewiesen und suchen aktiv diese Hilfe. Sie handeln ganz anders als die große Mehrheit suizidaler Personen, die vereinsamt und verzweifelt in die Isolation gehen, um sich dort zu töten. Meist gewaltsam. Mit schrecklichen Folgen oft auch für Dritte.

Wer den begleiteten Freitod wünscht, will sich keine Gewalt antun, will keine Verwandten oder fremde Zugführer schockieren, will kein schreckliches Ereignis auslösen.

Die Liste der Unterschiede ließe sich fortführen. Diese Differenzen werden mittelfristig zu einer gesellschaftlichen Neubewertung des Suizids führen. Der Selbstmord als reine Selbsttötung wird anders betrachtet werden als der Selbstmord als assistiertes, sicheres und schmerzfreies Sterben.

Der assistierte Suizid wird von Menschen gewählt, deren Lage unabänderlich hoffnungslos ist. Das Leben, dessen Qualität unerträglich schlecht ist, bietet keine besseren Alternativen als der Tod. Damit unterscheidet sich die Motivationslage beim begleiteten Freitod von allgemein suizidalen Situationen. Der begleitete Freitod ist ethisch, juristisch, medizinisch und auch politisch von anderer Art als der gewöhnliche, paradigmatische Selbstmord.

Im Bereich der Sterbehilfe gibt es keine einfachen Lösungen. Wenn es um das Sterben geht, kann der Gesetzgeber nicht alles regeln. Es bedarf Handlungsfreiräume, in denen die Individualität, der Wille und die immer einzigartigen Lebensumstände des sterbenden Menschen zur Geltung und zu ihrem Recht kommen. Damit dies möglich ist, müssen die juristischen Rahmenbedingungen dementsprechend angepasst werden.

Die Diskussion um den assistierten Suizid verlässt allmählich den Tabubereich. Dieses Buch zeigt es und trägt vielleicht selbst dazu bei. Da der assistierte Suizid in der Schweiz legal ist und die Sterbeemigration von Deutschland und anderen Ländern in die Schweiz zunimmt, stellt sich die Frage, ob man ihn in der Schweiz – und mit der früher oder später anstehenden Legali-

sierung auch in Deutschland – nach klar definierten Kriterien kontrollieren soll. Über diese Kriterien gilt es künftig zu diskutieren.
Noch ist die Suizidbeihilfe eine an der individuellen Situation des Sterbewilligen orientierte Einzelfallentscheidung. Aber diese orientiert sich zugleich bereits an Bedingungen und Sorgfaltskriterien, sodass in vielen Fällen von einer Regelentscheidung gesprochen werden kann.

Spätestens im allerletzten Lebensabschnitt stellt sich den Sterbenden die Sinnfrage: Warum soll es gerade jetzt und warum mit einem selbst vorbei sein? Hat man sich schuldig gemacht? Oder ist es einfach an der Zeit? Kann man das Ende nun akzeptieren? Oder gibt es noch so viel Unausgesprochenes, dass das Scheiden zu früh kommt? Bleibt überhaupt noch Zeit, alte Lügen zu wiederholen? Lohnt es sich, jetzt noch unangenehme Wahrheiten zu verdrängen? Oder bietet sich die Möglichkeit zur Versöhnung?
Wer in dieser letzten Krisensituation nicht schnell handelt und keine Antwort auf all diese Fragen weiß, der wird einen eigenen Tod wohl nicht finden und wird nebst der physischen Schmerzen zusätzlich Gefühlsqualen erdulden.
Wer frühzeitig, bewusst, egoistisch und vielleicht gar heiter seinen letzten Tag selbst festlegt, wer ihn als letzte große Lebensaufgabe auffasst, der beendet sein Dasein auf eine ihm gemäße Weise; der hat meist die Schleier über die Ausflüchte seines Lebens längst gelüftet; der hatte meist Lebensgefährten, und in der letzten Stunde hat er nun Sterbensgefährten; der fühlt sich eins zu eins und mag daran nichts ändern; der ist eher bereit als andere.
Damit die Menschen auch am Krankenbett Eigenverantwortung und Selbstbestimmung nicht verlieren, wird auch in Deutschland der begleitete Freitod in absehbarer Zeit legalisiert werden. Denn das angstfreie Sprechen über den Wunsch zu sterben, das im Zusammenhang mit dem assistierten Suizid gefördert, ja in den meisten Fällen vorausgesetzt wird und not-

wendig ist, dieses Sprechen stellt das beste Mittel dar, um alle anderen Alternativen des Lebens und Sterbens zu prüfen. Der begleitete Freitod ist nur ein letzter Ausweg. Ihn zu kennen und über ihn im schlimmsten Fall verfügen zu dürfen ist für viele Menschen eine große Hilfe und Erleichterung. Die Zusage einer Sterbehilfeorganisation, bei einem möglichen Suizid zu helfen, und die damit verbundene Gewissheit eines Notausgangs lindert die Leiden oft so sehr, dass die Qualen dadurch erträglich werden und die Sterbewilligen von ihrem Vorhaben absehen. Tun sie es nicht, dann ist die Wahl ihres eigenen Todes die allerletzte Freiheit.

Anhang

Tagebuch meines Vaters

Vor seinem freiwilligen, begleiteten Freitod gab mir mein Vater seine Tagebücher und sagte: »Wenn du sie gut findest, dann mach etwas damit.« Vaters Gedanken waren meine wichtigste Inspiration beim Verfassen des Romans »Schlemm«. Aus verschiedenen Gründen konnte ich seine Eintragungen nicht in meinen Prosatext einfügen. Ich habe seine letzten Aufzeichnungen gekürzt und bearbeitet, auch damit sie für Außenstehende verständlich sind. Ich finde, diese Eintragungen vermitteln intensiv die Stimmungen und Ansichten, die ein Mensch haben kann, bevor er sich beim Sterben helfen lässt.
Die Personen:

- mein Vater, der Ich-Erzähler
- seine Frau Franca
- die Söhne Luca und Reto
  und deren Frauen Sabine und Christina.

21. September
Letzten Montag merke ich, dass mein Urin nicht gelb, eher schwarz ist. Ich vermute, dass er sich mit Francas Urin vermischt hat. Manchmal vergessen wir zu spülen. Franca kommt ins Bad und sagt: »Aber das ist Blut.«
Dienstag Vormittag: wieder Blut. Ich rufe unsere Hausärztin an, die mich sofort empfängt und - ziemlich nervös - einen Urologen, Dr. Biert, anruft, der mit mir am selben Nachmittag einen Termin vereinbart. Es geht alles sehr schnell. Es kommt mir vor wie im Film. Lokale Betäubungen, Schlauch im Penis,

Auswertungen, weitere Tests. Dann, wie ein Blitz aus heiterem Himmel, die Diagnose: Blasenkrebs.
Ich hatte nie Probleme mit der Blase. Wann habe ich schon an dieses Organ gedacht? Nur bei Rentner-Gesprächen über Inkontinenz. Man rechnet immer mit Herzinfarkt, mit Schlaganfall, Lungenkrebs, Alzheimer oder Ähnlichem.
Im Oktober sollte bei mir der Graue Star operiert werden. Lästig zwar, aber viele haben es gemacht, und man hofft, dass man nach kurzer Zeit wieder besser sieht. Doch die Augen-Operation verliert jetzt an Bedeutung.
Von der Praxis des Urologen aus rufe ich Franca an, die in einem Café wartet. Gemeinsam betreten wir das Sprechzimmer. Der Urologe skizziert Nieren, Blase und Penis. In die Blase zeichnet er einen Pilz in der Größe von etwa zwei bis drei Zentimetern. »Man wird ihn wegoperieren müssen«, sagt er. Ich sehe den Chirurgen vor mir, wie er mit einem Skalpell knapp über dem Waldboden einen schönen Steinpilz abschneidet. Der unterste Teil des Stiels und die Wurzeln bleiben im Boden. Das überzeugt mich nicht. Wenn die Haut der Blase oder der Harnleiter betroffen ist, so Biert, wird man eine zweite, kompliziertere Operation durchführen müssen.
Ich sage ihm, dass ich mich nicht operieren lassen will.
Er: »Aber wenigstens den ersten, kleinen Eingriff. Eine geruhsame Woche in der Klinik. Dann zurück nach Hause, so gesund wie davor.« Zudem empfiehlt er, die Nieren zu röntgen und einige weitere Untersuchungen. Sollten Metastasen festgestellt werden, sähe die Sache anders aus. Ich hoffe fast, dass er Metastasen finden wird, dann wäre Ruhe. Also vereinbaren wir mit Dr. Biert für den nächsten Tag, den 19. September, wieder einen Termin.
19. September: Alle fünf oder zehn Minuten werden Röntgenbilder gemacht. Danach wieder eine Besprechung zu dritt. Nieren und Harnleiter scheinen metastasenfrei. Dr. Biert beharrt auf den ersten der beiden Eingriffe. Wenn's schlimm ist, könne ich ja dann auf den zweiten Eingriff verzichten. Die erste Ope-

ration nicht durchzuführen, wäre ein gravierender Fehler, so Biert. Aber ich bestehe darauf: keine Operation. Ich weiß, wie das endet, wenn man damit anfängt. Fazit der Besprechung: Ich überlege es mir noch mal und melde mich am 25. bei ihm.
Franca ist einverstanden. Einerseits war sie im Gespräch mit Biert diplomatischer und kompromissbereiter, andererseits ist sie resoluter: Den weißen Kitteln gehorchen? In unserem Alter? Sich operieren lassen? Im Flur einer Klinik mit der Nadel im Arm auf und ab spazieren? Die Klinik verlassen und zu Hause so tun, als ob man sich langsam erholen würde, auch wenn man weiß, wohin es führen wird – früher oder etwas später? Künstlicher Harnausgang. Impotenz. Weitere Operationen. Tod.
Oder irren wir? Sind wir verrückt, weil wir die »Chance« nicht ergreifen, die uns die Ärzte bieten?
Zu Hause stellen wir fest, dass Peter Noll, dessen Diktate ich vor über zwanzig Jahren gelesen habe, einen ähnlichen Tumor hatte und sich auch nicht operieren ließ. Wenn Franca und ich verrückt sind, so zumindest in guter Gesellschaft.
Wir wandern nach Stuvar. Es ist ein wolkenloser und farbenprächtiger Spätsommertag. Selten haben wir auf dem Weg nach Stuvar so intensiv gesprochen. Was tun? Dr. Gamberini in Neapel (ein guter Freund Gaetanos) anrufen und ihn fragen, ob er bereit ist, uns zwei tödliche Pillen zur Verfügung zu stellen? Jahrelang sprach Franca von den kleinen erlösenden Pillen, die einem vorenthalten werden. Oder vorher mit der Sterbehilfeorganisation Exit, mit Professor Gabler sprechen?
»Das alles ist so schnell geschehen«, sagt Franca. »Wir wollten doch irgendwann in Ruhe in Norwegen einschlafen; gesund, aber erleichtert, die Welt zu verlassen. Jetzt sind wir nicht mehr gesund, aber zum Glück noch ohne Beschwerden und ohne Schmerzen.« Beim Wandern vergisst Franca ihre Gallensteine und ihre Magenbeschwerden. Ich erinnere sie nicht daran. »Aber wie lange noch?«, sagt Franca. Wir sind besorgt. Wird uns Exit helfen? Oder wird sie nur mir helfen, wenn ich darauf bestehe, mich nicht operieren zu lassen? Und Franca? Bleibt sie

dann alleine zurück? Das wollten wir nicht. Unsere Pläne sahen einen gemeinsamen Tod vor.
Auf der Terrasse des Hotel Larisch: Kaffee und Kuchen schmecken vorzüglich.
Danach rufe ich Professor Gabler an. Wir hatten schon vor etwa zwei Jahren mit ihm gesprochen. Gabler zeigt Verständnis für unsere Situation und verspricht, Dr. Strub anzurufen, den Leiter der Abteilung Sterbebegleitung bei Exit. Strub sei Arzt und Pfarrer und würde dann mit uns sofort Kontakt aufnehmen. Wenig später klingelt das Telefon. Wir vereinbaren mit Dr. Strub ein Treffen am 28. September. Wir hoffen, dass er ein Mensch mit Weitsicht ist. Bei einem religiösen Medicus sind wir uns nicht so sicher.
Um meine Ziele zu erreichen, habe ich oft all meine Möglichkeiten ausgeschöpft, sei dies im Bridge oder als Dozent. Wenn ich an die jeweilige Höchstleistung kam, an das für mich machbare Maximum, habe ich mich wieder geordnet zurückgezogen. Jetzt, am Ende meines Lebens, ist es auch so. Es gibt nichts mehr, keine falschen Strategien mehr, die ich widerlegen muss. Es gibt nur noch mich, den ich auslöschen muss. Verschwinden, ohne zu viele Spuren zu hinterlassen. Ich weiß, dass in dem Dunkel, das uns erwartet, kein Licht sein wird. Bald keine Gefühle mehr, keine Ängste mehr, keine Hoffnungen mehr. Ich muss nur noch etwas warten, dann wird mit mir die Zeit verschwinden. Statt der Zeit: Die Ewigkeit. Das Nichts.
Am Wochenende besucht uns Luca. Wir werden ihm von meiner Entscheidung berichten. Nächste Woche werden wir es Reto und Christina sagen. Ich denke, es ist richtig, sie nach und nach darauf vorzubereiten. Ich muss noch meine für Mitte Oktober vorgesehene Augen-Operation absagen.

26. September

Es tut gut, wie Luca zuhört, meine (unsere) Entscheidung akzeptiert und seine Sicht der Dinge schildert. Auch Franca schätzt das.

In Ruhe mit ihm gesprochen und seine Fragen beantwortet.
Nächstes Gespräch mit Reto und Christina. Termin muss noch festgelegt werden.
Luca findet, ich wirke entspannt, wie an einem lange angestrebten Ziel angekommen. Das stimmt. Da ich jetzt die Entscheidung getroffen habe, mich nicht operieren zu lassen, fühle ich mich erleichtert. Mit Exit muss noch geklärt werden, ob Franca mich begleitet. Und unklar ist noch, wie Reto und Christina reagieren werden.
Die Hausärztin hat angerufen, um mich davon zu überzeugen, dass das der falsche Weg sei. Ich verstehe sie. Sie muss mich aber auch verstehen.
Um sieben rufen wir Luca an, um ihm zum Geburtstag zu gratulieren.
Franca: »Du machst dir doch nicht etwa Sorgen.«
Luca: »Nein, überhaupt nicht, ich bereite mich gerade auf die Skandinavien-Tournee vor.«
Ich: »Das enttäuscht mich aber sehr.«
Luca lacht. Wir lachen.

Strub ist vernünftig. Wir werden noch zu zwei weiteren Ärzten gehen müssen. Aber vielleicht können wir unsere Vorstellung von einem Doppeltod verwirklichen. Wir müssen noch alle ärztlichen Zeugnisse kopieren und Exit geben.
Wieder Noll gelesen:
»... waren der Meinung, dass das Leben mehr Sinn habe, wenn man an den Tod denkt, als wenn man den Gedanken an ihn beiseite schiebt, verdrängt.«
»Die Zwänge der vermeintlichen Bedürfnisse, die Karriere, die Statussymbole, die gesellschaftlichen Zwänge, sie werden mehr und mehr gleichgültig ...«
Stimmt.

Gestern Reto kurz bei uns. Franca bemuttert ihn mehr als sonst. Vielleicht denkt sie schon an die Zeit danach. Wir setzen

den Termin fest: Abendessen bei uns. Ich werde ihnen wenigstens berichten müssen, was mich betrifft.
Einkaufen.
Wir ordnen Fotos. Noch mehr Kartons mit Altpapier: Wahrscheinlichkeiten beim Bridge, vorbereitete Hände, die niemanden mehr interessieren, Quittungen ... die Zeit fliegt.
Franca liest alte Tagebucheinträge. Sie hätte auch gerne noch mehr Zeit. Andererseits möchte ich mit Exit den Termin nicht zu spät vereinbaren. Es könnten Komplikationen auftreten und unseren Plan stören. Strub sprach von November oder Dezember. Mir wäre Oktober lieber.

Ende nächster Woche gehen wir zum Arzt, der die Rezepte für unsere Barbiturate ausstellt. Eine Dosis von zehn bis fünfzehn Milligramm, die uns mit doppelter oder dreifacher Kraft dorthin zurückschicken soll, woher wir gekommen sind.
Die für uns reservierten Barbiturate werden bei Exit verwahrt. Aber wenigstens sind sie in Reichweite. Bald haben wir die kleine Pille, die wir uns immer wünschten. Aber es bedurfte meines Tumors. Manchmal vergesse ich sogar, dass ich ihn habe. Was soll's. Seit der Geburt wartet ein Ende auf uns – früher oder später, niemand weiß das. Unser Vorteil: Wir sind frei, den Zeitpunkt selbst zu bestimmen. Freiheit – ein großes Wort, aber diese Art von Freiheit ist schwer zu bekommen.

30. September

Gestern Abend lesen wir gemeinsam meine Tagebücher. Meine Grübeleien gefallen ihr. Aber vom Tod sei zu oft die Rede. Die Kinder könnten den Eindruck bekommen, wir hätten die letzten Jahre hauptsächlich an das Sterben gedacht, wendet Franca ein. Und sie zählt auf, was wir sonst so alles gemacht haben.
Stimmt.
Und Franca selbst: Sie empfindet sich im Tagebuch zu sehr als besorgte und leidende Frau beschrieben.
Stimmt. Ich nehme die Kritik an.

Falls sie sich für die Familie aufgearbeitet hat, sagt sie, dann gerne. Franca erzählt mir von Reto in Sins, der nach dem Essen (überbackener Lauch-Auflauf) über den Waschtrog gebeugt die Krusten aus der Schüssel wegkratzen will. »Lass nur«, sagt sie ihm, »ich weiche sie mit einem Spülmaschinen-Tab ein, und morgen geht's ganz leicht.« – »Nein, wenn ich es jetzt mache, geht's mir besser.«

Franca geht es genauso. Erst die Arbeit, dann das Vergnügen. Aber sie fühlt sich gut dabei. Und sie erinnert mich an einige ihrer glücklichen Momente: die Reisen, die Naturerlebnisse, Lucas Rose bei der Abiturfeier ...

Franca ist in der Küche: Es gibt Erdbeerkuchen und Schlagrahm. Wenn Franca ihn auftischen wird, muss ich Reto und Christina von mir berichten.

2. Oktober

Gestern Abend habe ich nicht auf den Kuchen gewartet. Ich fange schon beim Aperitif an. Franca ist in der Küche. Ich beginne, und Christina bekommt einen ihrer Niesanfälle. Liegt das an meiner Einleitung? Franca kommt aus der Küche, Christina hat sich beruhigt, und ich erzähle alles, was sich in den letzten Tagen ereignet hat. Allerdings erwähne ich weder Exit noch Francas Wunsch. Ich ende mit dem Fazit, dass ich mich nicht operieren lassen will. Ich rechne mit heftigen Reaktionen. Die beiden sind durcheinander. Sagen, dass sie sich vielleicht anders entscheiden würden, scheinen aber den Entschluss zu respektieren. Ich bin erleichtert!

Das Abendessen schmeckt köstlich (Franca, selbstkritisch wie immer, findet den Lammbraten trocken – stimmt nicht), und auch der Nachtisch ist wunderbar, auch wenn die Erdbeeren den Boden etwas aufgeweicht haben.

Ich glaube, mehrmals gesagt zu haben: »Ich bin zufrieden und habe keine Schmerzen. Was will man mehr.« Es stimmt. Es stimmt wirklich. Selten habe ich mich so gut gefühlt.

3. Oktober

Um drei beim Urologen. Franca wartet im Café.

Ich schenke Dr. Biert ein Exemplar von Nolls Diktaten. Das wird ihm helfen. Er besteht – wie die Hausärztin – auf einer Operation. Er versucht den Tumor schönzureden: Auf den Diagnose-Papieren war der Tumor zwei mal drei Zentimeter groß. Jetzt sagt er, der Tumor wirke auf der Aufnahme wegen des Blutes darum herum vielleicht größer. Es könne eventuell nur ein G3 sein. Leicht rauszuoperieren. Das Leben sei doch ein Geschenk (Gottes?), und ein Geschenk dürfe man nicht anderen geben, so wie er Nolls Buch, das ich ihm gebracht habe, niemandem geben wird. Ich antworte ihm nicht, dass auch der Tumor ein Geschenk (Gottes?) ist und dass man ihn deshalb nicht wegschneiden darf.

Wir fahren mit den Unterlagen zum Exit-Büro. Strub ist nicht da. Ich darf die Unterlagen einem Sekretär geben. Er ist auffallend groß und stark. Vielleicht ein Sterbebegleiter? Der kann die Kranken mit einem Faustschlag umbringen.

4. Oktober

Wertstoffhof: Altglas, Altleder, Altpapier, auch Unterlagen, die Reto und Luca nichts angehen. Texte gestern gelöscht.

Ein Junge sieht das Leder (eine alte Mappe, Agenda-Umschläge). Wir geben es ihm. Er ist glücklich. Was wird er damit machen?

Im Larisch: Wir sprechen von der Zukunft, die es nach unserem Tod nicht geben wird. Es ist schwierig, an die vollkommene Leere, an das Nichts zu denken.

Wir sprechen auch von den Stimmen danach. Wir unterteilen Verwandte und Freunde in Gruppen: die Verzeihenden (die Hofeners unter anderem), die – vielleicht – Verstehenden (Sergio: »sie waren immerhin mutig«, oder Gustavo, der von der Inn-Brücke springen will, wenn's bei ihm so weit ist, es aber nicht tun wird), die schwach Vorgewarnten und deshalb vielleicht Ahnenden (Edy oder Hanno, der schon oft mit uns über

Leben und Tod diskutiert hat unter anderem); die Verschwiegenen (meine Brüder: Hände vor dem Gesicht, kopfschüttelnd, verzweifelt: »Warum?« Sonst nichts.).
Ich muss gestehen, dass bei mir auch ein wenig Eitelkeit im Spiel ist (nur bei mir, nicht bei Franca). Hanno hat mal gesagt, dass diejenigen, die davon reden, es nicht tun. Falsch.
Post: Eine Einladung zu einer pompösen Hochzeit von Charlotte und Jerry. Ihr Sohn heiratet in London. Ich glaube nicht, dass wir kurz vor Weihnachten nach London fliegen werden.

5. Oktober

»Lieber Luca,
höchste Zeit, dass ich auf deine E-Mail antworte. Du schreibst: »ein kleiner chirurgischer Eingriff«. Ich muss dir meine Lage genauer erklären. Der Urologe hat einen Tumor von zwei mal drei Zentimetern gefunden. Den kann man nicht so leicht entfernen. Natürlich kann man eine erste Operation versuchen. Aber dann ...?
Viele würden sich an meiner Stelle operieren lassen. Aber dann ist man in den Händen der Chirurgen: Röntgenbilder, Chemotherapie ... und warum danach nicht die zweite Operation versuchen!
Die Stimmung wird dann immer schlechter. Denk an Peider und Luisa. In eine solche Lage möchte ich mich auf keinen Fall manövrieren. Immer besorgt, dass woanders Metastasen auftauchen. Nervös und unzufrieden.
Du kannst sicher sein, dass mir die jetzige Lage vergleichsweise angenehm ist. Ich hab es dir schon gesagt. Ich bin ruhig, heiter und frei. Ich kann selber über mich bestimmen. Ich überlasse mich nicht den Ärzten. Vielleicht wird mich auch Sabine verstehen, wenn du es ihr gut erklärst. Und Nora? Vielleicht ist es besser, dass sie sich an einen Großvater erinnert, der zwar ein Bäuchlein hatte, aber zumindest im Kopf noch ziemlich fit war. Wäre es euch lieber, dass sie mich mit Infusionsflasche und Urinsäckchen sieht?
Ich bitte dich, meine Entscheidung anzunehmen.«
Wird er verstehen? Oder war seine Mail nur der Versuch, mich noch mal zum Nachdenken zu bewegen? Ich hoffe es.

Lucas Antwort folgt sofort.

»› ... *Ich bitte dich, meine Entscheidung anzunehmen.*

Ciao Papa,
danke!
Natürlich nehme ich deine Entscheidung an. Und du hast viele gute Gründe, um so zu entscheiden. Und wahrscheinlich würde ich – in derselben Lage – (nach mehr als 70 Jahren) dasselbe tun.
Gestern habe ich mit Sabine gesprochen. Sie versteht es auch.
Herzlich, Luca«

6. Oktober

Gestern im Bett mit Franca. Sie denkt noch immer an die Söhne, daran, wie die Leute reagieren, die ihnen ihr Beileid aussprechen und Fragen stellen werden. Warum beide? Ein Unfall? Beide gleichzeitig so krank?
Natürlich könnte ich vorher gehen. Franca später: einen Tag später? Einige Monate später? Einige Jahre später? Franca akzeptiert das nicht.
Wir könnten in der Todesanzeige Exit danken. Das würde vieles erklären. Wir werden Strub fragen, ob das für Exit unangenehm wäre.
Vorher müssen wir noch zum Arzt.

Um sechs wache ich auf und gehe urinieren. Kein Blut. Ich trinke mehr in letzter Zeit.
Ich gehe auf den Balkon.
Sonnenaufgang. – Herrliche Herbsttage!
Damit wir es bedauern, dieses Leben zu verlassen?
Ich bewundere die Farben. Aber ich fühle keine Trauer.
Ich gehe zurück ins Schlafzimmer. Franca ist wach.
Sie zieht sich an, geht auf den Balkon und schreibt ihrer Schwester einen langen Brief, den man post mortem verschicken wird. Sabine hat sie schon gestern geschrieben.

Wie kann ich so entspannt sein? Schwer zu erklären. Vielleicht weil ich mich von allen kleinen Sorgen befreit habe und das hier wie aus weiter Ferne betrachte. Je knapper die verbleibende Zeit wird, desto kleiner wird die Welt vor uns.
Zu Hause fragt Franca, woran die Söhne merken, dass ich entspannter bin. Ich weiß es nicht. Wir könnten sie fragen.

7. Oktober
Lange geschlafen. Franca mit Magenkrämpfen aufgewacht.
Café Larisch: Franca schreibt sich Stichpunkte auf für ihre Abschiedsbriefe an die Söhne.
Es ist nicht einfach, denn wir haben noch nicht mit dem Arzt gesprochen.
Ich glaube, dass die wenigen Briefe Francas interessanter sind als mein fünfhundertseitiges Tagebuch.
Wir sprechen auch über das Ende. Kann aus dem gleichzeitigen Sterben ein gemeinsames Sterben werden?
Die Vorstellung, das Leben gleichzeitig mit Franca zu verlassen, bringt mich ihr näher. Sie fühlt es auch. Trinken. Die Hand halten. Gemeinsam einschlafen. Eine Illusion?
Aber danach ist jeder für sich. Kein Zweifel.
Herrliches Herbstwetter.
Luca am Telefon. Ich scherze, sage, dass uns vielleicht Gott dieses Wetter beschert, damit ich länger auf der Welt bleiben will.

8. Oktober
Der sechsundvierzigste Hochzeitstag.
Und ein weiteres Jubiläum: Vor drei Wochen Blut im Urin.
Franca hat Magenkrämpfe.
Terminvereinbarung mit dem von Exit empfohlenen Psychiater.
Dr. Franz Gärtner: 10.10., 10:00 Uhr.
Er setzt zwei Stunden an. Vielleicht braucht er so lange, um tief in unserer Psyche zu graben? Ich gebe Strub Bescheid, wann wir bei Gärtner sind.
Nach dem Einkaufen geht es Franca besser.

Was hätte ich gemacht, wenn es schlimmer geworden wäre? Taxi? Klinik? Den Ärzten erklären, dass Franca nicht an der Galle, nirgends operiert werden will? Dass sie nur ihre Schmerzen lindern sollen? Morphium?

So viele Fragen.

Es wird Zeit, dass Exit uns die Medizin besorgt.

Habe ich mich verschrieben? Medizin? Ich lasse es stehen.

Im Gegensatz zu Franca bin ich praktisch beschwerdefrei. Nur ein leichtes Stechen im Bauch, das mich schon seit Monaten begleitet. Vielleicht ist es nicht die Blase, sondern ein Geschwür (gutartig? bösartig?), wie das vor fünf Jahren, das exakt an meinem Geburtstag entfernt wurde.

Viele Gespräche mit Franca.

Immer noch schönes Wetter. Wie im Sommer.

Sechs Uhr: Ein großes Glas Yvorne und etwas Jazz. Was man alles an einem Tag erledigen kann! 30.000 Tage habe ich hinter mir, ohne sehr viel vollbracht zu haben.

Es ist besser, keinen Yvorne übrig zu lassen. Die Söhne trinken genug. Ihre Weinkeller sind ohnehin besser gefüllt als meiner.

Und hier eine volle Flasche Campari. Die möchte ich selber trinken. In der Zeitung steht heute: »mens sana in campari soda«.

9. Oktober

Bei mir: keine Beschwerden. Vielleicht etwas öfter urinieren. Sonst: nichts! Hätte ich vor über drei Wochen das Blut im Urin nicht entdeckt, fühlte ich mich gesund wie ein Fisch im Inn – Oberlauf, Engadin. Hätte ich dem Urologen gehorcht, wäre ich jetzt in einem Klinikzimmer, trübsinnig das schöne Wetter durch das Fenster betrachtend.

10. Oktober

Heute Vormittag bei Dr. Gärtner. Zehn Uhr. Franca besorgt. Wird er alles verzögern?

Wir sind zu früh dort und spazieren noch die Straße entlang. Franca überrascht mich immer wieder mit ihrem siebten Sinn.

Ein Mann kommt uns auf dem Gehsteig entgegen. »Das muss er sein«, sagt Franca.
Wenig später klingeln wir und stellen fest: Er war es tatsächlich. Er öffnet die Tür und bittet uns in sein Sprechzimmer: ein niedriges Sofa, kein Schreibtisch, zwei Hocker; er muss einen dritten holen. Sehr viele Lampen, alle eingeschaltet, obwohl es im Zimmer dank der großen Fenster taghell ist, ein Regal mit einer Eule darin und anderen Gegenständen, aber keine Bücher.
Am Telefon klang seine Stimme jung. Jetzt sagt er, dass er seit vierzig Jahren verheiratet ist. Er wirkt sympathisch. Künstlertyp. Franca berichtet von ihrem Vater, von ihrer Mutter, von der Abneigung gegen Kliniken, von der Angst vor Krankheiten, von ihren Problemen mit Galle und Magen, von den ärztlichen Attesten, von dem Schrecken des normalen Sterbens in unserer Gesellschaft, von ihrem insgesamt guten und langen Leben bisher, von der engen Bindung zu mir, von unserem gemeinsamen Wunsch.
Er hört zu, macht sich Notizen. Manchmal schließt er die Augen (vielleicht denkt er daran, dass ihm seine Frau gesagt hat, er solle beim Einkaufen Butter und Milch nicht vergessen).
Ich bestätige Francas Worte und berichte von meinem Tumor und von meiner Entscheidung, mich nicht operieren zu lassen.
Wir geben ihm die Unterlagen der Ärzte, ein ansehnlicher Stapel. Als er sagt, dass wir auf ihn wirken, als seien wir beide bei bester Gesundheit, jagt er mir einen Schrecken ein. Aber dann verstehen wir, dass er versteht. Am Ende gibt er uns Ratschläge, wie wir mit den Familienangehörigen umgehen können.
Es lief alles viel besser, als wir es uns vorgestellt hatten. Erleichterung.

Ich hielt die Schweiz immer – nicht nur seitdem ich hier lebe – für bäuerlich, konservativ und eher rückständig. Falsch.
Franca sagt, dass sie schon immer mal zum Psychiater wollte, vielleicht mit ihrer Schwester. Und jetzt ...
Postkarte von Gina aus Griechenland.

11. Oktober
Unfassbar. Die Rechnung des Psychiaters ist schon da. Er hatte wohl Angst, dass wir verschwinden, ohne zu bezahlen!

13. Oktober
Schlecht geschlafen. Um sechs stehe ich auf.
Ich schreibe einige Abschiedsbriefe, die man nach (oder kurz vor) unserem Tod versenden soll.
Ich schreibe die Briefe am PC, mit dem ich korrigieren, den Text mit dem installierten Wörterbuch überprüfen oder Synonyme suchen kann. Wenn danach der Text in Ordnung ist, kopiere ich alles mit der Hand auf Briefpapier. Ich kenne niemanden, der auf diese Weise Briefe schreibt.
Treffen mit den Kindern. Wir sprechen von Fotos, und Reto will gleich eines von uns machen. Will er jetzt schon eine letzte Erinnerung? Ich glaube nicht, dass diese Fotos brauchbar werden. Franca sieht nach den letzten stressigen Tagen nicht sehr gut aus.

»Ich habe immer versucht, euch Leiden und Schmerz zu ersparen. Auch schon früher«, erzählt Franca. Und sie erinnert an Lucas Weisheitszähne, die man sehr früh hätte entfernen können, noch bevor sie richtig wachsen. Zwei wurden entfernt, als Luca noch klein war. Aber die beiden anderen blieben gegen den Willen des Arztes drin, weil Lucas Schmerzen nach der ersten Extraktion so stark waren. »Das ist Liebe am falschen Ort. Sie tun ihrem Kind keinen Gefallen«, sagte der Arzt. Hätte sie nur auf ihn gehört. Ärzte geben manchmal eben auch gute Ratschläge, folgere ich etwas nervös. Als Jugendlicher musste Luca dann zwei schwierige Zahnoperationen über sich ergehen lassen.
Schließlich kehrt Franca zur Gegenwart zurück. Sie entschuldigt sich, aber sie will ihre Kinder nicht leiden sehen, und sie glaubt, dass sie mehr gelitten hätten, wenn sie ihnen nichts gesagt hätte.

14. Oktober

Nachmittags bei Strub.
Wir planen provisorisch den siebten Dezember ein.
Ich hoffe, dass ich es so lange schaffe.
Strub verspricht, dass er in Notfällen schnell handeln kann.
Es bestehe keine Eile. Aber er empfiehlt uns, mit den Söhnen auch über das Datum zu sprechen.
Wir unterhalten uns mit Strub über die Trauerfeier.
Ich sage ihm, ich sei Agnostiker. Er gibt mir zu verstehen, dass er vielleicht ... nein, er sei Pantheist.
Es bleibt noch einiges zu regeln: Werden Familienmitglieder zum Zeitpunkt des Todes im Haus sein? Wenn nicht, muss es versiegelt werden. Wo soll die Trauerfeier stattfinden? Wer wird sprechen?
Wir haben noch viel Zeit.

18. Oktober

Abends Luca am Telefon. Länger als eine Stunde.
Er sagt, er wisse nicht, wie er sich von uns verabschieden soll.
Ob er es bereut habe, unsere Entscheidung zu akzeptieren.
Er verneint entschieden.
Er wird mit Strub sprechen.
Franca ist traurig. Sie findet, dass Luca sich widerspricht.
Er leidet, und dadurch leidet sie mit.
Vielleicht ist Lucas Abschiednehmenwollen Angst vor dem Augenblick, Angst vor dem Übergang vom Sein zum Nichtsein.
Alles unsere Schuld?
Wäre es besser gewesen, zu schweigen und die Kinder vor vollendete Tatsachen zu stellen?
Im Bett weint Franca lange auf meinem Arm.
Ich frage sie, ob das bittere Tränen sind oder ob sie ihr gut tun.
Natürlich tut es gut, erwidert sie.
Siehst du, sage ich. Auch die Tatsache, dass wir mit ihnen gesprochen haben, wird sie zum Weinen bringen, aber dadurch werden sie uns näher sein und uns besser verstehen.

20. Oktober
Reto und Christina fahren für vierzehn Tage nach Frankreich. Franca muss ihnen hoch und heilig schwören, dass wir uns sofort melden, sollte etwas Unerwartetes geschehen.

23. Oktober
Die Totenrede, die ich uns gerade schreibe, ist nicht sonderlich geeignet, um in einer Kirche gelesen zu werden. Und welche Kirche? Und wer liest meine Rechtfertigungen für das, was wir gerade tun? Ein Pfarrer bestimmt nicht.
Franca findet uns manchmal makaber.
Prachtwetter: Bäume, Blumen, Wiesen – uns Todgeweihten geht es ganz gut.

Frank und Anna besuchen uns. Drei Stunden. Wir mögen sie sehr, aber es ist unglaublich anstrengend, sich normal mit ihnen zu unterhalten, bei allem, was man nicht sagen darf.
Todmüde nach diesem hektischen Tag.

24. Oktober
Lucas Fragen:
Unsere glücklichsten Augenblicke?
Franca und ich sagen sofort: Norwegen. Das lässt sich aber auch verallgemeinern:
Franca und ich in der Natur, egal ob im Wald über Froi, auf dem Weg in die Val Plaja oder auf dem Weg nach Stuvar.
Auch diese letzten gemeinsamen Wochen zählen zu den glücklichsten. Und viele Momente verteilt auf die 46 Ehejahre.
Das Geheimnis unserer langen und schönen Ehe?
Hm! Schwer zu sagen. Vielleicht war sie nicht immer so schön. Gegenseitige Anerkennung. Franca hat mich gerne aufs Podest gestellt. Liebe ist, sagt sie, sich dem Partner zu widmen. Das sehe ich, der egoistischere von uns beiden, nicht immer so. Manchmal muss man vielleicht auf etwas verzichten, um dem Partner nahe zu bleiben.

28. Oktober

Luca am Telefon. Will wissen, wie's uns geht. Ich sage »sehr gut«, und es stimmt.

Ich wiege 78 Kilo. Wer sagt denn, dass Krebskranke abnehmen?

Der Urin fließt reichlich, ist gelb und klar.

Es wäre interessant, sich jetzt mit dem anderen Polín unterhalten zu können, mit dem anderen Ich, das sich vor fünf Wochen entschieden hat, sich operieren zu lassen. Biographie – ein Spiel. Wie geht es ihm? Hatte er Recht, oder habe ich Recht?

29. Oktober

Gestern Abend Mozarts Requiem. Wunderbar.

Reto ruft vom Hôtel Frégate in Saint-Cyr-sur-Mer an.

Auch er fragt: Wie geht es?

Was soll ich sagen? »Gut«, wenn ich ehrlich bin.

Wir befinden uns in einer unnatürlichen Lage. Sich gut fühlen und gleichzeitig mit dem Sterben abfinden ist nicht normal.

Vielleicht war es ein Fehler, so früh mit den Kindern über unseren Abschied zu sprechen. Jetzt würden sie das Leben ohne schwermütige Gedanken an die Eltern genießen. Aber dann?

Warten, bis es mir richtig schlecht geht, wollen wir auch nicht. Ich will die Natur nicht herausfordern und nicht ein zu entferntes Datum wählen. Wir müssen den Schnitt bald machen.

Ich schlafe schlecht. Schmerzen über der Hüfte. Vielleicht kündigt sich der Tumor an, damit ich nicht mehr sagen muss, mir geht's gut? Das wäre vielleicht ein Glück.

Morgens ist der Schmerz weg. So stark kann er nicht gewesen sein, denn ich habe bis neun geschlafen. Vielleicht habe ich mir den Schmerz nur eingebildet.

Ich gehe zum Frisör. Die Haare wachsen schnell. Früher behauptete man von Krebspatienten das Gegenteil.

3. November

Ich hätte viel über die vergangenen Tage zu berichten; die letzten nähern sich.

Das Datum steht praktisch fest: der neunte Dezember. Wir haben es den Söhnen noch nicht gesagt. Ich habe Strub gebeten, den Termin beim Gespräch mit ihnen nicht zu nennen.
Gestern sind Reto und Christina aus Frankreich zurückgekommen. Es muss wunderschön gewesen sein. Golf, Sonne, Meer.
Reto wird die Totenrede halten. Ich habe einen Entwurf geschrieben. Er feilt daran. Wer weiß, was er dann wirklich sagt, wenn wir tot sind?
Wir beschäftigen uns jetzt jedenfalls intensiv mit dem Zustand post mortem. Und manchmal gibt's auch etwas zu lachen. Zum Beispiel, wenn wir uns vorstellen, was Reto in der Totenrede alles erzählen wird.
Gästeliste, Musik, Blumen, Kirche usw. Ich notiere die Details in einer Datei »post mortem.doc« für die Kinder.
Ich sage: Eigentlich können wir noch nicht sterben. Wir erwarten viele Gäste. Francas Lachen.
Franca arbeitet im Haushalt, sortiert, putzt, möchte alles perfekt hinterlassen. Das geht nicht. Einiges müssen die Kinder selbst erledigen und entscheiden.

10. November
Die Kinder waren bei Strub. Fast drei Stunden. Danach Abendessen bei uns. Franca übertrifft sich: Pasta mit Crevetten-Zucchini-Sauce. Exzellent. Nicht nur das Essen, auch die Gemütslage von Franca.
Wir sprechen offen über unser Ende.
Luca ist der Meinung, dass eine Kolik oder andere Zwischenfälle zu diesem Zeitpunkt noch unwahrscheinlich sind.
Ich: »Ja, aber je länger wir warten, desto wahrscheinlicher wird's.«
Luca: »Meint ihr nicht, dass der Dezember in Frage käme?«
Jetzt bin ich sicher, dass wir ihnen das Datum mitteilen können, sobald Strub den neunten Dezember bestätigt.
Die Kinder demnächst zum ersten Mal an Weihnachten in Sins ohne uns. Für sie geht das Leben weiter. Wer besorgt den Tannenbaum? Wer schmückt ihn? Wo ist der Baumhalter? Kein

Weihnachtsfest ohne Baum – wegen Nora. Wir sprechen offen über die Zukunft. Manchmal ein Lächeln. Für uns wunderbar. Keine Bitterkeit.
Reto und Chris gehen nach Hause. Jetzt sehen wir wieder ihr Geschenk aus Frankreich – eine Flasche Olivenöl. Wir lachen wieder, als uns Retos Satz zur Flasche Öl einfällt: »Aber bitte schnell aufbrauchen!«

13. November
Silvio ruft an. Morgen geht er ins Krankenhaus. Chronisch Durchfall. Nächstes Jahr würde er seinen dreiundachtzigsten Geburtstag feiern. Geht er vor oder nach uns? Ich schätze, dass wir auf alle Fälle besser gehen werden als mein Bruder.

14. November
Gina zu Besuch. Alte Fotos. Erinnerungen.
Danach Philosophisches. Was ist das Ich?
Für unsere kluge Nichte ist Ich der ganze Körper, für mich ist das Ich das Gehirn.
Für sie sind Gedanken im Gehirn, Gefühle im ganzen Körper.
Für Franca war Gina wie eine Tochter, die sie nie hatte.

Luca ruft an. Er ist überraschend gut aufgelegt. Nur um uns Freude zu machen?

15. November
War das der letzte Streit zwischen Franca und mir?
Ich saß gestern vor dem Abendessen gemütlich im schwarzen Eams-Sessel. Beine hochgestreckt. Den Radio auf »Swiss Classic« eingestellt. Ich las Zeitung.
Franca in der Küche, kochte Nudeln. Zwischendurch stöberte sie im Schrank neben dem Eingang. Dann kam sie mit einem Päckchen zu mir, legte es mir auf die Oberschenkel – ich war fast in der Horizontalen – und sagte: »Sieh mal nach, was ich auf das Etikett geschrieben habe.«

Ich erkenne das Päckchen: ein 46 Jahre altes Hochzeitsgeschenk, ein Gefäß für die Zubereitung von Cocktails mit Gravuren für verschiedene Drink-Rezepte und einem raffinierten Drehsystem. Francas Schrift auf dem Etikett: »Reinigen und bei Gelegenheit Adrian (er ist Sammler, Claudios Sohn) schenken.«
Ich glaube zu verstehen. Franca hatte mir vor einigen Tagen gesagt, dass wir die Kinder nicht mit Kleinkram-Arbeiten überhäufen dürfen. Also übernehme ich sofort den Shaker, beschrifte ein neues Etikett und überklebe das alte. Mein vereinfachter Text soll die Kinder nicht so belasten: »Eventuell Adrian schenken (Claudios Sohn). Er ist Sammler.«
Ich teile die Vereinfachung Franca mit, doch sie ist nicht zufrieden. Erstens habe sie mir den Shaker nur gegeben, um meine Meinung dazu zu hören. Zweitens sei jetzt auf dem Etikett meine Schrift, wo doch Franca schon vor Tagen Reto über den Shaker informiert habe (oder vielleicht hat Reto sogar schon das Etikett mit Francas Schrift gesehen?). Also, fährt Franca fort, würde sich Reto jetzt wundern, was passiert sei. Ich dachte, Franca einen Gefallen gemacht zu haben. Ihr Undank ärgert mich. Franca hält mir eine Predigt, weil ich mich wegen einer solchen Kleinigkeit ärgere. Das schaukelt sich schnell hoch und beruhigt sich nach zehn Minuten wieder. Wir einigen uns darauf, beide Etiketten zu entfernen. Falls sich Reto beim Ausmisten noch an den Shaker-Sammler Adrian erinnert, wird er ihm den Shaker schenken. Andernfalls eben nicht. Kein Problem. Ob das der letzte Streit war?
In der NZZ ein Artikel über eine Wanderung zum Piz Larisch und hinten hinab in die Val Juna. Wir haben sie mehrfach vor Jahrzehnten mit den Kindern gemacht. Mit Übernachtung auf der Larisch-Hütte. Schöne Erinnerungen für die Söhne. Ihre ersten Freundinnen waren dabei. Erste raschelnde Zärtlichkeiten nachts im Mehrbettzimmer der Berghütte unter besorgter – aufgrund der Dunkelheit nur akustischer – Aufsicht Francas. Franca hat eine gute Idee. Sie legt den Artikel in das Fotoalbum mit den entsprechenden Aufnahmen.

Ich rufe Silvio an. Er ist im Krankenhaus in Chur. Blutabnahme, Röntgenaufnahmen und weitere Untersuchungen. Ultraschall und Skopien. Ich sage ihm nichts von unserer Situation und frage mich: Wer zwingt ihn dazu?

17. November
Silvio ruft an. Er muss mindestens noch eine Woche im Krankenhaus bleiben. Sie haben noch nichts gefunden. Sie untersuchen ihn weiter.
Franca hat ein neues Arbeitsgebiet. Sie beginnt die Silbersachen zu reinigen. Silber gibt es hier viel: nicht nur Besteck, Tabletts usw., sondern auch Hochzeitsgeschenke, Bridgetrophäen usw. Also widme ich mich der Bibliothek: Bücher ordnen. Ein nahezu unmögliches Unterfangen.

19. November
Heute Abend gehen wir mit Barblas Eltern ins Konzert: Tschaikowsky und Grieg. Wir haben sie eingeladen. Das war längst fällig. Aber kein Jass (Bridge können sie nicht) und Abendessen wie üblich bei uns, sondern nur Konzert und danach irgendwo ein Glas Wein. In unserer Lage wollen wir nicht lange mit Menschen sprechen, denen wir nicht sagen können, was uns wirklich beschäftigt.
Morgen ist Strub bei uns. Wir haben noch viele Fragen: Wann den Kindern den Termin mitteilen? Was geschieht nach unserem Tod? Sehen uns die Kinder? Bestattungsformalitäten?

25. November
Nora zum letzten Mal bei den Großeltern. Sie erzählt mir einen Witz und jagt mir einen Schrecken ein:
»Vater und Sohn Dinosaurier spazieren. Der kleine fragt: ›Papa, komme ich auch in den Himmel, wenn ich tot bin?‹«
Ahnt Nora vielleicht etwas?
Die Pointe – beruhigend: »›Nein, du kommst nicht in den Himmel. Du kommst ins Museum.‹«

Abendessen alle zusammen im Belvedere. Immer wenn wir etwas Wichtiges besprechen, muss Nora vom Tisch der Großen weggelockt werden. Mal geht Reto mit ihr auf den Gehsteig und zählt die geparkten Autos, mal ein Wettrennen mit Tante Christina, meistens auf Erkundungstour mit Mutter Sabine.
Luca wirkt verschlossen und ernst. Er hat Kritik an Retos fröhlichen Frankreich-Erinnerungen angedeutet. Aber wahrscheinlich will Reto ihn nur aufheitern. Wir wissen es nicht.
Reto nach dem Essen für einige Tage geschäftlich in Spanien. Schickt eine E-Mail: »Das Gespräch im Belvedere war sehr gut, und ich bin sicher, dass es mir beim Verarbeiten aller Ereignisse wesentlich weiterhilft.«
Mit Luca und Familie im Nationalpark. Gespräche. Mir scheint, der Kreis schließt sich auf gute Weise.

30. November
Silvio hat angerufen: Laser-Untersuchungen.
Ich war gestern bei ihm.
Die Klinik in Chur wurde ausgebaut. Die Gänge in verschiedenen Farben, damit Patienten und Besucher sich besser orientieren.
Silvio in schlechtem Zustand: zitternd und verwirrt.
Ich frage ihn, ob Leo weiß, dass sie ihn von Avaina nach Chur verlegt haben.
Er zuckt mit den Schultern.
Ich werde Leo anrufen, damit sich nach unserem Tod jemand um Silvio kümmert.
Auf dem Weg zur Cafeteria hält er sich an einer Gehhilfe auf Rollen fest. Er weiß nicht, wo der Lift ist. Im Erdgeschoss weiß er nicht, wo die Cafeteria ist. Ich führe ihn an einen freien Tisch und bringe ihm einen Kaffee und einen Nussgipfel. Er nippt am Kaffee, hat aber keinen Hunger.
Nach einer Weile sage ich ihm: »Ich habe Blasenkrebs.«
Er blickt mich stumpf an. Schweigt.
Ich ergänze: »Sag bitte Leo oder den anderen nichts davon.«
Er: »Aber Franca hat es Leo schon gesagt.«

Ich verstehe nicht. Aber dann wird mir klar, dass Silvio noch an meine Frage von vorhin denkt, ob Leo wisse, dass Silvio verlegt wurde.
Bis vor kurzem war er noch so fit. Er war der beste Wanderer von uns drei Brüdern. Im Gegensatz zu uns war er nicht nur Wanderer, er war Bergsteiger.
Im ganzen Krankenhaus herrscht Rauchverbot. Nach einer guten Stunde verlasse ich Silvio. Nicht ohne gute Ratschläge zu geben: mehr Bewegung, lesen, essen, trinken.
Kaum vor der Tür die ersehnte Zigarette.
Zu Hause rufe ich Franca an. Sie sagt, sie habe vormittags mit Silvio gesprochen. Er habe einen bösartigen Tumor.
Ich frage mich, ob Silvio unter Schock stand.

Wir haben gestern den Söhnen das Datum mitgeteilt. Beide wollten es wissen.

31. November
Ich rufe Silvio an.
Er sagt, dass ihn der Arzt informiert habe. Der Arzt habe zunächst wissenschaftliches Kauderwelsch gesprochen.
Kauderwelsch mitten in Chur.
Kauderwelsch kommt von Chur. Die Deutschen nannten die romanische Sprache in Chur das Welsch von Kauer. Chur, die Hauptstadt Graubündens, hieß damals Kauer. Das Kaurerwelsch meinte die Sprache Churs, das Churerromanisch, das deutschsprachige Durchreisende nicht verstanden.
Der Arzt habe Kauderwelsch gesprochen, aber am Ende habe Silvio verstanden: Ja, Krebs. Fortgeschritten. Keine Operation. Aber Therapien.
Ich rate ihm, keine zu komplizierten oder folgenschweren Behandlungen über sich ergehen zu lassen.
Und ich denke: Bleib zu Hause. Wenn du Schmerzen hast: Morphium. Wenn du genug hast, das Barbiturat. Aber das sage ich nicht. Das denke ich nur.

Vor Sorge um Silvio hätte ich fast vergessen, das Gespräch mit Reto zu notieren:
Luca und Sabine kommen am 6. Dezember. Nora bleibt in Siena bei Freunden. Die vier Kinder wohnen bei Barbla.
Mit Reto Missverständnisse ausgeräumt.
Franca und ich dachten, die letzten Tage könnten für die Kinder eine Belastung sein.
Doch die Kinder wünschen ausdrücklich, die letzten Tage mit uns zu verbringen. – Aufrichtig. Offen.
Gemeinsam spazieren, gemeinsam gut essen, gemeinsam sich erinnern.
Sie wünschen das nur, um uns nahe zu sein. Ausdrücklich.
Auch der Abschied am Abend davor sei für sie keine Qual; traurig zwar, aber auch tröstend. Sie wollen es so.
Reto befürchtet, dass wir unsere Entscheidung bereuen könnten; dass wir vielleicht den Termin verschieben wollen.
Unser Entschluss ist aber jahrelang gewachsen. Wir bleiben dabei.
Franca und ich sind froh, dass wir mit den Kindern darüber sprechen, dass wir Missverständnisse ausräumen. Dadurch gibt es weniger Sorgen bei ihnen und bei uns.

2. Dezember

Anruf von Luca. Sie haben mit Nora gesprochen, ihr gesagt, dass es dem Großvater schlecht geht.
Nora: »Wenn ich das gewusst hätte ... Ich hätte viel besser Flöte gespielt!«
Nora habe wiederholt: »Wenn ich das gewusst hätte ...« So als bedauere sie, bei ihrem letzten Besuch nicht länger mit mir gesprochen zu haben.
Nora: »Und Großmutter?«
Denkt sie schon daran, dass dann die arme Großmutter alleine bleibt?
Später sagt sie, dass Opa mehr Zeit im Himmel hat, wenn er früher stirbt.

Nora zu Luca: »Warum schläfert man Menschen nicht ein, wenn sie todkrank sind?«
Sie will nicht, dass Opa leiden muss. Sie versteht Exit besser als viele Erwachsene.

6. Dezember
Es hat tagelang geschneit. Für morgen ist Prachtwetter angesagt. Wir werden nach Stuvar gehen.
Wir haben das Gefühl, sehr viel Glück gehabt zu haben: Glück mit den Menschen bei Exit; Glück mit der Wartezeit (keine Komplikationen); Glück mit den Kindern (die unzähligen guten Gespräche, oft traurig, aber auch schön); Glück – im Unglück – mit Silvio (es geht ihm verhältnismäßig gut; nächste Woche wird er nun doch operiert).

8. Dezember
Mit Reto und Luca zu viert im Auto unterwegs. Franca am Steuer. Die Jungs hinten. So wie früher so oft von Basel nach Sins und zurück oder durch Norwegen.
Wir sehen uns die Kirche an, in der die Trauerfeier stattfinden wird. Franca schüttelt den Kopf und lacht. Wie kann man nur so makaber sein, sagt sie. Achselzucken.
Franca hält vor einem Briefkasten. Wir steigen alle aus und werfen ein gutes Dutzend frankierter Abschiedsbriefe an Verwandte und Freunde ein.

9. Dezember
Ende
Ich kann nicht mehr schreiben. Keine Zeit. Die letzten Tage und Stunden mit den Kindern waren wunderbar. Danke euch! Wir können ruhig auf die letzte Reise gehen. Stellt euch vor, wir seien unterwegs zu unserem Wintergarten in Norwegen.

Das Barocke Sterbelied

Anton Ulrich Herzog zu Braunschweig-Wolfenbüttel lebte von 1633 bis 1714. Er war der dritte Sohn des Herzogs August und der Prinzessin Dorothea von Anhalt-Zerbst. Von 1685 an regierte er zusammen mit seinem Bruder Rudolf August. 1704 übernahm er allein die Regierung. Anton Ulrich war ein kunst- und prachtliebender Fürst, der selbst Romane, Singspiele und geistliche Lieder schrieb. Sein Sterbelied fehlt fast in keiner Anthologie zur deutschen Barocklyrik. Hier die erste und die letzte Strophe:

Es ist genug! Mein matter Sinn
Sehnt sich dahin, wo meine Väter schlafen.
Ich hab es endlich guten Fug:
Es ist genug! Ich muss mir Rast verschaffen.

(...)

Nicht besser soll es mir ergehn,
Als wie geschehn den Vätern, die erworben.
Durch ihren Tod des Lebens Ruch,
Es ist genug! Es sei also gestorben!

(Ich hab es endlich guten Fug = ich habe endlich Gelegenheit = es fügt sich endlich so. Ruch = Ruhm.)

Umfrage

Vor den anstehenden Diskussionen über die Patientenverfügung im Deutschen Bundestag hat die Deutsche Gesellschaft für Humanes Sterben (DGHS) im März 2007 durch das Meinungsforschungsinstitut »forsa« eine Umfrage zum Thema Patientenverfügung und Sterbehilfe durchführen lassen.
Die wichtigsten Ergebnisse sind:
Drei Viertel aller Bundesbürger (73 Prozent) sind der Ansicht, dass eine Patientenverfügung nicht erst im eigentlichen Sterbeprozess Geltung haben sollte. Vielmehr sollte sie bereits ab dem Moment gelten, in dem der Patient sich selbst nicht mehr äußern kann.
Die Mehrheit der Bundesbürger (62 Prozent) würde bei einer Patientenverfügung das Risiko in Kauf nehmen, dass man durch einen Verzicht auf lebenserhaltende Maßnahmen (hier: im Falle eines Komas) möglicherweise die Chance auf ein Wiedererwachen vergibt.
58 Prozent der Bundesbürger halten eine gesetzliche Regelung der Patientenverfügung allein nicht für ausreichend.
Über zwei Drittel der Bundesbürger (68 Prozent) sind der Meinung, dass die Sterbehilfe – angefangen von der mitmenschlichen Sterbebegleitung bis hin zur Tötung Kranker auf Verlangen – gesetzlich geregelt werden sollte.
Wiederum zeigt sich, dass die zu diesen Fragen beständig hohe Zustimmung in der Bevölkerung auch aktuell vorhanden ist.

Hinsichtlich der »Reichweite« der Patientenverfügung, das heißt des Zeitpunkts, zu dem sich der Patient nicht mehr zu seiner Behandlung äußern kann, gibt es in der Bevölkerung kaum Unterschiede.
Zwar sind die Evangelischen (70 Prozent für frühe Geltung) etwas weniger damit einverstanden als die Konfessionslosen (78 Prozent), aber dieser Unterschied befindet sich im hohen Zustimmungsbereich von über einer Zwei-Drittel-Mehrheit.

Auch hinsichtlich Parteipräferenzen gibt es nur geringe Unterschiede, da alle Zustimmungswerte sich zwischen 72 und 76 Prozent befinden.

Bei der Frage der möglichen »Restchance«, aus einem Koma wieder zu erwachen, sind die Unterschiede deutlicher. Die Kirchenmitglieder sind etwas geringer dazu bereit, das Risiko in Kauf zu nehmen und auf diese Restchance zu verzichten (Katholiken 55 Prozent, Evangelische 62 Prozent, Konfessionslose 72 Prozent).

Bei der Frage: »Sollte die Sterbehilfe – angefangen von der mitmenschlichen Sterbebegleitung bis hin zur Tötung Kranker auf Verlangen – Ihrer Meinung nach gesetzlich geregelt werden?« sind die Unterschiede dann ausgeprägt.

Je älter die Befragten sind, umso weniger sind sie für eine gesetzliche Regelung (58 Prozent gegenüber 76 Prozent der 18- bis 25-Jährigen), ebenso wie die Kirchenmitglieder weniger zustimmen (Evangelische 62 Prozent, Katholiken 65 Prozent) als die Konfessionslosen (81 Prozent). Auch die Anhänger der CDU/CSU (64 Prozent) sind weniger dafür als die SPD-Anhänger (70 Prozent) oder die Wähler der Linkspartei (82 Prozent).

Ausgewählte Literatur

Albrecht, Elisabeth/Orth, Christel/Schmidt, Heida: Hospizpraxis. Ein Leitfaden für Menschen, die Sterbenden helfen wollen. Freiburg 2006.

Anderhub, Georg/Bucher, Anita (Hrsg.): Ist mir grosse Ehre von gleicher Sorte zu sein. Eine Hommage an den Luzerner Strassenphilosophen Emil Manser. Horw 2006.

Ariès, Philippe: Geschichte des Todes. München 1982.

Bardola, Nicola: Schlemm. München 2005.

Duttge, Gunnar: Preis der Freiheit. Reichweite und Grenzen individueller Selbstbestimmung zwischen Leben und Tod. Frankfurt am Main 2006.

Everding, Gustava/Westrich, Angelika (Hrsg.): Würdig leben bis zum letzten Augenblick. Idee und Praxis der Hospiz-Bewegung. München 2000.

Friesel, Barbara (Hrsg.): Ein Lebensende in Würde. Ratgeber für Sterbebegleitung und Trauerfall (Verbraucherzentrale). Berlin 2005.

Feldmann, Klaus: Tod und Gesellschaft. Sozialwissenschaftliche Thanatologie im Überblick. Wiesbaden 2004.

Grewel, Hans: Lizenz zum Töten. Der Preis des technischen Fortschritts in der Medizin. Stuttgart 2002.

Harrison, Robert Pogue: Die Herrschaft des Todes. München 2006.

Jens, Walter/Küng, Hans: Menschenwürdig sterben. Ein Plädoyer für die Selbstverantwortung. München 1995.

Keel, Daniel/Vonlanthen, Isabelle (Hrsg.): Über den Tod. Zürich 2003.

Knopp, Lothar/Schluchter, Wolfgang (Hrsg.): Sterbehilfe – Tabuthema im Wandel? Berlin 2004.

Lakotta, Beate/Schels, Walter: Noch mal leben vor dem Tod. Wenn Menschen sterben. München 2004.

Napiwotzky, Annedore/Student, Johann-Christoph (Hrsg.): Was braucht der Mensch am Lebensende? Ethisches Handeln und medizinische Machbarkeit. Stuttgart 2007.

Noll, Peter: Diktate über Sterben und Tod. Zürich 1984.

Nuland, Sherwin B.: Wie wir sterben. Ein Ende in Würde? München 1996.

Payk, Theo R.: Töten aus Mitleid? Über das Recht und die Pflicht zu sterben. Leipzig 2004.

Rehmann-Sutter, Christoph u.a. (Hrsg.): Beihilfe zum Suizid in der Schweiz. Beiträge aus Ethik, Recht und Medizin. (Interdisziplinärer Dialog – Ethik im Gesundheitswesen, Vol. 6). Bern u.a. 2006.

Tolmein, Oliver: Keiner stirbt für sich allein. Sterbehilfe, Pflegenotstand und das Recht auf Selbstbestimmung. München 2006.

Ullmann, Linn: Gnade. München 2006.

Vossenkuhl, Wilhelm: Die Möglichkeit des Guten. Ethik im 21. Jahrhundert. München 2006.

Wijkmark, Carl-Henning/ Bergfeld, Hildegard: Der moderne Tod. Vom Ende der Humanität. Berlin 2001.

Wolfslast, Gabriele/Schmidt, Kurt W.: Suizid und Suizidversuch. Ethische und rechtliche Herausforderung im klinischen Alltag. München 2005.

Impressum

Hinweis
Die Informationen in diesem Buch sind von Autoren und Verlag sorgfältig erwogen und geprüft, dennoch kann eine Garantie nicht übernommen werden. Eine Haftung der Autoren bzw. des Verlags und seiner Beauftragten für Personen-, Sach- und Vermögensschäden ist ausgeschlossen.

Projektleitung
Dr. Harald Kämmerer

Redaktion
Claudia Lenz, Essen

Umschlaggestaltung und Konzeption
R.M.E. Eschlbeck/Kreuzer/Botzenhardt unter Verwendung eines Fotos von Photodisc/Gettyimages/lizenzfrei

Producing
Maren Gehrmann, Germering

Druck und Bindung
GGP Media GmbH, Pößneck

Printed in Germany

ISBN: 978-3-517-08302-5

9817 2635 4453 6271